教育信息化背景下高校英语教学理论体系的建构与探索

刘方方 岳宝华 禹琳琳 著

中国书籍出版社

图书在版编目(CIP)数据

教育信息化背景下高校英语教学理论体系的建构与探索 / 刘方方, 岳宝华, 禹琳琳著. -- 北京 : 中国书籍出版社, 2021.8
ISBN 978-7-5068-8678-9

Ⅰ. ①教… Ⅱ. ①刘… ②岳… ③禹… Ⅲ. ①英语 – 教学研究 – 高等学校 Ⅳ. ① H319.3

中国版本图书馆 CIP 数据核字（2021）第 185460 号

教育信息化背景下高校英语教学理论体系的建构与探索

刘方方　岳宝华　禹琳琳　著

丛书策划	谭　鹏　武　斌
责任编辑	毕　磊
责任印制	孙马飞　马　芝
封面设计	东方美迪
出版发行	中国书籍出版社
地　　址	北京市丰台区三路居路 97 号（邮编：100073）
电　　话	（010）52257143（总编室）　（010）52257140（发行部）
电子邮箱	eo@chinabp.com.cn
经　　销	全国新华书店
印　　厂	三河市德贤弘印务有限公司
开　　本	710 毫米 × 1000 毫米　1/16
字　　数	309 千字
印　　张	17.25
版　　次	2023 年 1 月第 1 版
印　　次	2023 年 1 月第 1 次印刷
书　　号	ISBN 978-7-5068-8678-9
定　　价	98.00 元

版权所有　翻印必究

目 录

第一章 高校英语教学的教育信息化背景……………………1
第一节 教育信息化的技术支撑……………………………1
第二节 教育信息化的表现——信息技术教育……………8
第三节 教育信息化与高等教育的发展……………………9

第二章 高校英语教学基础知识简述………………………13
第一节 高校英语教学的内涵解析…………………………13
第二节 高校英语教学的理论基础…………………………15
第三节 高校英语教学的原则与现状………………………21
第四节 高校英语教学的常见方法…………………………23

第三章 教育信息化与高校英语教学的关系………………28
第一节 教育信息化对高校英语教学的深刻影响…………28
第二节 教育信息化背景下高校英语教学的意义与目标…32
第三节 教育信息化背景下高校英语教学的优势与挑战…36

第四章 教育信息化背景下高校英语教学的理念建构……40
第一节 自主学习理念………………………………………40
第二节 体验式学习理念……………………………………49
第三节 合作式学习理念……………………………………56

第五章 教育信息化背景下高校英语教学的模式建构……60
第一节 慕课教学模式………………………………………60
第二节 微课教学模式………………………………………62
第三节 翻转课堂教学模式…………………………………69
第四节 线上线下混合教学模式……………………………71

第六章 教育信息化背景下高校英语基本技能教学的理论建构……84
第一节 教育信息化背景下高校英语听说技能教学………84

第二节　教育信息化背景下高校英语读写译技能教学……………… 103
第七章　教育信息化背景下高校英语基本知识教学的理论建构…… 139
　　第一节　教育信息化背景下高校英语词汇知识教学…………… 139
　　第二节　教育信息化背景下高校英语语法知识教学…………… 154
第八章　教育信息化背景下高校英语文化知识教学的理论建构…… 167
　　第一节　文化知识教学内涵解析………………………………… 167
　　第二节　教育信息化背景下高校英语文化知识教学的原则…… 172
　　第三节　教育信息化背景下高校英语文化知识教学的策略…… 173
第九章　教育信息化背景下高校英语教学评价的理论建构………… 204
　　第一节　相关概念与理论基础解析……………………………… 204
　　第二节　教育信息化背景下高校英语教学评价体系的构建…… 213
　　第三节　教育信息化背景下高校英语教学评价方法的创新…… 220
第十章　教育信息化背景下高校英语教学教师与教材的理论建构 … 228
　　第一节　教育信息化背景下高校英语教师的专业发展………… 228
　　第二节　教育信息化背景下高校英语教材的立体化建构……… 235
第十一章　教育信息化背景下高校英语生态教学与ESP
　　　　　教学的理论建构……………………………………………… 241
　　第一节　教育信息化背景下高校英语生态教学分析…………… 241
　　第二节　教育信息化背景下高校英语ESP教学分析 …………… 256
参考文献………………………………………………………………… 263

第一章 高校英语教学的教育信息化背景

进入 21 世纪,信息技术迅猛发展,这为高等教育提供了机会和条件,也预示着教育的理念、内容、目的等也会发生变革。教育信息化指的是计算机技术、网络技术等在教育领域的应用,以便于构建一个基于信息技术的新型教育体系。在这一教育环境中,构筑一个开放、自由的平台,这个平台上有充分的教育资源,并且也会诞生一些新的教学模式。就本质而言,教育信息化是教育领域运用信息技术来促进教育改革的过程。当然,高校英语教学也必须适应这一发展趋势,通过信息技术来改进教学质量和效果。基于此,本章就来分析高校英语教学的教育信息化背景。

第一节 教育信息化的技术支撑

一、教育技术的产生与发展

(一)国际上教育技术的产生与发展

从某种意义上讲,从教育产生的第一天起,就有了"教育技术",即教育技术始于原始社会的"口耳相传"的教育方法,口输出信息,耳输入信息,大脑是贮存、加工和处理信息的枢纽。有时教育者还伴有表情、动作,展示实物帮助口述,使受教育者易于理解、模仿。这种教育现象十万年前就存在,由于它是人类意识能动性的表现,可以说是有目的的教育技术的萌芽。当时的教育技术,没有独立的理论体系和形态,因而没有独立的研究对象。

"教育技术"的正式产生,是在 17 世纪,捷克的教育家夸美纽斯(1592—1670 年)提出"直观教学"以后,他认为一切真知均始于感观,提倡运用实物和图形改进单纯的书本教学,亲自编写了第一套有插图的课本《直观世界图解》。随着夸美纽斯的《大教学论》的诞生,建立了"班级授课制",为传统的教育奠定了基础。将以语言为信息载体的"口耳之术"与直观教学技术有机地结合,构成了传统的"教育技术",是教育技术发展史上的一个重要开端。

从教育技术的产生到"教育技术"(Educational Technology)这一词语的出现,又经历了两个多世纪。刚开始时人们将教育技术称为"视听教育""视觉教育""电化教育",直到20世纪60年代,美国一杂志以"教育技术"命名后,相应的专著纷纷出版,在国际上很快传开,至此"教育技术"这个名词被人们接受。从17世纪中叶至今,纵观教育技术的发展,大致经历了三个阶段。

第一阶段,从17世纪中叶到19世纪后期,称为"直观教学技术"阶段。这一阶段的教育技术特点是:将"口耳之术"同直观教学二者有机地结合在一起,沿用以语言为载体的传递信息的技术,强调重视以黑板、粉笔、实物、图表、模型、书本等媒体为主的直观教学技术。直观教学的广泛应用,是教学方法的一个重要改革,对提高教学效果产生了明显的作用。

第二阶段,从19世纪后期到20世纪70年代,称为"媒体技术"阶段。这一阶段教育技术的特点是:随着科学技术的发展,科技成果不断引入教育。19世纪末,电的发明与幻灯、照相、电影应用于教育,相继无线电广播引入教育领域,对教育技术的发展产生了重要影响。其间,国际上"教育技术"的出现,"现代教育技术"的兴起,对教育起到了推波助澜的作用。科学技术的竞争引入美国的教育改革后,很快将录像技术、电视技术引入教育,使教育手段、教学方法走上现代化的轨道。教学机器的产生、语言实验室的应用,使教育改革的浪潮从美国波及世界许多国家。20世纪中叶,科学技术迅猛发展,把教育技术的发展推到新高峰。录音、录像成套先进设备与技术、闭路电视系统、卫星电视系统在教育中的应用,尤其是计算机在教育中的应用,使教育从内容、形式、组织序列上都发生了重大变革,形成了教育技术发展史上的一个新阶段即"媒体技术阶段"。这一阶段是"现代教育技术"兴起的标志。

第三阶段,从20世纪70年代到20世纪末,称为"系统技术"阶段。在媒体技术的发展过程中,现代系统科学方法论被应用于教育领域,"教育技术"作为一个独立的科学概念和专门术语已逐渐形成。人们发现"教育"是一个复杂的、动态的系统。它是由教育目的、教育内容、教育媒体、教学方法、教学设施及教师、学生、管理人员等诸因素组成的一个有机整体,教育媒体只是其中的一个要素,或者说教育媒体是教育系统的一个子系统。只有用系统科学的观念与方法,对教育的各个部分进行整体考虑,对教与学的过程进行整体设计,才能实现教学的最优化。系统科学方法把教育技术研究从对教育系统个别要素的研究扩展到对教育整个系统的综合研究。在这个阶段"教育技术学"学科诞生,并提出"教学设计"的思想。

系统技术推动教育技术发生了实质性的变化:一是它促使新的教育技术观的形成,即从只对媒体的研究(媒体观)扩展到对整个教育系统进行设计、实施、评价的研究(系统观);二是它开辟了教育技术又一新的实践领域——教学设计领域。系统技术及系统论的应用与发展终于促使教育技术发展成为一个独立的学科:教育技术学。

20世纪90年代以后,由于信息技术的飞速发展,多媒体和计算机网络成为教育技术研究的热点。多媒体和网络具有不同于传统视听媒体的教学特性:交互性、超媒体特性、资源共享、不受时空限制。这些新的特性对于改变人类的学习方式具有划时代的意义,从而在教育技术界乃至教育界引起了人们教育观念的巨大转变,并促使教育技术的各个研究领域逐步从重"教"向重"学"的方向发展。

目前教育技术进入信息化发展新阶段,进入21世纪,以多媒体技术、网络技术为核心的信息技术进入教育的各个领域,得到广泛的应用,使教育目的、教育内容、教育方法手段和教学评价等方面都发生根本的改变,标志着教育技术进入一个崭新的发展阶段——教育信息化。与此同时,在教育的理论上和实践上会出现许多新的课题,需要我们去探索,去认识,去解决。

(二)教育技术名称的演变

1. 视觉教育

17、18世纪,夸美纽斯和裴斯泰洛齐等人倡导的直观教学主要采用图片、实物、模型等直观教具来辅助教学。由于科技水平的限制,当时教学直观性的层次是比较低的。20世纪后,出现了许多机械的、电动的信息传播媒体。最早问世的如照相、幻灯和无声电影等,它们可以向学生提供生动的视觉形象,于是产生了所谓"视觉教育"的概念。视觉教育与直观教育在理念上是完全接轨的,区别在于所使用的媒体种类不同。

1973年,祖邦(C.F.Hoben)等人在《课程的视觉化》一书中提出了视觉教材的分类模式和选择原则,如图1-1所示。

图 1-1 视觉教材的分类模式 ①

2. 视听教育

20世纪30年代后半叶,无线电广播、有声电影、录音机先后在教育中获得运用,人们感到视觉教育名称已经概括不了已有的实践,并开始在文章中使用"视听教育"的术语。1947年,美国教育协会的"视觉教育分会"改名为"视听教学分会"。在诸多关于视听教育的研究中,堪称代表的是戴尔(E.Dale)于1946年所著的《教育中的视听方法》。该书提出的"经验之塔"理论成了当时以及后来的视觉教育的主要理论根据,如图1-2所示。

3. 视听传播

进入20世纪50年代以后,西方学校中视听设备和资料剧增,教育电视由实验阶段迈入实用阶段,程序教学和教学机器风靡一时,计算机辅助教育开始了实验研究。这些新的媒体手段开发和推广给视听教育注入了新的血液。同时,由H.D.拉斯维尔等人在20世纪40年代创立的传播学开始向相关领域渗透,有人已将教学过程作为信息传播的过程加以研究。

传播的概念和原理引入视听教学领域后,使广大专业工作者把眼光从静态的、单维的物质手段转向了动态的、多维的教学过程。这就从根本上改变了视听领域的实践范畴和理论框架,即由仅仅重视教具教材的使用,转为充分关注教学信息怎样从发送者(教师等),经由各种渠道(媒体等),传递到接受者(学生)的整个传播过程。又由于教学信息的传播是一个复杂的多要素相互作用的过程,传播理论必然会与当时前后相继形

---

① 孙启美.信息化的教育技术与模式[M].长春:吉林人民出版社,2004:37.

成的其他系统观念汇合,共同影响"视听教育"向"视听传播"的转变。

4.教育技术

由于媒体技术的发展和理论观念的拓新,国际教育界深感原有视听教育的名称不能代表该领域的实践和研究范畴,1970年6月25日,美国"视听教育协会"改名为"教育传播和技术协会"(Association for Educational Communication and Technology,简称 AECT)。1972年,该协会将其实践和研究的领域正式定名为"教育技术"

教育技术的名称确定以后,人们便开始探讨它的定义。

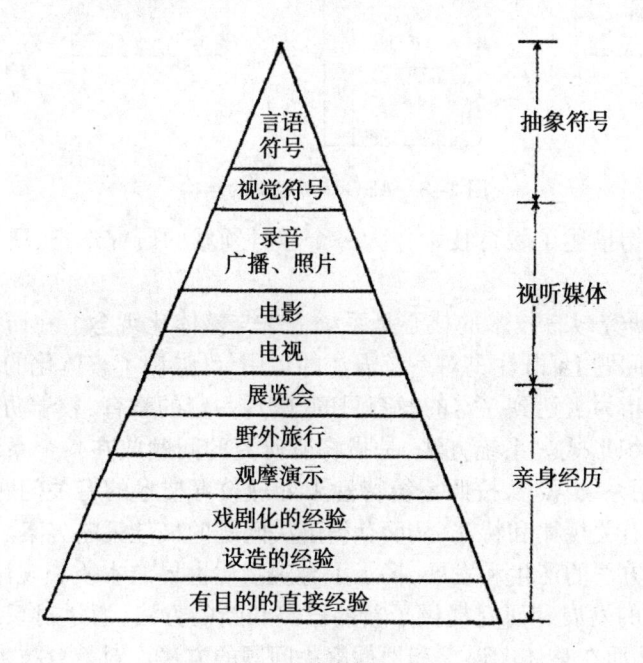

图 1-2　戴尔的经验之塔[1]

二、教育技术的内涵

(一)AECT94 定义

20 世纪 70 年代以来,美国研究机构多次对教育技术的内涵进行过界定。1994 年,美国 AECT 发表了由西尔斯(Seels)与里奇(Richey)合写的专著《教学技术:领域的定义和范畴》,该书认为:"教学技术是对学

---

[1] 祝智庭,沈书生,顾小清.实用教育技术[M].北京:教育科学出版社,2008:8.

习过程和学习资源进行设计、开发、使用、管理和评价的理论与实践。"可以用图 1-3 来描述 AECT94 定义的结构。AECT94 定义没有出现"媒体"的概念，我们将它视为影响学习资源与学习过程的重要方面。

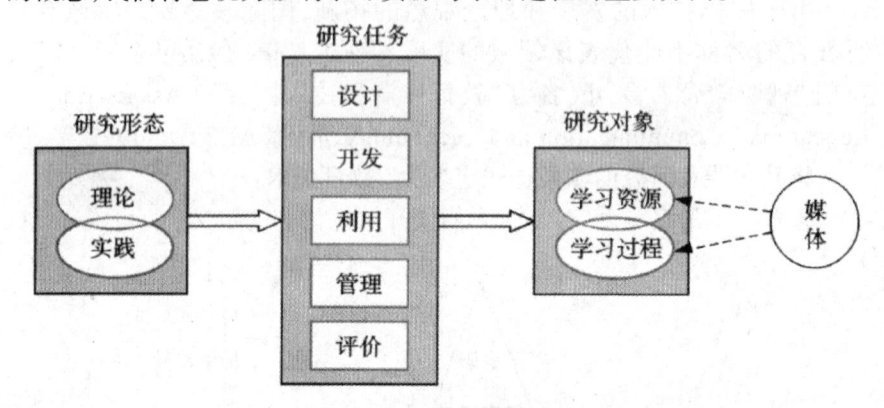

图 1-3 AECT94 定义的结构[①]

该结构描述了教育技术作为一个学科领域的研究形态、研究对象和研究任务。

（1）研究教育技术的核心是系统方法与整体化观念。在研究教育技术的核心问题上，既注重对系统方法的运用，又强调了整体化的观念。教育系统是指为了达到一定的教育目的，实现一定的教育、教学功能而形成的教育组织形式。系统方法，是指将所研究的问题放在一个系统中加以考虑，运用系统思想，按照系统特性来处理教育技术的有关问题，揭示教育技术的有关规律和特征，从而获得解决问题的最佳策略方案。

系统方法的产生和发展，揭示了客观物质世界的本质和规律，为现代教育技术的发展和研究提供了新的思路和新的方法，通过对系统的整体化研究，从而在整体上谋求和把握解决问题的方法。对教育技术的研究，主要有五个领域，即设计、开发、使用、管理与评价。这五个领域可以看成是整个研究工作的五个构成要素，每一个要素都可以当作一个系统来研究，在研究中又必须把握五个要素之间的相互联系，强调对其整体性的研究。

（2）教育技术工作的研究包括理论和实践两个方面。现代教育技术包括现代教育思想、教育观念、教育方法、教育教学技能与技巧、教学设计等方面的内容。对教育技术工作的研究，应当注重现代教育理论与应用推广两个方面，从高科技与教育改革的结合部，研究探索现代化教育的新

---

① 祝智庭,沈书生,顾小清.实用教育技术[M].北京：教育科学出版社,2008：8.

第一章 高校英语教学的教育信息化背景

路径,传播信息时代的教育意识与教育观念,加快教育技术对世界前沿科技成果的跟踪研究。通过理论与实践两个方面的研究,探索和建构新型的教学模式与教学环境,建立现代化的教材体系,进而形成一整套的现代化教学理论体系,从而全面促进和指导现代教育技术的推广与应用。

（3）优化学习资源是优化学习过程的必要条件。在教育技术的定义中,突出强调了教育技术实践与研究的主要对象是学习资源与学习过程,在这两者当中,学习过程更为重要,而要优化学习过程,其必要条件是优化学习资源。在教与学的活动中,学生能够与之发生有意义联系的有关信息、人员、教材、设备、技术与环境等共同构成了学习资源,其中,由教师控制的、用来帮助和促进学生学习的有关信息、人员、教材、设备、技术和环境等一般被称为教学资源。

从这一界定不难看出,就资源的基本内涵来看,学习资源与教学资源是一致的,但是两者又不完全相同。首先,两种资源的使用主体不一样,学习资源的使用主体是学习者,而教学资源的使用主体是教师。其次,两种资源的范围也不完全一样,学习资源的范围比教学资源更加广泛,换言之,凡是可以作为教学资源的,都可以被用作学习资源供学生使用,而有的学习资源却不一定会被作为教学资源来使用。学习过程是学习者通过与信息、环境的相互作用获取知识和技能的认知过程,学习资源是学习过程中所要利用的各种信息和环境条件。新的教学理论要求学生由外部刺激的被动接受者转变为能积极进行信息处理的主动学习者,而教师要提供能帮助和促进学生学习的信息资源和学习环境。从 21 世纪社会发展和人类发展的需求出发,建造一个能支持自主学习、协作学习、创造学习、终身学习的社会教育大系统。

（二）对教育技术的新思考

实际上,教育技术这一概念是随着媒体技术的发展和理论观念的拓新而逐渐形成的,其定义也在不断地发展。美国 AECT94 定义起草人西尔斯在 2004—2005 年又对教育技术做出了新的思考:教育技术是通过创造、使用和管理适当的技术过程和资源,促进学习和改善绩效的研究与符合道德规范的实践。

这一思考将教育技术的研究范围由教学领域扩展到企业绩效领域,提出教育技术的实践应符合道德规范的要求,并将"创造"作为教育技术领域的三大范畴之一,强调了教育技术的创新功能,同时该思考中将研究的对象描述为"适当的技术过程和资源",从某种意义上说它突出了专业特色与工作重点。但是,由于受美国的社会文化背景与行业背景的影响,这一思考虽然强调了实用性和规定性特征,但对教育技术支持学习的本质的描述仍值得商榷,实践过程中,应该结合我国教育的实际,真正实现教育技术优化教育的功能。

第二节 教育信息化的表现——信息技术教育

一、信息技术的内涵

在现实社会中,信息广泛存在,人们每时每刻都离不开信息,而且需要经常不断地获取信息、加工信息和运用信息来为社会各个领域服务。

正是为了扩展人类的信息功能,信息技术才得以发展起来。在古代,指南针、烽火台、风标、号角、语言、文字、纸张、印刷术等作为传载信息的手段都发挥过重要作用;望远镜、放大镜、手摇机械计算机等作为近代信息技术的产物,是现代信息技术的早期形式。

到了 20 世纪中叶,伴随着计算机技术的出现和发展,人类在信息处理方面也进入了一个全新的阶段,即现代信息技术阶段。

现代信息技术是利用科学的原理和方法来实现信息采集、存储、传递、处理、使用等功能的一类技术。

二、信息技术在教育中的应用

总体而言,无论是教学还是教育都离不开信息技术,教学中使用最多的教材就是一种信息技术。随着科技的进步与发展,现在信息技术对人们的工作、学习等产生了深远影响,尤其是计算机技术的进步,为信息技术应用于教学提供了便利。最初,计算机在教学中的应用主要是开发辅助教学软件,这些软件大都是基于行为主义学习理论的,主要用来供学生操作和练习。

20 世纪 70 年代,计算机在教学中的运用更为广泛,一些大学和公司相继开发了各课程的比较成熟的辅助教学软件。

到了 20 世纪 80 年代后期,随着微型计算机和多媒体技术的发展,信息技术在教育中的应用越来越广泛,利用计算机开发的教学软件的呈现方式也不仅仅局限于文本,而是图、文、声、像并茂。此时认知理论已经成为指导计算机辅助教学发展的重要理论基础,这一时期开发了一些高质量的教学软件。与此同时,世界上许多国家从20世纪80年代初都把"计算机教育"引入中小学教育中。

20世纪90年代以来,国外的中小学普遍加强信息技术教育,发达国家尤其注重这一点。而且他们已经意识到以计算机、多媒体和网络为核心的信息技术将是今后人们获取知识、从事工作、了解世界和与人交往的重要途径。为此,发达国家加大了对信息技术教育的投入,用于购置计算机设备和进行信息技术教育方面的师资培训。

在中小学开设信息技术教育课程的目标是培养学生的信息能力,即学生获取、分析、加工和利用信息的能力,为实现这一目标,通常有两种模式:一是独立开设信息技术课;另一种是将信息技术内容整合到中小学各学科的课程中去,使信息技术知识和能力的培养与各学科的教学过程紧密结合起来。20世纪90年代中期以前,基本上是采用第一种模式——单独开课;到20世纪90年代中期以后才有一些国家开始采用第二种模式——信息技术与课程整合。

之前,教育者把注意力都放在了技术在教学中的单独呈现上,而忽视了技术与课程的整合。尽管第二种模式只是试验性探索,但是"整合模式"将会成为信息技术教育发展的必然趋势。

第三节　教育信息化与高等教育的发展

一、教育信息化下高等教育的成就

(一)信息技术教育与应用发展迅速

目前,全国已有将近80%的高等院校建立了不同层次和规模的校园网,网络已连接到校内的主要办公楼、教学楼、实验楼、图书馆甚至师生宿舍。大部分学校建立了网络中心和多媒体教室,利用校园网开展了远程教学、数字图书馆服务办公自动化系统、教学教务管理系统、后勤管理系统、网络课程服务和教学资源开发系统等应用项目,已经初步实现了高校信息化向更高层次迈进的第一步。

近年来,特别是随着我国电信事业的飞速发展,社会企业对教育的支持,以及大量的教育资源的开发,大大地加快了教育信息化的步伐。

（二）信息化人才培养的速度明显加快

在实现国民经济高速发展和社会信息化的过程中,教育承担着培养信息化创新人才和提高全民族素质的重要任务。20世纪末以来,作为信息化人才培养重要基地的高等学校,在各个方面都得到长足发展。

（三）教育资源建设取得很大进展

发展教育信息化,其中网络设施建设是基础,资源建设是核心,信息人才是关键。目前各级各类教育主管部门和学校都十分重视教育数字资源建设,根据学校的学科优势和教学特点,开发了一批基于网络的教育教学资源库、素材库、网络课程和教学课件,这对整合教育力量、推动资源共享、实现远程教学奠定了良好的基础,创造了基本条件。我国开设了信息技术相关专业和信息技术课程,对计算机相关专业进行教学改革。

二、新时代下"互联网 + 教育"的产生

（一）"互联网 + 教育"的内涵

"互联网 +"是现代的主流思想,其意义是把传统的生产、销售、运营乃至生活方式都以互联网的思维进行全新的诠释。"互联网 + 教育"也是最近的热门话题,那么"互联网 + 教育 = ?"答案是教育对教育的变革。

首先是对教学思维及模式的改变。传统的教学是以老师为主体。在互联网的思维模式下,老师与学生的地位完全被颠覆。所以,现在强调要提升学生在课堂上的主体地位,引发学生的学习积极性,增加课堂的互动性及灵活性。

其次是助学工具的改变。传统的助学工具,就是提供试题,让学生来做题而已。但是现在,这些简单的助学工具已经无法满足时下教育的需求。所以更多的教育商开始提供更多更科学、更人性化的服务。比如,孩子们上下学都是交通的高峰期,有很多一线城市堵车非常严重,动辄一个小时或者几个小时。那么,学生有一部分时间是浪费在上下学途中,缩短了学生的自主使用时间,无形中增加了学生的负担。而网上的教学系统则很好地解决了这个问题,只要在手机中下载软件,就可以离线学习,

于是堵车的过程变成了学习的过程。这样不但科学地整合了学生的零散时间,也及时地帮助学生在最短时间内完成课后的复习,巩固了知识点,相对减轻了学生的学习负担。

总体而言,"互联网+教育"就是在教育行业中引入互联网,实现一些基于互联网的教育应用,如 K12 在线教育、MOOC 等,"互联网+教育"将会改变教育行业的很多行为方式。"互联网+教育"没有一个固定的形式与定义,"互联网+教育"等于变革——变革了传统的教育思维、教育方式及教育工具,而三者的变革又相辅相成,共同促进着变革的发展与深入。

(二)"互联网+教育"的机遇与挑战

1. "互联网+教育"的机遇

互联网的技术进步和应用的普及,正惠及亿万城乡师生,将会带来教育理念和模式的巨大变革,并在以下几个方面带来教育事业的重大发展机遇。

(1)促进教育公平。互联网突破了传统教育的时空限制,可以把最优质的教育资源、最先进的教育理念、最新颖的教学模式在更大范围内共享,包括偏远贫困地区,能在很大程度上改善国内教育资源分配不均的现状,为每个人提供更好的教育机会,促进教育公平发展。

(2)提高教育质量。利用网络技术,不仅能实现教学资源和智力资源的共享与传播,激发学生的学习兴趣和增强学习效果,还能推动优质教育资源共享、教育教研合作交流、推动课程改革,全方位提升教育教学的质量和效益。

(3)降低教育成本。互联网推动了教育资源配置的优化,使更多的人同时获得更高水平的教育,提高了教育资源的使用效率,降低了教育成本。另外,由互联网打造的没有围墙的学校,也为个性化学习、全民学习和终身学习提供了可能。

2. "互联网+教育"的挑战

教育是关系到千家万户的系统工程,涉及教育主管机构、学校、教师、学生和家长等众多利益相关主体,互联网推动下的教育变革仍将面临不小的挑战。首先是观念方面的问题。如今的学生已经是与网络共生的一代,是地地道道的互联网原居民,他们可以熟练地借助网络生活,本能地通过屏幕学习。而"50后""60后"的人的习惯是借助书本学习。观念的差异很难在短时间内得到弥补,由此对"互联网+教育"的影响不能小视。其次是互联网基础设施的问题。我国互联网的普及率还没达到50%,也就是说还有一半的国民没有条件使用互联网。虽然近些年我国教育信息化取得了长足的发展,但仍有少数中小学没有接入互联网,10M以上宽带接入比例仅占60%左右。部分地区的中小学生人机比配置还不理想,教育信息化基础设施建设的城乡差异仍然较大。

另外,教育管理方式也存在问题。如果学生不能自由选择学习科目和讲课教师,如果学分不能互认,学位不能等价衔接,"互联网+教育"很难发挥其最大效益。我们需要尽快研究制定教学资源的上网认证标准,要针对经过认证的教学类资源制定网上学习效果评价标准,要制定课程微证书发放办法等。

需要说明的是,"互联网+教育"与目前热闹的在线教育投资热是有区别的。互联网与教育的融合是必然的,也将越来越密切,但是以资本与互联网商业模式驱动教育与互联网,是有致命缺陷的。2012年掀起的在线教育投资热潮已经开始褪去,但"互联网+教育"的热潮还将持续下去,不可逆转。

总之,我们要有新的观念、新的技术和新的管理模式,才能拥抱"互联网+教育"的新时代。

第二章 高校英语教学基础知识简述

高校英语教学在我国高等教育教学中意义非凡,并且随着人们对高校英语教学越来越重视,对高校英语教学的要求也越来越高。当前的高校英语教学不仅在于传播英语知识,还承担着培养英语实用型人才的责任。本章就对高校英语教学的理论展开研究。

第一节 高校英语教学的内涵解析

一、高校英语教学的内涵

21世纪是信息化、全球化的时代,为迎接新世纪的挑战,我国外语教学经过多次调整,英语已恢复了主要外语地位。在英语教学研究和实践中出现了一些新的理念,英语教学主要有以下几个特点。

(一)英语教学中的创新观念

创新型人才培养是我国目前大力提倡并实施的教育策略之一。以"创造学"和"教育学"的原理为基础的创新教育包括:创新意识与动机创造精神,创造能力和创造个性等要素。创造性思维能力和实践性技能训练是创新素质教育的核心。英语教学研究者和教师们面向学生,因人而异,注重培养语言能力,引导激发他们的兴趣,并不断地反思,以提高教学效果。在这种观念的推动下,学生在学习外语的同时,也了解了异国文化,外语从一种工具变为一种思想,从而影响了学生的人生观、世界观。

(二)跨文化意识

语言是交流、传播、延续和发展文化的工具,基于这样的认识,人们在英语教学中逐渐树立跨文化意识,这是语言功能本身的要求,更是时代对外语教学的要求。21世纪对外语人才有了更高的要求：他们要具备扎实的专业知识,敏锐的信息洞察力以及用外语进行交流、沟通、传达和获取信息的能力。时代的要求也就使得外语教学的目的不再是单纯地传授语言知识,更重要的是培养学生运用外语进行跨文化交际的能力。跨文化意识的形成是良好的交际能力的前提。因此教师和学生们自觉提高跨文化意识,提高了对语言差异的敏感性,逐渐从强调语言基础知识转变到注重跨文化理解,培养跨文化沟通技能。在语言教学中,把文化传输和语言的学习有机结合起来,在训练学生语言驾驭能力的同时,鼓励学生逐步了解异域国家不同的世界观、价值观,不同的文化渊源、历史传统和不同的宗教文化和风土人情,了解不同的言语行为中蕴涵的文化特性,自觉接受异域文化的熏陶。

（三）网络英语教学

网络英语教学是以现代网络技术为依托,为学生提供全方位立体化的英语教学与学习环境,以提高学生的语言应用能力。网络英语教学利用丰富的网上资源和网络技术,在教学实践上充分显示了其灵活性、针对性、实时性和自主性的个性化教学特征,这是传统英语教学所不具备的。

二、高校英语教学的内容

（一）教授语言技能

大学生在学习英语的过程中,掌握英语基础知识是基础,同时还要在语言知识的基础上掌握更多的语言技能,包括听、说、读、写、译。其中,听力技能的掌握可以帮助学生识别、分析、理解话语含义,提升自身的听力能力。口语技能的掌握主要是为了提升自身的语言输出以及表达思想的能力。阅读技能主要在于培养自身的辨认、理解语言知识内容的能力。写作技能是让大学生可以利用书面表达来输出自己的思想、表达自己的看法。翻译技能则是学生英语综合运用能力的一种体现,不仅涉及语言知识的输入,而且涉及语言知识的输出。

听、说、读、写、译是高校学生综合运用能力的基础,通过这五项技能的训练,可以保证学生在具体的实践中做到得心应手。

（二）教授语言知识

众所周知,想要掌握一门语言,必须熟悉这门语言的语音、语法、词汇、语篇、句法、功能等知识,这对于英语学习而言同样也不例外。大学生掌握英语这门语言的前提就是学习这些知识,将这些基础知识牢牢把握好,并在此基础上提升自身的语言综合运用能力。英语与汉语作为两种存在鲜明差异的语言,中国学生必须要形成英语思维,并利用英语思维学习英语,如此才能取得事半功倍的效果。

（三）教授文化知识

语言与文化密不可分,学习一门语言,必然离不开对该门语言背后的文化的学习。一旦语言教学离开了文化教学的底蕴,那么这种语言教学也就不再具有思想性和人文性的特点了。所以,教师在教授学生学习英语的过程中,一定要引导学生了解语言背后的文化知识,如英语所在国家的地理、人文、习俗、生活、社会、风土、人情等。

在具体的教学中,教师有两点需要引起注意。首先,教师讲授文化知识需要依据学生的心理发展以及认知能力,在此基础上循序渐进地导入文化知识,逐步培养大学生的文化素养,拓宽他们的眼界。其次,教师引入西方文化知识时要有选择性,不能盲目引入,避免学生形成崇洋媚外心理。

第二节　高校英语教学的理论基础

一、建构主义学习理论

建构主义以儿童认知发展的理论为基础,因为个体的认知发展与学习过程密切相关,所以建构主义理论可以比较好地说明人类学习过程的认知规律,即能较好地说明学习如何发生、意义如何建构、概念如何形成,以及理想的学习环境应包含哪些主要因素等。

（一）学习的概念与方法

建构主义认为学习是意义建构的过程。知识不是通过教师传授得到,而是学习者在一定的情境即社会文化背景下,借助其他人(包括教师和学习伙伴)的帮助,利用必要的学习资料,通过意义建构的方式而获得。在学习中,"情境""协作""会话"和"意义建构"是非常重要的因素。

建构主义强调学习者的认知主体作用,和传统教学法相比,教师的角色有所改变,教师是意义建构的帮助者、促进者,而不是知识的传授者与灌输者。学生是信息加工的主体、是意义的主动建构者,而不是外部刺激的被动接受者和被灌输的对象。学生要成为意义的主动建构者,就要求学生在学习过程中从以下几个方面发挥主体作用。

(1)以已有知识为基础,积极探索、发现、理解建构知识的意义。

(2)发挥学生主动性,要求学生搜集并分析有关的信息和资料,对所学习的问题要提出各种假设并努力加以验证。

(3)重视新旧知识的联系,并对这种联系加以认真的思考。"联系"与"思考"是意义构建的关键。如果能把联系与思考的过程与协作学习中的协商过程(即交流、讨论的过程)结合起来,则学生建构意义的效率会更高、质量会更好。协商指"自我协商"与"相互协商"(也叫"内部协商"与"社会协商")。自我协商是指自己和自己争辩什么是正确的;相互协商则指学习小组内部相互之间的讨论与辩论。

(二)建构主义学习观对英语教学的启示

(1)建构主义理论在如何理解知识、如何对待学习、如何看待学生等方面有独到的见解。

它首先非常重视研究什么是学习,强调学生在学习中的主动性。首先,学习不是由教师把知识简单地传递给学生,而是由学生自己建构知识的过程。学生不是简单被动地接收信息,而是主动地建构知识的意义,这种建构是无法由他人来代替的。学生是根据自己的经验背景,对外部信息进行主动地选择、加工和处理,从而获得自己的意义。也就是说,外部信息本身没有什么意义,意义是学习者通过新旧知识经验间的反复的、双向的相互作用过程而建构成的。在学习中,每个学习者以自己原有的知识经验为基础,对新信息重新认识和编码,建构自己的理解。

在这一过程中,学习者原有的知识经验因为新知识经验的进入而发生调整和改变。建构主义认为,学习是同化和顺应的过程。同化是认知结构的量变,而顺应则是认知结构的质变。同化—顺应—同化—顺应……循环往复,平衡—不平衡—平衡—不平衡,相互交替,人的认知水平的发展,就是这样的一个过程。学习不是简单的信息积累,更重要的是包含新旧知识经验的冲突,以及由此而引发的认知结构的重组。学习过程不是简单的信息输入、存储和提取,是新旧知识经验之间的双向的相互作用过程,也就是学习者与学习环境之间互动的过程。

第二章　高校英语教学基础知识简述

（2）在这种学习观的基础上，建构主义强调，不能把学习者的大脑看成是真空。

在日常生活和以往各种形式的学习中，他们已经形成了有关的知识经验，他们对任何事情都有自己的看法。即使是有些问题他们从来没有接触过，没有现成的经验可以借鉴，但是当问题呈现在他们面前时，他们还是会基于以往的经验，依靠他们的认知能力，形成对问题的解释，提出他们的假设。因此，教学不能无视学习者的已有知识经验，简单强硬地从外部对学习者实施知识的"填灌"，而是应当把学习者原有的知识经验作为新知识的生长点，引导学习者从原有的知识经验中，生长新的知识经验。教学不是知识的传递，而是知识的处理和转换。教师不单是知识的呈现者，不是知识权威的象征，而应该重视学生自己对各种现象的理解，倾听他们的看法，思考他们这些想法的由来，并以此为据，引导学生丰富或调整自己的解释。教师与学生、学生与学生之间需要共同针对某些问题进行探索，并在探索的过程中相互交流和质疑，了解彼此的想法。由于经验背景差异的不可避免，学习者对问题的看法和理解经常是千差万别的。其实，在学生的共同体中，这些差异本身就是一种宝贵的现象资源。建构主义虽然非常重视个体的自我发展，但是也不否认外部引导，亦即教师的影响作用。

（3）建构主义理论对学习以及对学生的看法决定了教师和学生的角色都发生了一定的变化。

其一，教师是学生建构知识的忠实支持者。教师的作用从传统的传递知识的权威转变为学生学习的辅导者，成为学生学习的高级伙伴或合作者。教师应该给学生提供复杂的真实问题。他们不仅必须开发或发现这些问题，而且必须认识到复杂问题有多种答案，激励学生对问题解决的多重观点，这显然是与创造性的教学活动宗旨相吻合的。教师必须创设一种良好的学习环境，学生在这种环境中可以通过实验、独立探究、合作学习等方式来展开他们的学习。教师必须保证学习活动和学习内容保持平衡。教师必须提供学生元认知工具和心理测量工具，培养学生评判性的认知加工策略，以及自己建构知识和理解的心理模式。教师应认识教学目标包括认知目标和情感目标。教学是逐步减少外部控制、增加学生自我控制学习的过程。

其二，教师要成为学生建构知识的积极帮助者和引导者，应当激发学生的学习兴趣。通过创设符合教学内容要求的情景和提示新旧知识之间联系的线索，帮助学生建构当前所学知识的意义。为使学生的意义建构更为有效，教师应尽可能组织协作学习，展开讨论和交流，并对协作学习

· 17 ·

过程进行引导,使之朝着有利于意义建构的方向发展。

其三,学生的角色是教学活动的积极参与者和知识的积极建构者。建构主义要求学生面对认知复杂的真实世界的情境,并在复杂的真实情境中完成任务,因而,学生需要采取一种新的学习风格、新的认识加工策略,形成自己是知识与理解的建构者的心理模式。建构主义教学比传统教学要求学生承担更多的管理自己学习的机会;教师应当注意使机会永远处于维果斯基提出的"学生最近发展区",并为学生提供一定的辅导。

(4)学生要用探索法和发现法去建构知识的意义。

在建构意义的过程中要求学生主动去搜集和分析有关的信息资料,对所学的问题提出各种假设并努力加以验证。要善于把当前的学习内容尽量与自己已有的知识经验联系起来,并对这种联系加以认真思考。联系和思考是意义建构的关键,它最好的效果是与协商过程结合起来。

二、需求分析理论

需求分析理论对英语学习策略具有重要的指导意义。学习策略的选择只有以需求分析为基础,才能提高其有效性。因此,本节就对需求分析理论进行概述,主要内容涉及需求分析的内涵、对象、内容、启示几个层面。

(一)需求分析理论概述

需求分析有广义与狭义之分。广义的需求分析是指学习者除了自身的学习需求,还需要考虑单位、组织者、社会等其他方面的需求。狭义的需求分析则仅涉及学习者个人自身的学习需求。

威多森(Widdowson,1979)指出,需求是指对学生的课后所设置的学习要求,这是一种以目标为导向的需求。[1]

英国语言学教授贝里克(Berwick,1989)指出,需求是指在学习或工作之外,学生想要获得的个人目标需求。[2]

学者陈冰冰认为,"需求分析是通过访谈、内省、观察、问卷等方式对

---

[1] Widdowson, H.G. EST in theory and practice[A]. Explorations in Applied Linguistics[C]. In H.G. Widdowson (ed.). London: Oxford University Press, 1979: 326.
[2] Berwick, R. Need assessment in language programming: from theory to practice[A]. The Second Language Curriculum[C]. In R.K. Johnson (ed.). Cambridge: Cambridge University Press, 1989: 55.

第二章　高校英语教学基础知识简述

学习者的学习需求进行的调研,这种方法已经广泛应用于教育、经贸、服务、制造等行业中。"

在语言教育领域中,最早出现的需求分析是针对专门用途英语展开的。在专门用途英语的学习中,学习者的学习需求主要表现在为了达到某些目标所需求的语言知识、语言技能而展开学习。后来,随着高校英语教学的深入发展,"需求"的应用范围越来越广泛,涉及语言、教材、情感等方面的人的需求、愿望、动机等。

（二）需求分析的对象

需求分析的对象包括以下四个方面。

第一,学习者。这主要包括学生以及其他有学习需求的学习者。

第二,观察者。这方面主要包括教师、教学管理人员、助教、语言项目的相关领导等。

第三,需求分析专家。这主要是指专业人员或者教育丰富经验的大纲设计教师等。

第四,资源组。这方面指的是能够提供学习者信息的人,如家长、监护者、经济赞助人等。

（三）需求分析的内容

一直以来,众多学者对需求分析展开了研究,不同学者对这方面的研究存在不同视角,自然所得出的成果也存在差异。同样,对于需求分析的内容,不同学者也提出了不同的看法。

1. 哈钦森和沃特斯的观点

学者哈钦森和沃特斯（Hutchinson & Waters,1987）认为,需求分析包括目标需求、学习需求两个方面。其中,目标需求指的是学习者在目标情景中所能掌握的可以顺利使用的知识、技能。另外,这两位学者又进一步将目标需求分为必备需求、所缺需求、所想需求。学习需求指的是学生为了掌握所需要掌握的知识内容所进行的一切准备活动。

2. 布朗的观点

学者布朗（Brown,2001）认为,学习需求在内容上可以分为以下三大类,他认为这种分类方式可以有效缩小需求分析的调查范围。

（1）形式需求与语言需求。

（2）语言内容的需求和学习过程的需求。

（3）主观需求和客观需求。

3. 伯顿和梅里尔的观点

伯顿（J.K.Burton）和梅里尔（Merrill）认为需求分析涉及如下六大层面。

预期需求，即将来的需求。

表达需求，即个体将感到的需求进行表达的需求。一般来说，这可以采用多种形式，可以是座谈，可以是面谈，还可以是观察等，便于对方提取信息，从而对表达需求予以确定。

标准需求，即学习者个体与群体的现状与既定目标间存在的某些差距。

感到的需求，即个体感受到的需求。

相比需求，即通过对比找到个体与其他个体的差距，或者同类群体之间的差距。

批判性实践的需求，即一般不会轻易发生，如果发生那么必然会导致某些严重的结果的一种需求。

4. 布林德利的观点

布林德利（Brindley,1989）认为需求主要包含如下两大层面。

主观需求，即学习者学习语言的情感、对语言学习的认知层面的需求，包含对语言学习的态度、是否持有自信心等。

客观需求，即学习者性别、年龄、背景、婚姻状况、当前的语言水平、当前从事的职业等各方面的信息。

（四）需求分析理论对英语教学的启示

需求分析理论对英语教学的启示主要体现在以下几个方面。

1. 突出英语重难点

高校英语教学往往是在教学目标的指导下展开的，所以需要明确教学的重点与难点，如此才能有针对性地展开教学。可见，教学重难点是为整体教学目标提供服务的。

需求分析有助于确定教学中的重难点问题。通过实践，国内大学生对于听力学习、阅读学习以及口语学习都存在困难，因此在对教学目标进行规划时，可以将其视作重难点。而目标的多样性也决定了重难点是多种多样的。

当我们把英语教学目标从认知向非认知扩展的时候,也需要重点和难点的相应扩展;当我们把教学重心从认知向非认知转移的时候,也需要重点和难点的转移。

2.提升教学设计的效果

通过需求分析,可以对教学设计的必要性与可能性进行充分的论证,使教师与学生可以集中精力,对教与学中的重难点问题加以解决,从而不断提升教与学的质量和效率。

具体来说,通过需求分析,教师可以对"差距"资料进行准确的把握,基于此来设计教学目标,同时需求分析可以作为教学目标、教学策略等设定的依据。

因此,需求分析对于高校英语教学而言是十分重要的,甚至决定着高校英语教学的成败,需要教育者加以关注。

第三节　高校英语教学的原则与现状

一、高校英语教学的原则

(一)以学生为中心原则

高校英语教学需要坚持以学生为中心的原则。在学习过程中,学生考虑自身的特点与实际水平,主动参与到学习之中,选择与自己能力相匹配的内容。在人际交互过程中,学生能够主动地思考,并动手进行操作,从而激发学生学习的主动与积极性。

总之,这种以学生为中心的互联网技术不仅为学生提供了自由的学习空间,还为学生提供了大量的学习内容,保证他们在学习中不断提高,获得更佳的学习效果。

(二)主导式自主学习原则

以互联网为核心的现代信息技术逐渐进入到外语教育领域。这就导致以教师为中心的传统教学转向以学生为中心、以教师为主导的教学,以仅传授知识与技能的教学转向既传授知识与技能,又注重语言运用能力与学生的自主学习能力的培养的教学。

也就是说,当前的高校英语教学应该以互联网为依托,集合文字、图像等为一体,通过运用各种传播手段,以个性、开放的形式对高校英语教学的信息加以存储与加工,并进行传播,将互联网技术与高校英语教学紧密结合,将课堂教学与互联网学习紧密结合,以学生为中心,学生展开以教师为主导的自主学习,即为主导式自主学习。简单来说,主导式自主学习即一种有目标指向的积累性的学习方式,学生基于教师的主导,在宏观目标的调控下,从自身的需要与条件出发,制订并完成具体目标的一种学习方式,其主要表现为教师在学习中充当参与者的身份,学生将自身的独立性与主观能动性发挥出来,实现教师与学生的良性循环与有机结合。

在主导式自主学习中,主导指的是教师创造一切与学生学习相关的环境,引导学生建构对周围世界的认知。自主指的是不同于对教师的依赖,而是采用一种独立的方式进行学习,但是这种学习不是自由的学习,而是自主学习,其需要学生形成积极的学习态度,对自己的学习内容、学习目的有明确的认识,并采用恰当有效的方式展开学习。同时,这种自主还强调基于目标的指导,学生要进行自我调控,主动参与到学习之中,并努力实现目标。

虽然自主与主导有着不同的视角,但是二者对于世界的认识、对于知识的整合以及对意义的建构等的实效性与主动性都非常注重,都是将提升学生的素养作为着眼点。就这一意义来说,二者是密不可分的关系,自主以主导作为航标与指向,主导以自主作为助推器与支撑单位。

(三)多元互动教学原则

教学是人与主体之间交流情感与思想的过程。教学的效果好坏并不取决于教与学,而是取决于教与学主体间的互动结果。所谓多元互动教学,即高校英语教学中教师与学生之间、学生与学生之间、教师及学生与机器之间的相互作用,是一个以促进学生主体认知重组为基础的多层次的交互活动,目的是实现意义的建构。

多元互动教学使现代的高校英语教学的教师、学生、教材等要素形成了立体的网络,学生置于真实的情境之中,运用自身所学的知识与技能,通过对一系列的语言实践活动进行观察,并不断进行探索与试验,逐渐掌握语言知识与技能的意义。就这一层面来说,互动在语言教学中被认为是运用语言最本质的特征,是学生获取外语知识的一条必经之路。

在语言教学活动中,语言是知识体系与技能体系的融合,实践性较强。语言教学内容的传授也是教师和学生共同参与的过程,彼此之间通过合作、完成任务,从而使学生获取知识。通过多元的互动,学生能够不断发现语言使用的规则以及他们对语言使用的反馈情况,同时将新的语言形式与规则运用到自身的实践之中,通过多种实践,学生可以对语言运用的规则加以感悟,与语言表现形式进行对比,体验语言的社会功能,完善自身的语言体系。

二、高校英语教学的现状

(一)受"应试教育"的影响

在传统教学模式中,应试教育是一个基本的目标,其主要目的是让学生成功通过考试。例如,在大学阶段,学生特别注重四、六级考试成绩,因为在他们看来,通过四、六级考试,就能够顺利毕业。但是,这样的考试就失去了英语教育的作用,也很难提升学生的英语实际应用能力。

(二)教材选择方面存在弊端

从很大程度而言,教材决定课程的教学内容与方法,因此无论对于什么课程来说,教材的选择与运用非常重要,当然高校英语教学也不例外。

但是,在我国当前的高校英语教材上,内容多是注重文字与理论,忽视了实用性。虽然当前我们也引入了大量的国外教材,但是这些教材与我国的教学需要并不完全适应。因此,我国的教材仍旧存在明显的弊端。

(三)师资水平参差不齐

在高校英语教学中,教师是重要的组成因素,起着重要的引导作用。因此,教师素质高低,对学生英语学习的积极性有着直接的关系。但当前,很多学校的师资力量紧张,并且师资水平也存在差异,导致高校英语教学存在明显的师资问题。

第四节 高校英语教学的常见方法

一、语法翻译法

语法翻译法起源于欧洲中世纪,又叫古典法,因为这种方法最早用于教授古典语言拉丁语和希腊语。16世纪语法翻译法被用来教授英语、德语、法语等现代语言,这种方法一直沿袭运用至今。语法翻译法是用母语翻译、教授书面语的一种方法。目的是通过阅读翻译原著和对复杂的语言及语法规则的逻辑分析、讲解以及练习运用,培养训练学生的智力。

语法翻译法的教学特点是：教学主要以母语为中介；词汇教学是孤立的,脱离语境的；详细讲解复杂的语法规则、词汇用法,分析课文,指导课文翻译；教材结构以课文为主线,首先引入语法规则,然后是带有母语释义的外语单词表,最常见的练习形式为母语和外语的互译。课文的位置一般是在一课书的最前面；句子是语言实践的基本单位。课程主要内容是以语法为手段进行句子的双语互译。

二、听说法

听说法产生于第二次世界大战期间,20世纪五六十年代在世界范围内产生了很大影响。以行为主义心理学和结构主义语言学为理论基础,认为语言是有声的,口语是第一性的,文字是第二性的。语言首先指口头说的话,而文字则是记录口头语言的,是第二性的表现形式。因此,在外语教学中应当以听说训练为主,读写为辅,以句型为纲,以句型操练为中心,因此又叫"句型教学法"或"口语法"。听说法的主张者把外语教学过程归结成刺激—反应—强化的过程。他们认为语言是一套习惯,主张通过模仿、反复操练等学习形式形成自动化的语言习惯；认为人生下来脑子一片空白,语言习惯通过刺激—反应形成。听说法继承了直接法的特点,但又不同于直接法。它的不同点在于强调句型的重要性和对比的方法。认为句型是典型的句子模式,是语言的基本结构。因此,句型是语言教学的基础,外语教学要以句型操练为中心,以外语和本族语的句子结构对比决定教学内容的选择和编排。听说法是第一个自觉地把系统的语言学和心理学理论作为自身理论基础的教学法体系。其教学过程是课堂上教师说、学生模仿,或教师放录音、学生模仿。通过不断的句型操练和对话练习形成了对某一语言表达或结构的习惯反应从而实现习得语言的目的,而后教师再设计能应用这一表达或结构的情景进一步强化训练。句型操练和模仿对话是听说法的主要教学手段。

三、交际法

交际法,顾名思义,以培养学生综合运用语言技能进行交际能力为教

第二章 高校英语教学基础知识简述

学目标,又称功能意念法,是因其教学大纲以语言的各种交际功能为主要项目,如:邀请、致歉、请求、询问、介绍及允诺等,而不是以语言的形式或结构为中心。

交际法产生于20世纪70年代初期的欧洲。其语言理论基础主要来自社会语言学家海姆斯(Hymes)的"交际能力"理论和英国语言学家韩礼德(Halliday)的功能语言理论。它的语言交际观的基本特征可以概括如下:语言是表达意义的体系;语言的主要功能是人际功能和交际功能;语言的结构反映其功能和交际用途;语言的主要单位不仅仅是它的语法和结构特征,还包括功能和交际范畴。

交际法的教学特点如下。

(1)教学中培养学生使用外语教学交际的能力,使他们学会在一定的社会环境中恰当地使用语言,懂得语言的形式、意义和功能以及同一语言结构也可用来表示不同的功能。

(2)教师在教学过程中的不同阶段扮演不同角色。在介绍新语言项目阶段,教师是示范表演者和讲解员;在操练阶段,教师是指挥者和组织者;在练习阶段,教师是裁判员,是监督者,也是交际伙伴。教师设计小组讨论、游戏、角色表演、信息交流等活动,帮助学生在有意义的情景中自如地运用所学的语言进行交际。

(3)交际法认为语言是语言使用者创造性的活动,这种活动往往在尝试与错误的过程中完成,因此对错误应采取较宽容及辩证的态度。

(4)通过交际过程学习语言。通过交际法学习交际,主张以学生为主体的课堂教学,强调师生之间、学习者之间的互动作用,强调语言的意义与语言形式、结构的结合。

(5)交际法课堂教学强调语言材料的真实性,反对教授脱离语境的、孤立的及僵化的语言。

(6)交际法课堂教学对听、说、读、写等语言技能从一开始就给予全面综合的训练,即使在学习的初级阶段也要鼓励有效的交际活动。

"交际法"是继"听说法"之后出现的影响很大的教学法体系,以语言功能观为基本理论,通过语言交际的实践学会交际及掌握语言结构。交际法以学生为中心,以交际为目标,其产生受到语言学理论(包括社会语言学、心理语言学、语用学)的影响,也受到心理学理论的影响。它是语言教学体系上的一次较大变革。运用交际性活动来开展的课堂活动方式一般可采用下面几种方式。

(1)呈现(presentation)—准备(preparation)—活动(practice and production)。

（2）活动（illustration）—讨论（interaction）—活动（induction）。

（3）活动（involvement）—调动（activate）—活动（activity）—学习（study）。

四、任务教学法

任务型教学法指根据真实的交际需要来确定语言学习任务，让学生在完成任务的过程中学习和掌握语言的教学法。

从国外任务型教学的研究来看，目前正呈现出以下几种趋势。

（1）任务型教学的理论模式呈现多元化的趋势。针对不同的教学环境、教学对象，对任务型教学模式的应用研究开始走向多角度、多层面。

（2）对任务的设计和编排越来越重视语言形式与交际内容的平衡，更倾向于采取一种折中的路线，从而使学生在有意义的交际活动中仍保持对语言形式的注意，从而有计划地促进学生语言运用能力的发展。

（3）深入开展对任务型教学模式实施者的研究。研究者普遍意识到任务的设计和实施对教师要求较高，教师素质将成为此模式实施的关键。任务型教学模式下教师素质的研究将引起学术界的广泛关注。虽然任务型教学的理论模式已比较清晰，但是并未臻于完善。该领域中争议的问题也是在课程实验和实施过程中面临的问题。

其一，任务的定义问题。任务是任务型教学的核心概念。但是，究竟什么是任务，各家的说法差别很大，任务的定义多种多样。在人们看来，任务似乎是一个模糊的概念。对于任务认识上的模糊性显然不利于任务型教学的普及。

其二，任务的难度问题。关于任务的难度，可以从许多不同的角度来判断，但是，就具体操作而言，例如其中的认知难度，本身涉及的面很广，只能做主观性较强的粗略分析。

其三，尽管任务型教学的理论得到了一些语言习得方面的实证支持。但是毕竟还十分有限。而且，目前关于第二语言环境下的任务教学的讨论居多，而外语环境下的讨论较少。

其四，如何处理好任务型教学中的准确度、流利度、复杂度的平衡，语言活动的过程与结果的平衡，语言教学中的语言形式与表达内容的平衡，仍然是需要不断探索的问题。例如，要防止一种可能出现的情况：学习者为了完成任务，有可能过于关注任务的结果，忽视语言结构形式的正确性。大量使用简单的、支离破碎的语言，甚至回避语言的使用，而使用体态语等手段来代替，这对于语言习得并无积极作用。

第二章 高校英语教学基础知识简述

其五,对于我国的高校英语教学来说,我们在任务型教学方面的研究起步较晚,理论的探讨还不够深入,研究成果还不够丰富。尽管以任务型教学为指导编写的教材正逐步出现,但还处于尝试阶段,相应的教学实验、实证研究还很不足。

第三章 教育信息化与高校英语教学的关系

随着教育信息化的出现，要求教育中的各方面事物都应尽量与信息技术相结合，这是各方面事物在当下的发展趋势，高校英语教学也应顺应这一发展潮流，寻求与信息技术结合的机遇，以此提高高校英语教学的效果。本章就来分析教育信息化与高校英语教学的关系。

第一节 教育信息化对高校英语教学的深刻影响

信息化变革重塑了人类社会生活的各个方面，教育信息化也重塑了教育领域的各个方面，教育信息化的出现和发展对于高校英语教学意义非凡。教育信息化的一个重要手段就是计算机和网络技术的运用，尤其是网络作为当今最为开放的系统，具有公开性、快速性、广泛性等诸多特点。教育信息化的重要意义就在于通过信息技术和网络技术的运用，在国际层面上，使得教育资源得以在全球范围内共享，弥补了发达国家与发展中国家在教育手段上的巨大差距，有利于发展中国家吸收借鉴先进的教育手段，掌握最新发展趋势，践行最先进的教学理念等；在国内层面上，使得教育对全社会开放，特别是对那些无法接受高等教育和专业技术教育的人来讲，使他们同样能够接受各种教育，实现梦想。

除此之外，教育信息化还在一国领域内，实现了学校之间、专业之间、师生之间的全方位交流。

一、教育信息化对高校英语教学的微观影响

信息技术在高校英语教学中的广泛应用，对高校英语教学产生十分显著的影响。在高校英语教学中，教师、学生、教学设施是其基本的构成要素和主体，教育信息化的深入展开，使高校英语教师的教学作用、学生的学习能力、教育设施的工作性能等方面都发生了深刻的变革。

第三章　教育信息化与高校英语教学的关系

教育信息化给高校英语教学带来根本的变革主要表现在六个方面。

(一)教育思想和教育观念变革

传统的教育观念强调的是以知识的传授为中心,在专业设置、课程建设、教学组织、教学方法等方面的工作都围绕着这个中心展开。在现代信息社会,对人才的要求不仅是掌握知识的多少,重要的是获取知识的能力,因此就要求我们改变传统的英语教学思想和观念,在教育的"知识观""学习观"和"人才观"上进行根本的变革,将高校英语教学从传统的"传授知识"转到"培养能力"这个轨道上来。

(二)教育目的变革

随着时代社会的发展,英语教学目标也随着发生变化。当今的教育信息化,使高校英语教学从封闭逐步走向开放化、大众化,增加了远程教育、网络大学等新式的教学模式,教学的内容也日益数字化、多媒体化,这些都极大地拓展了高校英语教学的时空,扩大了高校英语教学的对象,使大众教育、终身教育成为可能,提高了人的个性发展和素质,使得英语教学的目的增加了人的自我发展、自我完善这一自然属性。

(三)教育模式变革

教育信息化的发展使高校英语教学走向了社会,走向了平等,其方方面面已经融入了人们的生活之中,人们可以更自由地选择学校、教师、课程,充分体现了办学的开放化。现代信息技术的应用,使得英语教学的组织形式也更加灵活、方便,教学计划更加柔性,教学更加有针对性、可设计性。当今的信息社会,知识更新周期加快,竞争压力增加,促使人们更加重视学习,接受高等教育和继续教育的需要已经成为社会性的需求,因此英语学习将更加社会化、终身化。

(四)教学内容和教学方法变革

在英语教学内容上,教师借助信息化时代的网络检索功能吸收本学科最新、最前沿的知识,运用到高校英语课堂教学中使学生学到最新的知识。在英语教学方法上,通过应用网络、多媒体等现代信息技术改变了传统英语教学方式,创设了良好的学习情景,能够便捷、精炼地表达教学内容,突出双向性、参与性、互动性,更好地培养学生的综合能力。

（五）传统师生关系变化

传统的英语教学模式以教为主，是单向传输模式。教育信息化使高校英语教师的作用发生变化，他从知识的传递者转变为学习的组织者和协调者，学生利用现代信息技术接收本学科最新、最前沿的知识，从被动学习者转为学习的主人，师生间的角色因此发生了变化。

（六）教育评价制度深刻变革

教育的信息化使各级学校办学行为更具有透明性和开放性，社会机构对学校的关注也将更加紧密和深入，最为重要的是教育评价的主体也将由政府转向社会，这都有利于教育现代化的发展。教育评价的内容也随之发生变革，其中学生能力评价由过去只注重知识向更加注重能力方向转变、由过去单纯考试导向向考试与实践等多种方式相结合方向转变，这些变化都得利于信息化技术的飞快发展。在各级学校办学条件评价中，由过去只注重设备等硬件指标向侧重资源建设等软性指标转变。

二、教育信息化对高校英语教学的宏观影响

教育信息化不仅给教育发展带来以上众多深刻的转变，在过去、现在和未来，其对于高校英语教学的发展具有极为重要的意义，主要表现在以下方面。

（一）是教育现代化必由之路

根据国外成熟经验，一国的教育现代化至少包括教育思想现代化、教育内容现代化、教育方法现代化、教育技术手段现代化、教育设施现代化、教育管理现代化等。显而易见，在以上教育现代化的诸多要素中，哪一化都离不开教育信息化。教育信息化一方面为教育现代化提供了方法、途径和前提；另一方面，在教育信息化的过程中必然会出现许多新问题，需要我们利用教育信息化的理念去分析、认识、解决。教育信息化更是教育现代化的重要内容，是实现教育现代化的重要步骤，是教育现代化的根本目的。可以说，没有教育的信息化，就不可能实现教育的现代化。只有大力促进教育信息化的发展，才能够极大地促进教育现代化的进程。

（二）有利于缩小地区间教育差距

几千年来，学校一直是教育实施的主要场所，在包括现阶段在内的相当长的一段时期内，我国各类人才的培养还是主要依赖于学校。但是由于我国幅员辽阔，经济发展不均衡，各地的教育规模、教育水平之间的差异很大，这使得以学校教育为中心的教育体系无法从根本上消除地区间的教育差距，现实情况还可能是差距越拉越大。这种现状导致无法实现"建设学习型社会、构建终身教育体系"的宏伟目标。

从20世纪末至今，教育信息化已经深刻改变了这种情况。随着教育信息化的实施、远程教育网络的实现，受教育者的学习可以不受时间、空间的限制，这种方式改变了以学校教育为中心的教育体系，人人都可以接受教育，体现了教育的平等性，非常有利于弥合地区间的教育差距和全民素质的提高。这种开放式的教育网络也为人们实现终身学习提供了保障，教育信息化对提高全民素质具有重要的意义。

（三）促进高校英语教育理论发展

教育信息化是教育的一场重要变革，在这个过程中必将出现许多问题，许多现象需要我们去解决、认识，这些问题的解决、认识将有效地推动高校英语教育理论的发展。教育信息化的过程是信息科学在高校英语教育中不断应用的过程，在这个过程中出现的许多问题、许多现象往往需要用信息科学的理论、方法才能进行解决，才能予以深刻的认识。在这个过程中将孕育着一门新兴的学科——教育信息科学。教育信息科学是一门利用信息科学的理论、广泛研究学习过程的教育理论，是一门关于教育的信息科学。

（四）有利于教育信息产业发展

教育信息化的发展过程是一种信息技术在教育领域中广泛应用的过程，这个过程必将极大地推动教育信息产业的发展。全国有60多万所各级学校，上亿的学生，还有数千家教育相关企业。在这些学校全面推进教育信息化，使我国的信息产业和经济发展孕育着一个极大的商机，并提供了一个很大的发展机遇。

大力促进教育信息化发展就是为祖国培养现代化所需的创新人才。教育信息化对于我国未来的经济发展、人民生活水平提高、居民素质提升等各方面都具有极其重要的意义,因为教育信息化不仅有利于提高教育质量和教育效率,也有利于培养学生的创新精神和实践能力,而且从主观和客观两方面为学生的全面发展、全体发展、个性发展提供了条件和保障。信息化是当今世界发展的大趋势,是我国经济加快发展和社会全面进步的重大战略机遇。我们必须坚持"以信息化带动工业化,以工业化促进信息化",把教育信息化作为全面建设小康社会和构建社会主义和谐社会的重要举措。教育信息化是未来发展的制高点,关系到科技、经济、社会、文化、政治、军事、国家安全的全局。教育信息化水平是衡量一个国家现代化程度、综合国力、国际竞争力、经济增长能力的重要标准。

第二节 教育信息化背景下高校英语教学的意义与目标

一、教育信息化背景下高校英语教学的意义

(一)对外语教师的意义

应用互联网进行教学与研究对于外语教师有着"近水楼台"的优势,因为老师们完全没有语言障碍,随时可以掌握网上最新的动态与消息。我国著名应用语言学家桂诗春(1997)曾把上网对教师的好处归纳为以下五大点。

(1)可以为自己建立一个最完善的图书馆,解决教学中的各种疑难问题。

(2)网上语言主要是英语,上网为教师提供了广泛接触英语的机会,对迅速更新知识、提高英语水平很有好处。

(3)外语教学中最缺乏的是教学资料,互联网可以每日每时为我们提供大量的教学资料。

(4)可以参加与外语教学有关的新闻组和电子论坛的讨论组,交流信息和经验,开拓视野,提高科研水平。

(5)可以上网参加一些适合自身水平和兴趣的在线课程,不断充实提高自己。

在这个迅速发展的信息社会,许多教师还存有疑问和恐惧,也就是"计算机与网络的发展会不会取代教师的地位和职业?"这一点其实大可不必担心。正如 Claire Bradin 所说,"计算机不会取代老师的职业,但是

第三章　教育信息化与高校英语教学的关系

会利用计算机的老师却必然会取代不会利用计算机的老师"。计算机不能也不会取代教师的地位,这是因为机器不能代替人做许多有意义的工作,比如,备课和选取学习资料。但随着技术的不断更新和发展,只有不断迎接它,不断利用它,更新自己的知识结构,才能做一个受学生欢迎的教师。同时,在人机交互的学习环境下,传统的"学生在教师控制下被动接受知识"的局面将会改变。教师应放弃一些原有的课堂权威,把角色转换为"启发学生如何运用计算机学会学习"。学生在教师的引导下将会更加独立、自主、积极地学习。

(二)对外语学习环境的意义

对正在进行外语学习的学生而言,网络具有巨大的开放性,它为学生提供了更加广阔的学习和思维空间,激发了他们的兴趣和自主学习的能力。同时网络的介入还更加优化了外语学习环境。

Egbert 和 Jessup(1996)曾提出理想的语言学习环境的四个条件。

(1)学习者要有与真实语言交际对象进行交流和讨论的机会。

(2)学习者要参与有利于接触和产生各种创造性语言的真实训练活动。

(3)学习者有组织思想和有意识认知的机会。

(4)学习者在课堂里要有理想的压力和焦虑环境,这种焦虑是一种积极的焦虑,而不是退缩性的焦虑。

显然,网络的介入优化了这种学习环境,并赋予它全新的面貌。主要包括以下几方面。

(1)能够帮助教师实现个体化教学。外语教师在备课时常常因为学生对英语兴趣各异、水平不齐而感到苦恼。然而,通过网络自主学习,学生能够建立自己的学习目标,并独立自主地掌握学习进度。互联网上有大量的语言学习信息,难度与种类也各不相同,学生在老师的统一指导下可以选择自己感兴趣的和适合自己水平的内容学习;由于电子邮件实现快速专递,使学生在几分钟的时间内就可以与世界各地的人们交换信息,促使他们在短时间内进行网上写作,大大激发了他们运用语言的兴趣和创造性的潜能。日本著名的 CALL 研究专家 Kitao(1996)曾说过:"网络鼓舞了学生积极向上的学习,使他们及时运用已有的知识,鼓励了理解性的学习,而且能够让学生们发现自己在进步。"

(2)使学生学习到并运用上真实的语言。外语学界普遍认为,学习真实的语言,也即现实中的人在真实的场景下有明确交流目的的语言,能够达到最佳的学习效果。在互联网上不仅能够实现人机交流,而且能够及时实现人与人之间的交流。无论学生是在电子公告栏发布消息和观点、参加讨论组、加入英语聊天室,或是在互联网上检索和阅读信息,他们都会发现自己置身于真实的英语环境,学习任务本身也不再是枯燥无味的了。

（3）促进协作式学习。协作式学习意味着一组学生互相协作,为完成一项学习任务共同努力。这种协作式学习可以是本校学生之间的,也可以以国际交流的方式进行。教师联系教学任务,规定一个小项目,学生以小组的形式在规定时间内完成任务,最后举行评比。

二、教育信息化背景下高校英语教学的目标

（一）改变传统观念

在互联网背景下,大学英语教学应该改变传统的教学观念。我国传统的教学往往以教师作为中心。在教学中,学生往往是被动的学习,教师对整个课堂教学进行控制。这种教学形式不能被完全否定,其也是存在可取之处的,如对知识系统的传授是较为完整的,但是其也不可否认有弊端,即忽视了学生的主体地位,忽视了学生内心的改变。因此,在培养学生独立性与创新性层面存在着明显的不足。

互联网背景下的大学英语教学就是要将学生的主体性充分发挥出来,让他们敢于创造,让学生真正成为知识的主体与建构者,而不是被动的接受者。教师应该逐渐成为课堂的指导者与组织者,引导学生对意义加以建构,而不仅仅是主宰与灌输。因此,无论对于教师、学生还是管理人员而言,都应该改变传统的教与学观念,从以教师为中心转向以学生为中心,从完全的课堂教学转向计算机自主学习。传统的计算机辅助教学仅仅改变了教学手段,因此在这里的计算机仅仅是一种辅助工具,对教学内容、教学结构等未做改变。互联网背景下的大学英语教学是运用互联网创造理想化的学习方法与环境。同时,教师也应该改变传统观念,不能仅仅将互联网视作辅助的工具,而应该强调将互联网视作学生自主学习的与情感激发的工具,将其看成课程的一部分。

（二）改进教与学的方法

在互联网背景下,大学英语教学应该逐渐改变教与学的方法。也就是说,大学英语教师并不是知识传授的唯一渠道,教师应该引导学生突破课本的限制,运用互联网技术,进行自主探索、自主学习,实现资源的有效

第三章 教育信息化与高校英语教学的关系

共享。教师应该将学生带入计算机构建的探索空间,使他们的知识获取渠道更为广阔。

这就要求,教师的教需要做如下改变。

第一,在课堂教学层面,从原本的以课本为主导的教学转变成帮助学生探寻、收集学习资源的教学。

第二,在教学组织层面,从原本的以教师作为中心转变成教师帮助学生展开深层次的思考,引导学生设计符合自己学习的任务。

第三,在教学设计上,从原本的对教学内容的注重转变成对教学过程、教学模式的注重,并深层次开发与利用教学资源。

第四,在教学模式上,从原本的以教师为中心的教授、模拟等步骤转向学生注重探索,或与教师或者其他学生进行合作学习。

第五,在教学评价上,从原本强调对学生学习结果的终结性评价转向对学习过程的形成性评价。

可见,在互联网背景下,学生的学习并不能完全对教师与课本产生依赖,而是应该学会运用互联网平台,教师与学生之间进行互助式的学习,并运用互联网对信息加以收集与探究。因此,在互联网背景下,学生需要掌握如下几点。

第一,学会运用网络资源展开自主学习。

第二,学会运用网络进行交流与协作。

第三,学会在数字化情境中展开自主学习。

第四,学会运用信息加工工具展开创新学习。

(三)提高教与学的效率

互联网技术融入大学英语教学之后,教学效果会发生如下几点改变。

第一,通过计算机网络资源的共享,可以提高教学效率。我们都知道,计算机网络覆盖的内容非常广泛,信息更新也非常及时,运用互联网展开教学,很多教学资源也都经过优化,能够让大家共享,这就使得原有的课程内容被无限放大,便于提升教与学的效率。另外,外语教学的很多场景都可以通过互联网进行设计,这可以为学生提供语言学习的环境。显然,这些在传统的教学中是不存在的,传统的教学无法设计语言操练的场景,但是互联网就可以做到,学生可以随时运用丰富的教学资源来展开自主学习,这必然会提升教与学的效率。

第二,计算机超级强大的功能有助于提升教与学的效率。在互联网背景下,计算机成为大学英语教学常规的手段与工具,并在每一位教师、每一堂课中渗透,逐渐成为一种常态化的手段。因此,计算机并不再是一种辅助教授的工具,而逐渐成为课堂教学的一部分。也就是说,计算机除了演示功能外,还可以发挥其他功能,如激励学生学习、师生之间交流、运用个别辅导软件进行辅导、运用数字测试系统进行测试等。这些都是计算机的超级强大的功能,在这些功能下,学生学习的积极性也会提升,当然可以改善之前"费时低效"的学习状态,促进教与学效率的提升。

（四）整合教学资源

在教育信息化的背景下,各种相关的资源被引入其中。对于高校英语教学而言,教学资源是什么呢？美国教育技术与传播协会（AECT）指出,教学资源即帮助人们展开操作、实现有效教学的所有东西。但是对于高校英语教学而言,教学资源涉及与教学相关的人力、物力等。一般指出,学习资源涉及如下几类。

第一,根据学习资源的来源,可以划分为设计资源与可利用资源。前者指的是从教学目的出发而准备的资源,如教材、教室等;后者指的是用于为教学服务的资源,如教学软件、百科全书、网络信息资源等。

第二,根据教学资源的表现形态,可以划分为硬件资源与软件资源。前者指的是在教学过程中需要的场所、设施等设备;后者指的是媒体化的学习资料等软件。

第三,根据教学资源所涉及的人与物,可以将其划分为人力资源与非人力资源。前者指的是同学、教师、学习小组等,甚至一些可以通过网络展开交流的人员。后者指的是教学信息、学习媒体等。

从目前我国的大学英语教学来说,各方面资源都较为短缺,这就需要改变传统的教学方法,利用现代信息技术整合现有的教学资源,满足外语教学的要求。

第三节 教育信息化背景下高校英语教学的优势与挑战

一、教育信息化背景下高校英语教学的优势

（一）有利于提高学生的综合英语素质

计算机网络体现出交互性的特点,这一特点有助于将学生学习的积

第三章　教育信息化与高校英语教学的关系

极性调动起来,让学生有学习的欲望,愿意去学习,形成学习动机。在教育信息化背景下,交互性就是学生在学习中,不仅仅是被动地学习,而是参与到具体的学习过程。传统的教学过程往往是教师占据主导地位,学生是被动地接受学习,但是教育信息化背景下的交互学习改变了这一局面。

在教育信息化背景下,计算机对学生提出的问题作出处理,对学生给出的答案可以进行逻辑分析,并能够将结果向学生反馈,这对于学生而言有助于锻炼他们的英语运用能力。在这一环境下,学生可以从自己的兴趣出发,对学习的内容进行选择。可见,这种模式为学生提供了理想环境,从而学生从自己的知识基础与认知出发,展开学习,提升自身的知识水平和能力。

(二)有利于让课堂知识更丰富

课堂的知识容量大,延展性强,有利于丰富课堂和提高教学效率和质量。在互联网背景下的英语教学课堂上教师可以利用现代多媒体技术把大量的教学内容融入课堂中,知识的展现不再是单纯的文字和图片,而是集文字、图片、声音、视频等多种媒体于一体的综合体,在课堂上学生通过不同媒体的展示知识的途径获取新知识,而且在视觉和感官上都有新的认识,从而在有限的时间内,进行知识的有效学习。例如,在进行 Unit 2 *Puzzles in Geography* 这一教学中,可以融入许多知识内容,设计形式多样的教学活动并顺利开展。这是传统教学所不能及的。

(三)有利于充分发挥学生主体性和教师的主导作用

互联网背景下的大学英语教学中,学生占据主体地位,教师发挥主导作用,这就营造了一个轻松、和谐、融洽的师生交互的环境。通过借助多媒体的优势,设计活动,组织教学,充分发挥教师的主导性,让学生在不同的活动中参与、体验、感悟、交流和成长。所设计的活动既有自主学习,又有合作探究学习等,以培养学生的自主、自觉、合作学习能力,充分发挥学生在学习中的主体性。而多媒体技术网络环境又为师生活动的互动营造一个宽松、和谐、融洽的环境,使得学生乐于参与、敢于谈论、积极思考、形成自己的新知识,提高自我思考和处理问题的能力。

二、教育信息化背景下高校英语教学的挑战

（一）挑战传统的教学方法与教学手段

传统的大学英语教学是从教材出发来一步步地传授知识的，教学主要是以教师为中心，采用"填鸭式"的教学模式。随着互联网的推进，以及慕课教学、微课教学的不断引入，教学内容不断深化与多样，学生可以运用互联网在任何地方获取教学内容。

在传统的大学英语教学中，教师在教学中占据主体地位，学生往往是知识的被动接受者，互联网的引入使得教学方法发生了改变。教师运用互联网技术，采用探究式、项目式等方式的教学，实现了教与学的改变，逐渐形成了教师负责引导与启发、学生负责参与获取知识的模式。显然，传统的黑板+粉笔的模式已经过去，当前应该以互联网作为依托，运用现代多样化的教学手段，不断提升大学英语教学的质量和水平。

（二）挑战传统的学习观念与学习方式

在互联网背景下，主动学习、自主学习、合作学习等是最为常见的方式。互联网技术的引入，使得知识更为开放，课堂与教师不再是学生获取知识的唯一来源，学生也可以通过互联网来获取更多的资源。课堂也不再是传授知识的唯一场所，而是教师引导学生对学习策略进行掌握，对学生在课后学习中遇到的问题进行答疑解惑。课堂教学与互联网的结合拓宽了学生自主学习的路径，对学生自主学习的资源加以丰富，促进学生从被动学习转向主动学习。在资源选择上，学生的自主性更为明显，他们可以选择本校教师的微课讲解，也可以选择其他学校教师的讲解。同时，学习的时间、地点也非常灵活，只要具备无线网络，学生就可以在任何时间、地点展开学习，这将传统课堂只能讲授一两遍的弊端予以消除。

互联网技术在英语教学的应用也使学习的互动性增强，网上交互学习平台使得师生之间、人机之间得以互动。学习平台能够对学生的学习过程进行全程监控，教师也可以对学生的学习记录进行查看，进而提出一些反馈意见。教师与学生之间、学生与学生之间随时可以进行交流，凸显了英语学习的可易懂性。泛在性、自主性、随时性是互联网时代的大学英语学习方式的主要特征，颠覆了传统的"机械"和"被动"的学习方式。

第三章　教育信息化与高校英语教学的关系

（三）挑战传统的教师角色与教学技能

"教师教、学生学"的教学形式将教师的角色固定为知识的传递者和讲授者。但是随着互联网时代的到来，慕课、微课、翻转课堂、移动学习平台的兴起，教师的责任更多是学生学习的引导者、帮助者、促进者。教师的主体地位被颠覆，但是他们仍然是"学生进行学习的主要推动者。当学生需要指导的时候，教师便会向他们提供必要的支持。自此，教师成了学生便捷地获取资源、利用资源、处理信息应用知识到真实情景中的脚手架"。教师在英语教学中不仅要"授业解惑"，还要与时俱进，不断提升个人的信息技术能力。

在传统大学英语教学中，教师只要具备较好的专业素养，对课件制作、电脑操作可以简单执行，就可以完成自己的大学英语课堂。但是，就目前形势而言，教师不仅需要具备较高的资源提炼能力，也不仅需要具备课堂组织能力，还需要具备较高的信息技术应用能力。

互联网为教师和学生提供了海量的资源，学生在面对如此多的资源的时候是很难做出选择的，这就需要教师的帮助，教师帮助学生对资源进行甄别，在课前将这些资源提供给学生，如微课视频、微课课件等。在课堂上，教师要将学生学习的热情、兴趣等激发出来，对课堂活动组织策略有熟悉的把握，如开展合作学习、项目学习等。教师还需要跟上新技术发展，具备使用信息技术的意识、知识和能力，需要具备制作微课视频、监测学习平台、线上线下与学生互动等信息技术。同时，还要处理好传统教学与现代教学手段之间的关系，延续对学生思想、情感、人格等方面的影响作用。

第四章　教育信息化背景下高校英语教学的理念建构

当前,信息技术对人们的生活、生产等造成影响,对于传统的教学方式、教学理念等产生冲击,这给高校英语教学带来了新的活力。随着高校英语教学不断改革与进步,学生不断确立了自己的主体地位,因此在教学中教授给学生的学习技巧是非常重要的。在教育信息化背景下,高校英语学习模式需要与社会发展相适应,这样才能更好地拓展学生英语学习的内容、培养学生英语学习的兴趣和积极性。本章就对教育信息化背景下高校英语教学的学习理念进行分析。

第一节　自主学习理念

一、自主学习的定义

鉴于目前自主学习已经不仅作为一种学习方式存在于学习论领域,而且,作为一项重要的课程目标存在于课程论领域,作为一种重要的教学方法存在于教学论领域,所以,有必要先对本书所说的自主学习进行定位。本书所说的自主学习是指一种学习方式,而学习方式是学习者在学习中所偏爱的方式,是学习者一贯表现出来的、具有个人特色的学习策略和学习倾向的总和。

基于这一定位,简单地说,本书所说的自主学习是指学生在教师指导下,自觉地运用元认知策略、动机策略和行为策略,主动而有效地进行学习的方式。对于这一定义,有以下几点需要说明。

第一,首先需要对三种策略做一说明。元认知策略是指在获取知识这一过程的不同阶段,自主学习者所进行的计划、确定目标、组织、自我监控、自我评价;这些程序使他们在学习的进程中具有自我意识、有见识且

第四章　教育信息化背景下高校英语教学的理念建构

有果断性。动机策略是指这些学习者显示出较高的自我效能、自我抱负以及对任务的内在兴趣；在观察者看来，这些学习者是自我激发者，他们对学习非常努力，而且持之以恒。行为策略是指自主学习者选择、组织、甚至是创造最优化的学习环境；他们寻求建议、寻找信息、并挑选适合自己的学习环境；他们通过自我指导来学习，通过自我强化来履行所制订的计划。

第二，学生是自觉地运用这三个学习策略的。即他们在学习过程中是有意识地、或者说是"故意地"运用这些学习策略的，这也是尽管许多学生的学习在一定程度上已经包括自主学习的成分，但是我们还要大力提倡它的主要原因之一。因为，尽管原有的学习有自主的成分，但是，学生们并不是有意识地进行自主学习的，他们大多只是在潜意识地运用这些学习策略。其主要表现是许多学生并不能说明其所运用的学习策略，或者是不明白其所运用的学习策略与其所取得的学习结果之间的关系，所以就有许多学习好的学生不知道自己成功的经验是什么，而学习困难的学生不知道自己学习的障碍何在，应该从何处入手加以改进。而自主学习要求学生自觉地运用这些学习策略，必要时还需要对策略的使用做一定的记录并加强练习，以使对这些策略的使用熟练到自动化的程度。

第三，学生的学习是主动而有效的。这种主动性首先表现在学习动机是内在的或自我激发的；其次表现在学生是主动地运用各种学习策略和利用现有学习条件进行学习的。而有效性一方面表现在学生学习能力的提高，他们能随时根据学习任务调节学习方法；另一方面表现在他们的学习成绩、自我效能感也相应地提高。当然，正如《自我调节学习实现自我效能的超越》一书中多次提到的那样，学习策略的更新可能会造成学习成绩的一时下降，学生的自我效能感也会受此影响而暂时有所下降。这些都是在所难免的，因为每个人对学习策略都有一个适应的过程，关键是自主学习的最终结果应该是提高学生的学习成绩及其自我效能。

二、自主学习的意义

（一）教育教学的指向

按教育教学理论，所有的教育行为都要通过学生自身的努力才能起作用。因此促使学生积极主动地学习是所有的教育教学理论、所有的教学原则和教学方法的不二法门。学生积极主动地学习，从根本上来说就是指向自主学习的学习行为。现代的许多教育教学理论都把学生视为学习的主体,注意在教育教学中促进学生自觉学习,而且把学生们主动的自觉学习视为实现教育教学目标的主要的甚至惟一的途径。在这种理论背景下,如果能使学生自己确定学习目标、自己选择学习方法、自己监控学习过程、自己评价学习的结果,那么就达到了教学的至高境界,而这恰恰是自主学习的基本要求。现代教学理论还十分重视学生在学习中的情感,许多学科的教学目标中都有情感态度与价值观的内容,重视情感体验,把情感体验与认知系统相结合以达到自我整合,也是自主学习的基本要求。由此看来,自主学习可以说是许多教育教学理论的理想,是人们教育教学活动所指向的目标。

从学习来看,系统性的文化知识能力的学习,本质上是一种个人行为,没有主体的有意参与是不可能成功的。自主学习要想取得若干成果,必须有学生的自觉参与,"机械学习"或"他主学习"则排斥或不注意学生的自主参与。从学生学习的角度看,所有的教学行为也都应指向学生的自主学习。由此看来,任何一种教学模式,任何一种教学方法,本质上都应以促进学生的自主学习为目标。

(二)发展的动力

人的发展表现在各个方面,对于现代社会而言,特别看重的是创新精神,它也是基础教育的培养目标,在《基础教育课程改革纲要》中作为培养目标的组成部分。自主学习对创新精神的培养有"推动发展"的功能,所以本书视之为"发展的动力"。

创新现在受到了空前的重视:经济的发展贵在创新,科学技术的发展贵在创新,一个民族的昌盛也贵在创新。江泽民指出:"创新是一个民族的灵魂,是一个国家兴旺发达的不竭动力,没有科技创新,只是步人后尘,经济就永远受制于人。"

在21世纪,这个面临知识经济挑战的时代,国家的创新能力是关系到一个国家综合国力和国际竞争力、在世界总体格局及经济全球化中的地位的重要因素,国家的竞争归结为创新能力的竞争。因此提高创新能力就成为各级各类教育的重点,为此就必须提倡并培养创新精神。

创新精神的培养可以从"策略机制"入手,实际上创新精神的培养工作也的确是从策略机制出发的。在教育教学中按创新的策略机制,可以对自主学习的教学过程进行解释,也就是用自主学习的要求解释按策略机制进行创新教育培养的问题。

三、高校英语自主学习的影响因素

(一)学习策略

学习策略是心理学不断发展的产物,与学习者的认知方式紧密相关。现代心理学研究的不断深入使人们认识到人脑的学习机制是可以探知的领域,与此同时也促使第二语言习得的研究逐渐由"教"转向"学",转向对学习者及其学习策略的研究。这里需要区分学习者策略和学习策略这两个概念,学习者策略是学习者在学习过程中所采用的各种策略,除了学习策略还包括元认知策略、认知策略等,也就是说二者是全集和子集的关系。国内外对学习策略的研究主要有两种:描述性研究和介入性研究。

吴勇毅(2001)介绍了这两个方面的学习策略研究,他指出学习策略的"描述性研究"主要是确认学习者使用了何种学习策略,并进行定义和分类,同时进一步发现学习者如何选择和使用策略,以及这些策略是否有效。"介入性研究"建立在描述性研究的基础上,期待将描述性研究的成果应用到教学中,交给学习者有效的学习策略,并引导他们根据个人特点和学习目标选择适合的策略以帮助提高学习效率。另外,在学习策略的定义和分类方面,钱玉莲教授做了不少研究。

钱玉莲(2004)在综述二语学习策略研究现状的基础上,认为学习策略研究应该分国别,分课内与课外进行研究,强调探讨汉语学习中的一些特殊策略。钱玉莲(2005)指出了前人学习策略分类的不合理之处,她基于教学实际,对第二语言学习策略重新进行了系统的分类,并确立了一个基于教学的第二语言学习策略框架体系,该体系包括"宏观策略体系和微观策略体系"。钱玉莲(2006)进一步总结了学习策略的定义及特征,然后和相关概念作了系统的对比与辨析,以期帮助人们更好地理解相关概念的异同点。

国外关于学习策略的研究开始于20世纪六七十年代,那个时候的研究主要是描述学习者使用的各种策略,并试图揭示语言习得成功者的学习策略,进而发现有利于提高学习效果的学习策略。20世纪80年代以后,在二语习得理论和认知理论的支持下,学习策略研究发展很快,而且有了更为详细和科学的分类,其内涵和外延都不断扩大,然而始终缺少一个统一的理论框架,且研究者们对学习策略的认知和定义也并不一致。20世纪90年代以来,大量的实验研究拓展了学习策略研究的领域,人们认识到成功地习得一门语言远比人们想象的要复杂得多,学习者的性格、爱好、学习观念、奖惩制度等各种因素都会影响学习者学习策略的选择。成功的语言习得者所采用的策略并不一定适用于所有学习者,教师在引导过程中要考虑学习个体的性格差异、年龄差异、文化差异等诸多因素,同时学习策略的发挥也是存在各种变量因素的。

迄今为止,研究学习策略的结构和层次,给学习策略分类,学者们做了大量的工作。国内学者中,以外语界文秋芳(1995)的分类最有影响,她将策略分为两大类:管理策略和语言学习策略。前者与学习过程相关,而后者则与语言学习材料相关。

国内学习策略的研究成果早期主要集中在外语教学界,他们最先引进和介绍国外的学习策略理论、个案分析、调查和实验研究。比如,吴增生(1994),庄智象、束定芳(1994),秦晓晴(1996),张日美(1998)等都从宏观的角度分别介绍了国外的学习者策略研究以及学习者策略研究的意义、方法、主题和分类以及成果。王初明(1990)和文秋芳(1995)则采用调查和描写的手段探讨了外语学习者的策略和方法。

从微观的研究来看,吴一安(1993),文秋芳(1991、1995、1996)分别就学习策略和成绩的关系进行了研究。卜元(1992),王文宇(1998)则描述了不同的词汇记忆策略。张文鹏(1998)研究了外语学习动机和策略运用的关系,得出具有强烈学习动机学习者可能会使用大量不同的学习策略。刘治、刘月珍(2000)则系统介绍了国外二语习得学习策略的介入性研究,主要包括理论基础、操作程序和有效性等几个方面。

学习策略是心理学不断发展的产物,与学习者的认知方式紧密相关。现代心理学研究的不断深入使人们认识到人脑的学习机制是可以探知的领域,与此同时也促使第二语言习得的研究逐渐由"教"转向"学",转向对学习者及其学习策略的研究。这里需要区分学习者策略和学习策略这两个概念,学习者策略是学习者在学习过程中所采用的各种策略,除了学习策略还包括元认知策略、认知策略等,也就是说二者是全集和子集的关系。国内外对学习策略的研究主要有两种:描述性研究和介入性研究。

学习策略对于学习者的学习过程是非常重要的,如果是积极的学习策略,那么必然有助于学习者的学习。众所周知,预习是非常重要的,但是很多学习者由于课本中存在很多的生词,他们无形中就认为预习就等同于查询生词,很少有学习者认识到课文中存在的难点。由于学习者对难点的查找是不自觉形成的,未将这一项目作为预习的重要层面,因此导致未实现预习的效果,这样的预习也就是可有可无的。

如果没有充分的预习,学习者在课堂中就很难学习到知识的深层意义,也不会集中注意力在学习之中。学习者本身没有疑点,那么在学习中

第四章 教育信息化背景下高校英语教学的理念建构

也不会向教师提出疑问,那么课堂就变成了教师教授、学习者记笔记的情况。反之,如果学习者能够对学习策略进行有效的运用,提前做好预习的准备,那么就会在课堂上主动索取,并发现问题,对问题进行解决。这样学习者就会不断提升自身发现问题、解决问题的能力。

(二)学习观念

所谓学习观念,即学生对学习产生的一些看法。关于自主学习,大学生存在一些基本的看法,如自主学习与成绩之间的关系、自主学习与学习策略、学习能力的关系、自主学习与自身素质之间的关系等。

一般来说,学习策略、学习成绩、学习能力等因素都会对大学生的自主学习产生影响,而学习策略主要对大学生的学习意愿、学习时间、学习方法等产生一定的影响。学习者的身体素质也会对自主学习产生影响,尤其是学习结果、学习方法等。学习者的自我效能感也会对他们的学习意愿、学习方法等产生影响。

(三)学习态度

所谓学习态度,即学生对学习及学习情境呈现的一种稳定的心理倾向。根据研究,学习态度能够对学生的学习行为进行调控,对学生的学习效果产生影响,并能够影响学生的忍耐度。如果学生的学习态度比较积极,他们的自主学习意愿普遍较高;相比之下,如果学生的学习态度较为消极,那么他们很多都不愿意进行自主学习。

四、高校英语自主学习的实现途径

(一)激发学习兴趣

心理学上,兴趣的含义是指个体对某人或某事物所表现的选择性注意的内在心向。兴趣与动机是紧密联系的:一方面两者都可视为引起个体行为的内在原因;另一方面两者又有一定区别,动机所促动的行为虽趋向某一目标,但目标未必一定能达成,只有因动机而产生的行为获得了目标的达成,个体才会产生对某一行为的兴趣。因此,兴趣可视为动机的定向,而动机之所以定向,是由于行为后获得了满足。兴趣就其内容来看,是一种个性心理倾向;就其过程来看,是一种情绪状态。

一般来说,课堂讲授除了要求对知识的科学性、严谨性外,一般还具有表演性、创造性、审美性和情趣性的特征。在课堂教学的过程当中,由于教学内容的差异,讲授方式是千差万别的:有时适宜"平铺直叙,直奔主题";有时可以"故设悬念,意在言外";有时只需学生"披文入境",教师"适时引领";有时必需"师生多重合奏,擦碰火花";有时可以"精雕细刻,点、面俱全";有时需要"大刀阔斧,重、难突出";有时讲究"抽象思维、逻辑推理";有时应该"借助形象激发兴趣"。讲授的境界就是对综合效果的整体追求,就是为了达到最优讲授效果而设计的最佳美学结构、逻辑结构、表达结构。当然,讲授的过程也是一个人的知识水平与才华技艺的集中表现。一般来说,激发自主学习兴趣除了知识讲授准确、科学外,还应把握好以下几个方面。

(1)方案设计。教学是艺术,就是体现追求"怎样讲更好"。为了激发学生学习兴趣,教师应该对每一个课题多设计几个讲授方案,以适应千变万化的学情及情境。

(2)导语设计。苏联著名教育家赞科夫曾在《教学与发展》一书中指出:"教学法一旦触及学生的精神需要,这种教学法就能发挥高度有效的作用。"导语设计得好,也能激发学生的兴趣,使一堂课有个良好的开端。好的导语像磁石,能把人们分散的注意力一下子聚拢过来。好的导语又是思想的电光石火,能给学生以启迪,催人奋进。

(二)养成自主学习的习惯

自主学习论,不仅对当今信息时代的社会变化做了分析,还系统地介绍了学习的知识、方法,更主要地强调了成人学生如何在全新的网络教学环境下,真正理解信息时代学习所发生的深刻变化,更新自己的学习观念,学会运用学科的学习观念指导自身的学习和发展,总结和反思已有的学习经验,了解自己的学习类型、特点和个性,从而发挥自己的优势,克服障碍,激发自己学习的兴趣和动力,学会主动捕捉知识,学会自主学习,学会主动利用现代信息技术高效地学习,提高自己的学习效率。

(三)改变单一的教学模式

传统的教学模式基本实行单一化教学模式,利用实体教室和板书展示进行教学互动,而面对21世纪的变化,单一的教学模式越来越不适应时代发展的要求,需要改变以教师讲授为主、学生死记硬背的学习方式,教师要积极转变教学模式,创造多媒体和网络的学习环境,利用先进的网络资源、光盘、课件等代替单一的教材、教学参考书,使学生能够在多媒

第四章 教育信息化背景下高校英语教学的理念建构

体和网络教学模式下主动挖掘网络课程资源,主动学习有效的网络知识,锻炼和提高自主学习的能力,这样才能为学生提供科学有效的学习平台。

(四)凸显学生的主体性

1. 学生的主体地位

第一,学生是英语学习的主体。在英语教学过程中,教师和学生都是参与者,两者都是重要的主体,但是两者的主体所处的环境是不同的,教师是英语教学中起主导作用的主体,其主要职责在于"教",而学生则主要为了"学",因此,在英语学习中,学生是主体。

第二,学生是英语教师的合作者。在英语教学中,教师和学生是直接参与的两个主体,同时,英语教学中有些项目动作是需要英语教师和学生共同来完成的,因此只靠教师的教是无法达到教学目的的,需要学生的配合,才能使教学活动顺利进行并保证教学效果。

第三,学生是英语文化的继承者和创造者。学生在英语学习过程中的一个重要学习任务就是不断汲取英语的相关知识,如英语文化知识,这样才能对英语的理解和感悟不断更新升华,形成创新性的英语文化。与此同时,学生在英语文化方面也要具有一定的创造力,通过不断的创造,来使所学的英语文化得到良好的传承和发展。

2. 学生主体性在英语教学中的体现

学生在英语教学中的主体地位是毋庸置疑的,苏霍姆林斯基"让每个学生都抬起头来走路"的教育信条,就将学生的主体性地位充分体现了出来。一般的,英语教学活动中学生的主体性可以从以下几个方面得以体现。

第一,对教育影响的选择性。教师的教育影响并不能让学生全盘接受,只有那些与学生自身的特点和需求相符的教育影响,才能为学生所接受。学生有根据主体意识,积极地或消极地进行选择的权力。

第二,学习的独立性。学生本身具有个体化特征,这就决定了其在学习起点、学习的目标与追求、制约学习的个性心理特征等方面也有所差别。因此,就要求英语教学中教师要遵循因材施教原则。

第三,学习的主动性。学生学习活动的主动性、自觉性是学生学习主体性的本质体现,英语教师的教学活动要建立在学生对英语学习的自觉的、主动的、自我追求的基础上。

第四,学习的创造性。学生在英语教学任务的方式、方法、思路以及对问题的认识等方面的完成与实现,与教师所教的内容或方法并不是存在着完全的关系的,其中,也能将学生的一些创新性和创造性体现出来。因此,英语教师要在认同这种创造性的同时进一步给予鼓励。

3. 学生主体性发挥需要具备的条件

学生在英语教学中的主体性地位的重要性已经显而易见,那么要实现这种作用,需要具备的条件有哪些呢?

第一,教师的教授目标与学生的学习目标相协调。在英语教学中,英语教师首先要将"为什么教英语"的问题明确下来,要充分理解社会对英语教育的要求和期待,让学生最终能够获得理解能力、学习能力、领悟能力等。但是这些并不是全部,还要求英语教师将教授的目标转化成学生学习的目标,即我要理解、学习和领悟的内容有哪些。

第二,教师和学生共同拥有英语教材。这主要是指英语教师在明确了教学内容和教学的方法、手段的同时,要让学生明白其所要学习的内容和方法、手段。要使学生在学习过程中始终对所学内容的文化体系和技能体系有个概观,同时对本教材目标与总目标的关系、本教材的科学教程、本教材的重点、本教材的难点以及本教材与自己身心发展之间的连点等有充分的了解,只有这样师生才共同拥有"把英语教学导向目标的载体和道路"。

第三,教学情境应该自由民主。良好的教学情境对于英语教学的开展是有帮助的。因此,英语教师要做好这方面的创设,以此来对学生大胆的好奇和探索进行激发,诱发学生产生和提出各种各样的问题。民主性能够从尊重学生的人格,理解他们的学习基础和原谅他们在学习中的缺点和错误等方面得以体现。

第四,教师对学生的学习方法要足够重视。要充分发挥学生主体性,就必须让学生在"学习方法"上具有自主性和主动性。当前,英语教师的一个重要任务就是积极转变学生的学习方式,使多样化的学习方式逐渐取代单纯他主的、被动的学习方式。与此同时,英语教学中的"自主性学习"和"研究性学习"也要进一步加强。

第二节 体验式学习理念

一、体验式学习的定义

当对一个词或一个概念下定义而需对其仔细审视时,很快就会发现,它的含义会变得含糊不清,甚至我们越深入研究,就越模糊难辨。"体验"一词也不例外。那么,让我们先来看看词典上的解释,或许有所帮助。

牛津词典上这样定义"体验":"对某种状况或条件的影响的有意识接受;对某个事件的影响的有意识接受;对某种状况或条件的主观看法;影响某人的某个事件;通过实际观察或亲身经历获得的知识。"

词典的解释提供了一个起始点,但撰写了大量有关体验的文章并建立了图书馆索引系统的约翰·杜威(1925:1)说道:"体验是一个灵活多变的词。其灵活性反映在很多思想家矛盾的性格中。"[1]

牛津词典对"体验"一词的解释把行动与对行动的感觉和思考联系了起来。更确切的说法如库费罗(1995:62)强调的:行动和思考不是体验的两个不同方面。我们不能先行,而后在行动结束时再去考虑结果。要强调的是这两者不能分开对待,因为他们互为解释,相互联系。

作为最先(尚有争议)指出体验对学习的作用的人,杜威在其所著的许多书名中使用了体验一词,如《体验与自然》(1925)、《体验式艺术》(1934)以及《体验与教育》。库费罗(1995)认为杜威把体验看作一种透镜去分析人与环境之间的互动关系。通过这种方法,杜威将诸如人与自然、主观与客观、知与行、身与心等对立面或二元元素结合在一起。这样,极端之间产生了联系,体验的概念把延续性、过程和环境结合为一个有机的整体。

正如许多作家们描述的那样,体验与学习有着紧密的联系。威尔逊(1999:8)将学习定义为"正式教育或培训或非正式体验所引起的知识、态度或行为的相对永久性改变"。同样,科尔博(1984:38)解释说:"学习是通过体验转化获得知识的过程。"[2]

---

[1] 科林·比尔德,约翰·威尔逊.体验式学习的力量[M].黄荣华译.广州:中山大学出版社,2003:19.
[2] 同上.

因此,体验与学习是相互紧密联系且不可分的。从诸多方面来看,体验和学习指的是同一件事情,因此体验式学习是同一思想的同义反复和重复。我们可以将体验式学习定义为"人们在以往的体验和知识的基础上,通过对自己、对经历或事物的观察有意识或无意识的内在化中获得的洞察。"

二、体验式学习的类型与特点

对体验式学习类型的认识,有助于在教育实践中根据学习任务要求和受教育者身心发展的规律进行有效的组织,采取不同的方法,做好充分准备,更好地进行体验式学习,也有利于受教育者根据不同的体验内容和类型特点,确定体验的方式和方法。根据不同的角度,体验学习的类型也是不同的,主要有以下几类。

(一)从主体维度:分为主动体验与被动体验

被动体验是指体验对象自发地、直接地、自然而然地提供给人们,不需要人的专门努力,即不是凭借意识和反省的努力。也可以说是因为有了能引发体验的事物或情境,才产生了情感活动,获得了体验。所以,体验者(人)应是哲学上的客体,而被体验的事物与情境相应的是哲学上的主体。例如,当你不经意地听到别人讲起自己不幸的经历,你会潸然泪下,体验到人间的苦难。主动体验则是指体验主体主动地寻找体验对象,并且体验者在获得关于体验对象的体验时须经过一定的意志努力,这种体验称作主动体验。例如,当你学习了投资方面的知识,形成了自己的投资思想,你还想进一步把握投资技巧和实践技术,就必须寻找到一种投资途径,验证你的书本知识和投资思想,以便进一步体验投资知识到投资思想,再到投资目标实现整个活动过程。我们的学习是有目标的学习,学习的活动是有计划的,因此,我们进行体验学习的活动主要是讲主动体验这一维度,即教育者或受教育者要有目标、有计划地对体验学习活动进组织和充分准备。

(二)从体验的对象:分为各个专项体验

比如,亲情体验、爱心体验、社团体验、跨文化体验、职业体验以及专题体验等体验活动,每一项体验都包含了特定的学习内容,通过对规定的学习内容的体验学习,强调学习中的体验、体验后的感悟,使原来静态的

第四章 教育信息化背景下高校英语教学的理念建构

知识经验在个体的心灵中被激活、被催化,产生广泛的联系,获得新的意义,促成积极的、创造性的活动。它是一种主动式的、有目的的体验式学习活动,能有效使学生经过体验,达到对某一项内容或活动实践的深刻理解和掌握。我们可以根据培养目标和所需掌握的内容,设计不同的体验,达到教学目的。

通过对上述不同体验类型的分析和比较,我们发现,各类体验学习不是单独存在的,而是相互交叉和相互联系的。同一种体验可能包含几种类型的体验,要达到某一种教学目标,可以采取不同的体验类型实现。只要按照预定的教育内容和目标,科学有效地设计一种达到"身临其境"或"心临其境"的体验氛围,使受教育者能在这种环境氛围的影响作用下,主动自觉地通过体验和内省来实现自主的学习,并达到"自我实现"和"个性完善"的内化过程,就是一种有效的体验学习。任何一种体验类型都具有独特的价值,我们要正视不同体验类型的独特性,选择不同的创作取向,采取不同的体验学习方式。同时,要达到最佳学习效果,跟体验者在学习时的心情有很大关系。教育人类学家波尔丹诺夫认为,人在幸福气氛中所体验的时间性,在某种意义上说,优于人在不安气氛中所体验的时间性,这是因为人的信念更多的是在幸福瞬间树立起来的,只有在幸福瞬间,人们才能感受到自己的完善性以及周围世界的完善性和稳定性,生的力量才能得到肯定,新的生活课题才能接踵而至。设计体验学习时,一定要在营造学习者心境上下工夫。[①]

三、体验式学习的模型建构

(一)认知方法/学习方法模型

体验学习有效的一面是,它不仅与认知有关,而且与情感,也经常与身体有关。体验学习是在这三种认识方式的结合中发生的(图4-1)。这就是激励与冒险为什么成为体验学习的重要组成部分的原因之一。

(二)赫伦模型

英国心理学家约翰·赫伦(John Heron)描述了一个连续体验学习过程,强调情感范畴。他的模型(图4-2)是基于原始经验而开始的,这是一个他称为"情感"的步骤。然后是"想象",意思是将来的情况可能通过直

---

① 刘尔思.大学生体验式学习[M].昆明:云南大学出版社,2011:43.

觉与想象而得以展现。第三步是"概念",用语言或其他符号来了解和解释所学的科目。

最后一步,被称为"行为",是以具体行为来学习的综合,知行合二为一。根据赫伦的观点,体验学习只有在情感范畴被调动时才会发生。这种观点因戈尔曼(Goleman,1996)近来有关情感智力的研究工作而得以加强。

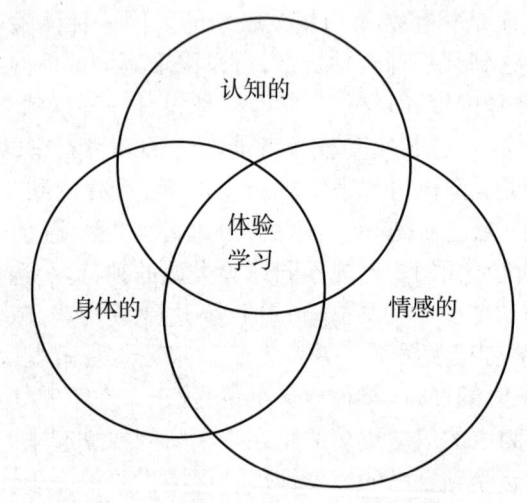

图 4-1 认知方法/学习方法模型[1]

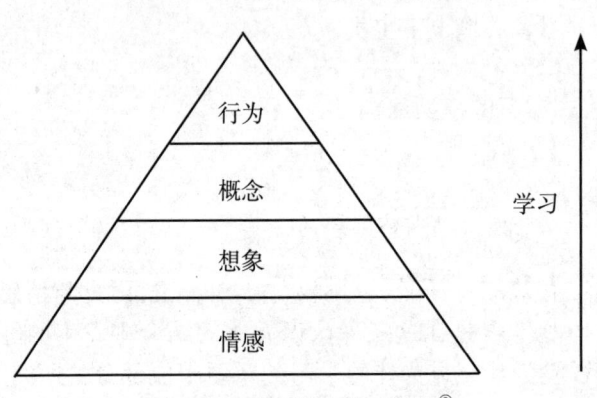

图 4-2 赫伦体验学习模型[2]

(三)舒适区域模型

冒险教育者很久以来就在谈论舒适区(图 4-3)。这一概念认为,当学

---
[1] 刘尔思.大学生体验式学习[M].昆明:云南大学出版社,2011:20.
[2] 同上.

第四章 教育信息化背景下高校英语教学的理念建构

生们步出舒适区域进入学习区域的时候,最大限度的学习就产生了。学习区域包含未知物,即不熟悉的,由此产生的兴奋或刺激提高了深度学习的机会。当学生越过学习区域而进入痛苦的或恐慌的区域时,这种最大限度的学习就将减弱。为了最有效地学习,学生必须走出舒适区域。

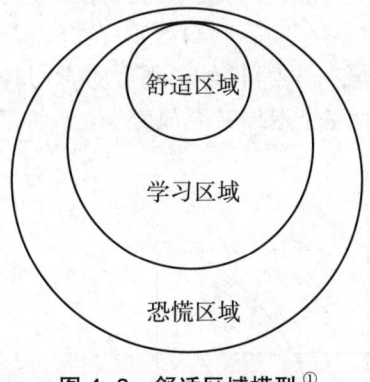

图 4-3 舒适区域模型[①]

(四)刺激模型

刺激理论源于耶基斯与多德森(Yerkes & Dodson)的百年研究。在刺激理论中(图 4-4),行为(或学习)与刺激的关系是二次项的(相对于线形的),并且形成一个倒 U 形。换句话说,当刺激增加时,学习热情也增加,直到某一最理想值,当刺激继续增加,学习热情就开始减少。在使用学习区域模型时,历险教育者把最理想值标记为"学习区域"。

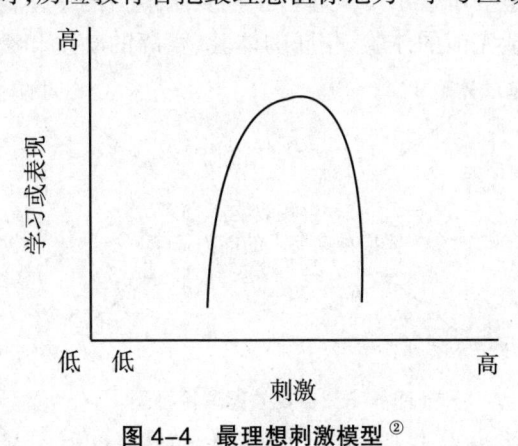

图 4-4 最理想刺激模型[②]

---

① 刘尔思.大学生体验式学习[M].昆明:云南大学出版社,2011:30.
② 同上.

(五)灾变理论模型

灾变理论是刺激理论的自然产物。该理论认为,当学生受到过度刺激时,特别是经过认知焦虑,行为或学习的结果不是逐渐减少,而更多的是剧烈的或灾难性的突然下降(图4-5)。在舒适区域模型中,历险教育者将其称为"恐慌区域",学生们会在恶劣的学习环境中畏缩或战栗,而且很惶恐,以致他(她)完全退缩甚至放弃。

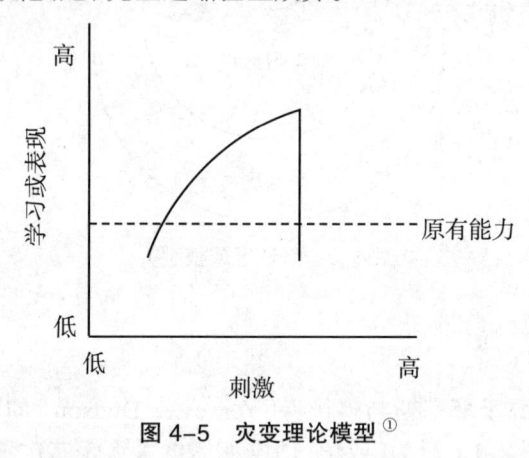

图 4-5 灾变理论模型[①]

(六)自我效能模型

自我效能是一个表示个人履行预期要求能力的个体概念。这一概念的重要因素包括先前的体验、相同的体验、言辞的劝说和激励(图4-6)。

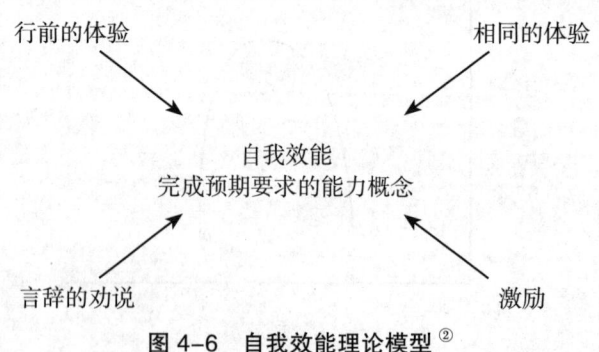

图 4-6 自我效能理论模型[②]

根据班杜拉(Bandura)的观点,这些因素中最强有力的是先前的体

---

① 刘尔思.大学生体验式学习[M].昆明:云南大学出版社,2011:35.
② 同上.

第四章　教育信息化背景下高校英语教学的理念建构

验,一个有益的早期体验将会对随后的体验产生很强的有利影响,而一个消极的先前体验能产生非常有害的影响。因此,要确保最初的体验是有益的,通过相似事件(相同的体验)提供例子和轶事,给予鼓励和有益反馈(言辞的劝说),并提供令人激动的环境和事情(激励)。前期任务准备、以前的课堂作业、课外的经验、课内的活动和指导,都能在学生自我效能中发挥作用。

四、高校英语体验式学习的实现途径

(一)实施实时交互与协作

现在,师生之间可以在信息技术环境中进行随时的交互与协作,学生可以在网络平台上发布自身学习中所遇到的心得与感受,或者吸取他人的学习经验,教师可以根据学生的反馈信息掌握学生学习中的难点与体验点,从而更好地帮助学生掌握知识,并给予学生更有针对性的指导。

由于信息技术平台不因时间、地点影响学习者的沟通,因此学生之间也能进行即时的沟通,并组成相应的学习小组,从而取长补短、分工合作。信息技术的实时交互平台有很多,如微博、微信等。

(二)创建个性化的学习环境

体验式学习方式主张发挥学生的个性特点,使学生在学习中成长。信息技术资源的利用可以给学生的个性化学习体验打下良好的基础。

由于不同学生个体的差异性,因此其学习所需要的具体学习资源也不尽相同。传统英语课堂教学由于条件的限制无法照顾到每个学生的个体需要,致使教学处在一种硬性统一之中。在信息技术环境下,教师可以设计满足不同学习体验的活动,从而使学生掌握学习的主动权与自主权,能够根据自身的兴趣和长处展开学习。这种学习能够增加学生的成功体验,从而增强学生学习的自信心与自豪感。

(三)开展网络游戏化教学

网络游戏化教学指的是借鉴游戏的自主性、挑战性、悬疑性等理念,将具体的英语教学目标隐藏在游戏关卡之中。教师可以根据不同的学生年龄阶段和学习情况,采用相应的游戏化教学策略,从而寓教于乐,使学生在放松的心态下掌握一定的英语知识,提高自己的技能。

游戏化教学的实施是以网络环境为基础的,通过网络技术,教师能够构建更为有趣、逼真、丰富的学习空间,使学生在网络环境中扮演不同的角色,体验语言交际所能使用到的交际规则和语言知识等。

第三节 合作式学习理念

一、合作学习的内涵

合作学习的理论,起源于20世纪社会心理学的研究。在20世纪70年代中期,合作学习兴起,20世纪80年代中期逐步发展为一种课堂教学的策略。合作学习是在教师参与并指导下,以异质学习小组为基本形式,系统利用教学动态因素之间的互动促进学生的学习,以团体成绩为评价标准,团体成员共同达成教学目标,同时对学生的认知、情感、自信心、同伴关系等产生积极影响的教学活动。其内涵包括以下四个方面的内容:

(一)是以学习小组为基本形式的一种教学活动

合作学习强调以集体授课为基础,以合作学习小组为活动主体形式。合作小组是整个教学活动的中心,教学活动是围绕合作小组的活动而展开的。全班的学生按人数分成若干个小组,通过小组内的自主交流与合作、自主探究,共同完成学习任务。这种小组活动不同于传统教学中的小组活动,传统小组往往是同质分组,而采用异质小组是合作学习的特色。合作学习通常把全班学生分成几个异质小组,这种小组是由性别、成绩、能力、个性特征、背景等方面具有异质性的成员构成,具有互补性;同时,各小组总体水平应基本一致,全班各合作学习小组之间又具有认知水平的同质性。这样,组内异质为小组成员之间互助合作的开展奠定了基础,最终促进组内每个成员的认知、社会交往、个性和积极情感的全面提高;而组间同质又为保证全班各小组间的公平竞争创造了条件。

(二)是以教学动态因素之间的合作为动力资源的一种教学活动

合作学习要求所有的教学动态因素都应当保持互动,强调教学过程是一种主体与主体的交往实践,是一种信息互动的过程。合作学习中的

第四章 教育信息化背景下高校英语教学的理念建构

人际互动突破了以往传统教学强调师生之间互动的界限,主张充分调动教学中的各种关系进行互动。学生之间要相互尊重、相互支持、相互配合,小组合作共同提高,从而使教学成为主体的互动网络。

(三)是一种目标导向的教学活动

合作学习追求教学在认知、情感、技能和人际目标上的均衡达成,所有的合作学习活动都是围绕着达成特定的共同目标而展开的。在小组合作学习活动中,小组成员之间围绕明确的学习任务,在教师的指导下,互相交流、彼此争论、互教互学、共同提高,既充满温情友爱,又充满互助与竞争。同学之间通过相互帮助既满足了自己影响别人的需要,又通过互相关心而满足了归属的需要。在小组学习中,每个人都有大量的机会发表自己的观点和倾听他人的意见,表现自己的操作和观摩别人的操作。每个人都有机会形成良好的认知技能,当学生们在一起合作融洽、工作出色时,他们学到的就会更多、学得也会更加愉快,由此可实现认知、情感与技能教学目标的均衡达成。

(四)是以团体成绩为奖励依据的一种教学活动

合作学习通常以各个小组在达到目标过程中的总体成绩作为评价与奖励的标准,这种机制可以把个人之间的竞争转化为小组之间的竞争,从而促使小组内部的合作,使学生各尽所能,得到最大限度的发展。为了体现评价的公平性和激励性,合作学习还应注意根据学生以往的学业成绩和测验成绩实施分层测验。安排优等生与优等生一起分组测验,中等生与中等生一起分组测验,各测验小组每个成员的得分都与原所属小组的总分挂钩。优等生小组的第一名与差等生小组的第一名虽测验难度不同,但所得的分值完全相同。这种让学生在原有基础上合理竞争、公平比较其贡献的做法,最终会使得全班学生无一例外地受到奖励,取得进步,并由此走向成功。

二、高校英语合作学习的实现路径

(一)确定学习目标和任务

斯莱文认为,影响合作学习有效性的两个变量是小组目标(group goal)和个体责任,在缺少小组目标和个体责任的22项合作学习研究中,只发现 4 项对学生的学业成绩有积极影响。小组目标是学生追求外界对集体成果的认可,它有助于标明合作学习的方向。在上课前,教师应该使学生明了两类学习目标,一类是学术目标,是指让学生通过小组团队的分工合作、相互依赖、相互鼓励、共同完成学习任务,实现学习目标,从而激发个体的学习愿望,并获得对学习乐趣的体验。学术目标的确定要依据学生的学习水平,要与教学任务相适应。教师在确定学术目标时,不能使目标过于特定化。过于特定化的学术目标容易过分吸引学生的注意力,以至使他们忽略了那些和目标无特别联系的信息。而另一类概括性的学术目标可以为学生提供灵活性的选择,在此基础上学生能够制订出更多更有趣的特定目标。

(二)组建学习小组

在合作学习中,合作小组是学习时基本的组织形式,因此合作小组的组建和建设是成功开展合作学习的前提。

到目前为止,国内关于学习小组组建的相关论述基本上是直接借用了国外的基本理论,没有多少新的探索。根据合作学习的基本理论,其分组的一般原则是"组间同质,组内异质"。组内异质,即小组内各成员间要有性别、学习成绩、能力等方面的差异,另外还可以考虑家庭经济、社会背景和性格、脾气等的差异。由于每个小组都是异质的,所以就连带产生了全班各小组间的同质性,这就是组间同质。组内异质为小组成员内部互相帮助提供了可能,而组间同质又为全班各小组间的公平竞争打下了基础。总之,合作学习的分组技术不同于以往的能力分组或兴趣分组——在合作学习看来,这些都是同质分组。

合作学习为什么强调异质分组呢?据国外的实践,同质分组弊多利少,它容易养成学生盲目自信或过度自卑的心理,而异质分组的最大好处在于让学生懂得,每一个人都有长处和不足,人的智力、个性、才能是多样的,只有既善待自我,又欣赏别人,既知己又知彼,才能发挥出最大的团队学习成效。

合作小组究竟应该由几个人组成,实际上是一个动态的过程。既要考虑学生自身交往能力的强弱,也要考虑学习任务的难易程度。一般地,教师应该从 2 人配对或 4 人相邻合作学习开始,循序渐进,取得经验之后再深化发展。

组建了学习小组,并不等于就是合作学习了,至多只是为活动提供了一定的形式和空间。真正的合作学习还有赖于学习过程中合作小组的进

第四章 教育信息化背景下高校英语教学的理念建构

一步建设,主要是三个方面。

其一,角色分工与轮换。在活动中,小组内应该有一定的分工,每一位学生都要被指定担任一种特定的角色,如领导者、激励者、检查者、读题者、协调者、报告者、操作者等。对四人小组而言,组长、计时员、记录员和发言人是四种常见的角色。而且,各种角色应该轮流担任,实现小组角色的互赖,增进生生互动的有效性。

其二,规则与纪律。小组合作必须遵守一定的规则或纪律。如,学生在讨论前一定要独立思考,否则,就容易出现"搭便车"的情况。组内讨论时声音要适度,不可过高;每个角色要认真履行各自的职责等。

其三,增强小组凝聚力。这是小组建设的核心,是小组开展有效合作的重要保证与途径。增强凝聚力的建设也是一个持续的、不断增强的过程,是教师、组员不断维护强化的过程。它不可能一蹴而就,也不可能一经形成就永远自动保持,而且这个过程有时还会表现出一定的反复性。

此外,还可能出现别的情况,比如说学生不愿意参加小组活动,学生经常缺席,等等,这些问题也不是一朝一夕能解决的。教师应有耐心和爱心,经常鼓励和帮助这些学生,让他们充分体会到合作学习的乐趣、被人尊重的滋味,然后慢慢引导他们加入小组学习。

第五章　教育信息化背景下高校英语教学的模式建构

从信息化的高度来说，人们正在运用信息技术进行教育体制、教育模式的改革，而这种改革在高校英语教学中也有明显的体现。信息技术的运用扩大了高校英语教学的时空界限，提高了大学生学习的兴趣和积极性，传统的高校英语教学模式已经不能适应互联网时代的要求，急需进行变革，而这时新的教学模式登上舞台。本章就来分析教育信息化背景下高校英语教学的基本模式。

第一节　慕课教学模式

一、慕课教学的内涵

所谓"慕课（MOOCs），是 Massive Open Online Courses 的英文首字母缩写的中文音译"，意为大规模在线开放课程。维基（Wiki）百科对其是这样界定的："慕课"是指那些由参与者发布的课程，这些课程材料也散布于互联网上。只有当课程是开放的，才可以称之为"慕课"，只有这些课程是大型的或者叫大规模的，它才是典型的"慕课"。"慕课"是新近涌现出来的一种在线课程，它发端于过去的那种发布资源、学习管理系统以及将学习管理系统与更多的开放网络资源综合起来的旧的课程开发模式。把 MOOCs 翻译成"慕课"一词的是我国华南师范大学学者焦建利教授。

MOOCs，第一个字母"M"代表 Massive（大规模），一是指注册人数多；二是指课程资源的大规模，不仅仅是一两门课程；当然"大规模"也是相对的，第一门"慕课"只有 2200 多学生，而目前每门课程容量可达数万人，一门课程最多的注册人数是 16 万学生。

第五章 教育信息化背景下高校英语教学的模式建构

第二个字母"O"代表 Open（开放），指的是学习空间和学习资源的开放，学生以兴趣导向，凡是想学习的，都可以注册学习。即使是一些盈利公司建设的课程，学生也可以免费利用其课程资源。

第三个字母"O"代表 Online（在线），指的是教师讲授、学生学习、师生/生生的讨论、作业完成和提交、作业批改等都是通过互联网络在线实现的。

第四个字母"C"是 Courses（课程），包括讲授主题的提纲、讲授内容的视频、各种学习资料、布置的作业以及学习注意事项等。

这一课程不同于传统的透过电视、广播、互联网、辅导专线、函授等形式的远程教育，也不完全等同于近期兴起的教学视频网络共享公开课，更不同于基于网络的学习软件或在线应用。就目前看到的"大规模在线开放课程"而言，可以发现，在慕课模式下，所学的课程、课堂教学、学生学习进程、学生的学习体验、师生互动过程等被完整地、系统地在线实现。

二、高校英语慕课教学的优势

英语慕课教学在大学英语教学中的运用必然会导致教学方式与理念的变革。这就是说，慕课教学对当前的大学英语教学具有重大的作用，具体而言主要有如下优势。

（一）为学生提供能力培养平台

我国的大学英语教学在不断发生变革，但是总体上还是将重心置于基础知识教学层面，这一教学模式必然对当前的英语教学产生负面影响，即很难帮助学生提升自身的综合能力。受其影响，很多学生对英语并未给予过多关注。英语慕课教学为学生提供了新的专业动向与视角，便于学生调动自身的积极性，促进他们提升自身专业能力，对自己的教学问题进行专业化解读。

（二）对不同学生的水平进行平衡

如前所述，很多学生来自于不同地区，且学生之间也存在明显的差异，因此学生的基础水平也明显不同，如果教师实行大班课堂，那么很多学生很难学到想要学习的知识，甚至丧失学习的积极性。英语慕课教学是一个开放性的平台，为学生展开一对一教学提供了平台，便于缓解师生之间的教与学矛盾。同时，英语慕课教学也不受时空的限制，有助于学生在任何地方、任何时间巩固自身的英语知识,提升自身的英语水平。

三、高校英语慕课教学的构建

一般来说,在互联网教育模式下,慕课教学往往会通过如下几个步骤来展开。

(一)多层次设置课程

就当前的大学英语教学而言,慕课教学对传统的大学英语教学模式的单一状况进行了改革。从教师资源来说,传统的教师资源是非常有限的,很多课程的讲述也缺乏针对性。基于这一点,慕课教学从学生的需求与兴趣出发,对文化课程进行设置,大大提升了学生学习的兴趣和积极性,便于学生提高文化学习的质量与效率。

(二)采用多种教学方式

虽然很多学校都推进英语文化教学改革,上课方式也不再是单一的形式,但是仍旧以知识点讲授为主,即便应用了多媒体,也都是以辅助形式呈现的,只是教师板书的一种替代形式。但是,慕课教学使得教学方式更加多样化,学生即便不在校内,也可以获得知识,甚至通过 Ipad 也能够学习。

(三)采用多渠道的考核方式

在互联网教育背景下,大学英语教学中的慕课教学设置了多样化的考核方式,如果仅靠传统的笔试或论文形式,那么很难检测出学生的能力。在慕课教学模式下,可以实施开放性考核与个性化考核。这样多样化的考核可以不断激发学生的学习兴趣与积极性,从而更好地进入下一阶段的学习。

第二节 微课教学模式

一、微课的内涵

微课又称为"微课程"或者"微型课程",主要的形式是通过视频教学

第五章　教育信息化背景下高校英语教学的模式建构

为主要的学习载体,依托 PPT 作为主要的技术支撑,完善记录围绕某个知识点和教学内容进行简短、完整的教学工作。在整个教学活动中,主要针对某一项专门的知识点进行重点讲解,通过短小精悍的视频形式,将教学内容传授给学生。在相关知识传授的基础之上,辅助性地增加教学设计、练习作业以及专家点评等模块。因此,微课并不是对传统教学模式的简单延伸,而是一种新形势下具有完善的开放性特点的新型教学模式。

在 21 世纪的十几年发展中,国外学者对于微课程的重视和研究逐步扩大,并形成了具有相当规模的微课程视频,对全球基础教育的发展产生了深远持久的影响。在国内的相关研究方面,有教育部和教育技术委员会牵头,进行了一系列微课教学研讨工作,推动了我国微课的推广和普及工作。但是我国的相关研究还处于初级阶段,研究的方向也主要集中在宏观领域,专业性研究仍然呈现出相对匮乏的局面。

二、高校英语微课教学的优势

(一)微课教学主题鲜明、突出

在做高校英语微课的选题时,首先要保证其主题鲜明、突出。在此基础上,再将课程主题确定下来,通常为高校英语教学中的特定知识点。高校英语微课教学采用的教学方式为视频,而视频的时间是有限的,视频结束后,学生也无法向老师提问问题。因此,这就要求微课的教学内容必须是焦点、重点、难点、易错点,这些都是处于核心地位的,具体来说,是没有内容限制的,某一个学习环节、学习主题、学习任务等都可以,具体要以学生的实际需要为标准,对自己所要学习的微课程加以选择,这样,不能有效节省学生的学习时间,还能使学生学习的针对性更强,相对于传统的课堂教学,微课教学所产生的效果会更好,这与其筛选的精炼的教学内容以及较高的教学效率和教学质量不无关系。

在高校英语教学过程中运用微课这一教学形式,能够将其特殊作用充分发挥出来。

第一,借助微课的形式来进行课前预习,在随后的课堂练习中,能够获取的理论指导会更多。

第二,借助微课的形式引入正式的课堂学习,观看制作好的微课教学视频,能够将学生对微课程的浓厚兴趣激发出来,有利于良好教学效果的取得。

第三,借助微课的形式来进行课堂总结,能令学生对自我的认知的准确性更强一些。

第四,借助微课的形式来学习课外内容,对更好地指导英语技能的运用,大大增强学生自主学习的能力。

(二)微课教学时间短且精

心理学研究发现,成年人高度集中注意力去完成一个简单枯燥的任务,其注意力仅仅能高度集中 20 分钟左右,也就是说,学生在高校英语教学过程中,也只有前面的 20 分钟是能够做到高度集中注意力的。因此,后面的 25 分钟的课堂教学效果并不理想。因此,传统的高校英语课堂要完成的复杂的教学内容就需要进行相应的调整和改变,微课内容的设计会科学合理,特色鲜明,形式活泼多样,教师的讲解就会更加清晰明了,更容易引起学生的兴趣,这对于学生在高校英语课堂上对相关内容的掌握程度会更高一些,理解的透彻程度也会更高一些。因此,为了促使学生保持高度的注意力来学习知识,从认知心理特点来说,微课的短时间教学方式更加有效。

(三)微课中的教学资源丰富且方便使用,学生在学习时间上能自由支配

尽管高校英语微课的时间相较于传统的课堂教学要短一些,但其中所包含的教育资源的丰富程度却并不低,采用的教学形式也不乏显著的多样性特点。微课课程将要教学的内容都制作成精彩的教学视频,由此能够对其中包含的核心内容有准确且正确的掌握,学生对这种新型的教学形式也会产生好奇心,对于吸引他们更好地参与到教学中并取得理想的教学效果都是有很大帮助的。另外,高校英语微课资源所占据的流量是比较少的,便于通过网络传输和发布,也能使学生个性化学习的需求得到较好的满足。可以说,其将精炼性特点体现得淋漓尽致。高校英语微课支持的播放形式并不是单一的,不仅支持多种移动设备上的在线播放,下载储存至移动设备再进行移动学习也是可以的,并且这种形式还不受时间和地点的制约,自由程度较高。如此一来,可见其作用的显著性与广泛性,补充高校英语教师在课堂教学中的讲解只是其中之一,还能作为学生课前预习的材料,能使学生因此而获取一定的便利,从而保证了教师的课堂教学的高效率。另外,学生自主学习进行过程中所得到的便利,学生的学习兴趣不断被强化,以及学生所建立的创新理念,都在不同程度上得益于微课资源。

第五章　教育信息化背景下高校英语教学的模式建构

（四）微课教学内容形象化，实用性强，学生理解消化的难度小

不管高校英语微课的形式是什么样的，其本质上仍然是高校英语课，这一点是不变的。微课中教学内容的设计都是通过教师展示出来的，比如，多媒体课件中的展示或示范、讲解或配音、引导或说明、解释或纠错等，大都是教师亲自进行示范和展示而制作成的，如果在微课教学过程中用到相关的教学器械，那也是真实的，与教学相适应的，采用的教学方式和练习方法、测试等都是课堂内容的真实体现。由此可以看出，微课能够将一个实用性、直观性、可操作性非常强的课堂形式展现给学生，这就为学生更好地理解和消化知识点提供一定的便利。

三、高校英语微课教学的构建

在高校英语教学中应用微课，首先要将其与学校做制定的教学培养目标相适应，并且将二者有机结合起来，从而保证所制定的微课的可行性与科学性。在设计微课时，要求必须要遵守学校高校英语的教学特征及实际教学情况，合理规划高校英语课程的不同类型的微课，从而使不同类型的高校英语教学需要都能得到有效满足。具体来说，在高校英语教学中应用微课这一教学技术，可以采用以下策略。

（一）微课要与网络教学信息平台相结合

一般来说，微课对于不同年级学生，所具体制定的教学方式是不同的。比如，对于高年级的学生来说，通常都已经具备运用网络沟通与处理知识的初步技能，通过学校地方网络信息平台，能够使自身的知识获取渠道得到进一步的拓展，知识结构与能力也会进一步充实。而对于低年级的学生来说，通常是需要在家长的陪同下参加课程学习的，因为低年级学生在处理和操作技能方面往往不能自主完成。另外，不管是低年级还是高年级的学生，要改变当前高校英语教学中的内容单一的情况，进一步拓展和扩充高校英语教学内容的广泛性，需要教师首先认真研读高校英语教学大纲，从中摘取有效信息，并且结合相应要求，将与教学目标相关联的网络教学资源创建起来，以此来将优质的高校英语教学资源不断填充到微课课程中，让所有的学生都能通过微课学习来共享这些新的内容信息。网络教学平台可以实现完整的教学过程，微课资源可以在某一平台上集中整合，学生进行系统的自主学习。微课的优势是非常显著的，而要将其显著优势最大程度地发挥出来,必须做好微信平台的选择与确定工作。将微课资源上传到网络教学平台,学生可以对教学设计、教学目标、教学内容、教学活动、教学评价等进行系统的学习,学习服务平台的功能就能得以实现。

(二)在设计微课时,主题的选择要恰当

微课的最终教学效果如何,在很大程度上受到微课设计程度的影响,因此,要求教师一定要对微课主题的选择引起重视。对于高校英语教学来说,要想选择合适的微课主题,首先要确定教学目标,即通过微课教学,使学生获得哪些知识点,要掌握哪些技术技能,再以此为依据,来选择相应的高校英语理论或实践课中学生经常遇到的问题、难题,有针对性地解决学生可能会遇到的问题和重点知识点。同时,教师设计时要尽量全面考虑,难度适当,切合要求。通过微课中体现的主题,高校英语教学实践中的具体问题的确定就不是难题了。

(三)对微课进行全面且深入的分析和理解,在此基础上选择合适的教学形式

微课的教学实施在时间上是有所限制的,在教学内容方面,要做好针对性的选择,深度与广度都要恰到好处,不能太难也不能太容易。另外,还要注意微课学习的时间控制上也要合适,从而满足大部分学生利用课余的碎片时间学习的实际情况,因此这就要求本节课中知识的完整性与连贯性也要有所保证,这些都源自于教师对教学目标、教学内容、学习者的合理分析。教师在微课前需要明确分析高校英语微课的学习者及其基础、教学目标、课程的内容与特点等方面,以此来对学生的认知基础、学习能力、技术程度、需求状态等内容,以及价值观与目标、知识与技能、过程与方法等进行深入分析。通过对上述内容的分析和总结,以得出的结果为依据,通常就能使教师合理地组织和设计出质量较高的微课,从而满足学生的学习需求。

在选择微课教学形式之前,要做好充分的准备工作,比如,要首先了解微课的特点、教学目标,还要准确分析学习内容、学习者的具体情况,在此基础上选择微课教学形式,才有可能保证选择的正确性与准确性,才能有针对性地采取教学访求实施教学进程。微课作为一种自主学习模式,其基础条件就是优质的课程学习资源是保障课程质量与学习效果。同时,教师还要重视微课"小而精"的特点,并以此为依据,结合学生的学习需

第五章 教育信息化背景下高校英语教学的模式建构

求,来选择相应的课程内容,在有效整合优质学习资源之后,在将其应用于微课教学中,将其传授给学生。高校英语微课侧重于把握英语技能的内在规律,形成高校英语经验积累。需要强调的是,微课程的目标能否达成,与很多因素都有着密切的关系,比如,教师教学理念、具体的教学措施和实践等。高校英语教师的职责之一,就是设计出科学性和可行性较强的教学实施计划,其中应该包含合适的教学形式。而要使选用的教师形式与教学发展相适应,就要求教师对多方面的因素加以考量。比如,目标预期、课程类型、教学内容、学习者的特点等。高校英语微课主要的教学形式有许多种,常见的有情景式、探究式、讲解示范式、演示式等。最后,在微课程发布的环节中,发布平台的选择也是至关重要的,一般的,那些现在受众群体选择最多的、主流的、快捷的网络平台是较为理想的选择,因为其对于学生用户来说,在运用上是较为便利的。

(四)制作完整的微课

将各种学习资源整合起来,微课的制作就算完成了,一个完整的微课,是通过以视频为核心的形式将各种学习资源展示出来的,其制作流程大致为:拍摄视频源文件→课程讲解录音→剪辑视频→合成讲解录音→输出视频文件→压缩与格式转换。开展高校英语课的目的在于让学生掌握高校英语相关技能。微课的教学内容所体现出的特性主要有直观性、活动性、户外性和操作性等。高校英语微课的制作模式主要采用实景拍摄和 PPT 混合模式进行制作,因为这样能够有效促进高校英语教学实践课取得理想的教学效果。在实景现场拍摄制作微课时,为了保证课程的质量,有几个问题要加以注意:第一,教师在示范动作时,为了保证示范的效果,一定要保证示范的规范性和准确性,同时,仪态、技术动作标准等都要严格要求,动作上也要尽可能保持连贯;第二,在进行视频的拍摄时,一定要保证画面的稳定性和拍摄的画质清晰度,否则,视频的质量会受到影响,最终取得的教学效果也会不甚理想;第三,教师现场讲解时,要做到声音洪亮,节奏感强,尽量采用通俗易懂的口语进行讲解,书面语句尽量不用或者少用。在制作高校英语微课的过程中,为了保证整体的制作水平和质量,必须对下面几个方面加以注意。

其一,微课制作人员的利用上要做好明确分工,通力合作来保证微课整体质量,尤其要注意课程中动作的连贯性。

其二,教师在处理微课的视频时,一定要具备较高的能力,使微视频能达到使人身临其境的效果。首先要重视微课的开篇,要做到吸引人;

在后期的剪辑中适当加上慢动作回放,让学生在反复地观看的同时,可以仔细研究与探讨,从而为能够清晰地看出肢体动作的展示提供一定的便利。

其三,教师在微课中的讲解与表达要清晰,从而能达到动静融合、远近融合的立体表达效果,这对于教学目的的顺利达成也是有所帮助的。

其四,微课传播所选择的传播平台也是非常重要的。微视频制作完成后,就要考虑选择适合的传播平台了,这一点也至关重要,关系到后面能否保证播放的流畅性和整体效果。

除此之外,引进新资源,更新和完善课程的相关内容,弥补漏洞也是教师需要引起重视的方面,促使学生不断地自主学习,使微课程的最佳效果得以保证。

(五)要及时做好微课效果的评价与反思

微课的质量决定了其在教学形式、教学内容等方面的选择和运用是否科学合理,也决定了其能否取得理想的教学效果,因此,保证高质量的微课水平是非常重要且必要的。而要做到这一点,是需要在微课结束之后,通过学生的评价与反馈来实现的。教师要时刻保持与学生之间的联系渠道,做好相互之间的沟通和交流,以为教学活动提供必要的依据,这就需要借助于新媒体平台,同时,还要以积极、客观的态度来检验微课在预期的教学效果方面是否实现。学生在学习过程中通过交流与反思,能够使微课得到进一步的改进和完善,这样也能在某种程度上提高微课的实用性与高效性。微课制作的好坏主要应参照评价的主体——学生。通过学生对微课的评价与反思,能够对微课开发者更好地了解制作的高校英语微课起到推动作用,从而使他们能够对现有的微课课程进行针对性的调整和改善,甚至也可以重新构建新的微课程,不管采用什么样的方式,只要能保证微课的质量,能顺利实现教学目标,能解决高校英语课中出现的问题,能使学生在学习过程中掌握正确的学习方法等,就说明这一操作是科学且有效的。

受新型科学技术的不断发展与更新的影响,学校的教学模式也发生了一定的改变。微课教学形式的出现对于高校英语教学来说,能够起到丰富和发展高校英语教育资源,创新教师的教学理念和教学方法的显著作用。因此,这就要求教师必须精通网络,熟悉并理解高校英语教学理念,精心准备和制作微课,在制作过程中一定要对其中的各个方面都进行准确把握,从而保证微课的整体质量,才能把最好的授课内容展示在学生面前,让学生对课堂的教学内容达到更快的领悟,同时,学生在高校英语微课的学习过程中,不仅使课标的要求得以完成,身体和心理素质得以提高,同时也更加了解了网络的运用技能,这就进一步加强了学生对于社会发展的适应能力。

总的来说,通过微课,不仅能使教师顺利达成既定的教学目标,同时也能让学生成功达到提高综合素质的目的。

第三节 翻转课堂教学模式

一、翻转课堂教学的内涵

"翻转课堂"(Flipped Classroom 或 Inverted Classroom)也称"颠倒课堂"或"颠倒教室",是相对于传统的课堂上讲授知识、课后完成作业的教学模式而言的。它是指学生在课前观看教师事先录制好的或是从网上下载的教学微视频以及拓展学习材料,而课堂时间则用来解答学生问题、订正学生作业,帮助学生进一步掌握和运用所学知识。传统教学过程通常包括知识传授和知识内化两个阶段。知识传授是通过教师在课堂中的讲授来完成,知识内化则需要学生在课后通过作业、操作或者实践来完成。而在"翻转课堂"上,这种形式受到了颠覆,知识传授则通过信息技术的辅助在课前完成,知识内化则是在课堂中经老师的帮助与同学的协助而完成。

二、高校英语翻转课堂教学的优势

翻转课堂教学为英语教学提供了新的平台与良好的契机,从本质上体现了英语教学改革的深化,帮助英语教学突破困境,为学生的英语学习提供便利。下面就具体分析英语翻转课堂教学的优势。

(一)便于学生开展个性化学习

由于学生很多都是来自各个地方的,他们的基础水平不同,对英语的认知程度与爱好程度不同,因此呈现了明显的参差不齐。虽然,现代的教学研究领域对这一点已经予以关注,但是传统的英语教学模式很难改变这一现状,尤其是很难实现分层教学,相比之下,英语翻转课堂教学恰好能从学生的学习兴趣出发,根据学生自身的能力展开教学,这样可以使不同阶段的学生获取符合自身水平的知识,从而循序渐进地展开英语学习。

(二)便于学生自由安排时间

英语翻转课堂教学有助于学生对自己的英语学习时间进行安排,尤其是对于毕业生而言,有助于他们平均分配自身的学习时间,将一部分时间用于自身的实习工作上,另一部分业余时间用于开展知识的学习。对于这一部分学生而言,英语翻转课堂教学非常符合他们,且便于他们恰当安排自身的工作与学习时间。

三、高校英语翻转课堂教学的构建

翻转课堂作为一种颠覆传统课堂的教学模式,其教学设计过程当然不同于传统教学设计过程。虽然国内外出现了各种各样的翻转课堂教学,但它们都建立在课程资源、教学活动、教学评价和支撑环境这些要素的基础之上,因而翻转课堂教学的设计也是以此为依据的。

(一)设计英语教学过程

美国创新学习研究所(Innovative Learning Institute,ILI)提出了翻转课堂设计流程。ILI认为,翻转课堂的设计过程主要包括确定学生课外学习目标、选择翻转内容、选择传递方式、准备教学资源、确定课内学习目标、选择评价方式、设计教学活动、辅导学生八个主要环节。

(二)开发英语教学资源

广义的教学资源是指用于教与学过程的设备和材料,以及人员、预算和设施,包括能帮助个人有效学习和操作的任何东西。而随着信息技术的发展,信息化教学资源的概念就出现了,它是指在以网络和计算机为主要特征的信息技术环境下,为教学目标而专门设计的或者能为教育目标服务的各种资源,包括教育环境资源、教育人力资源和教育信息资源。

随着信息化资源的发展与教育应用,翻转课堂教学理念才得以提出。从上述翻转课堂的完整过程可知,支持翻转课堂需要用到的信息化教学资源主要包括教学视频、进阶练习、学习任务单、知识地图和学习管理系统五大类。

翻转课堂教学的实施,不仅需要上述教学资源作为主要资源,还需要借助一定的教学辅助工具软件,该类教学资源几乎贯穿于翻转课堂的全过程,其作用主要是帮助教师进行教学视频的制作、师生间开展交流协作、学生学习成果的展示等。按照作用于翻转课堂教学开展过程中的不同方面,可以将教学辅助工具分为视频制作工具、交流讨论工具、成果展示工具和协作探究工具四类。

第四节 线上线下混合教学模式

一、混合教学的内涵

严格来说,Blended Learning 不是一个新的概念,Blend 一词的意思是"混合",Blended Learning 的原有意义为混合学习或结合式学习,其说法在多年之前就已存在。究竟混合的内容包括什么,学者们给出了不同的观点。

Driscoll(2002)指出,混合教学的定义可以概括为以下四点。

(1)教学方法(如建构主义、行为主义、认知主义等)的混合。

(2)任何一种教育技术,如视听媒体(幻灯投影、录音录像)与面对面课堂教学的混合。

(3)教学与实际工作任务的混合。

(4)各种网络技术的混合(如虚拟课堂、自定步调学习、合作学习、流媒体视频等)。

近年来,随着信息技术的迅速普及,教育界开始利用该术语"混合"的内涵,但赋予其全新的意义,即与信息技术密切相关。

Picciano(2009)为混合教学总结了一个更为宽泛的定义:面授课堂与技术的混合。[1]

过于宽泛的定义,一方面无法理清混合教学的本质,另一方面缺乏操作性。目前,学术界对于混合教学的普遍认识是:混合教学包括面对面学习和在线学习两个部分,是二者的结合。具体的界定可以分为如下几个类型。

---

[1] 钟玉芹.高校英语混合教学探究[M].北京:电子工业出版社,2017:3.

1. 仅强调核心成分

部分研究者仅强调混合教学的核心成分,即涵盖在线学习和面对面学习两个因素。

Graham(2006)指出,混合教学是面对面课堂教学与在线学习的结合。

Rovai 和 Jordan(2004)提出,如果将完全面对面教学与完全在线学习看成一个连续体,那么位于二者之间的任何一种模式均为混合教学模式。这一定义是从课程设计角度考虑的。显然,这一定义过于宽泛。

Clark(2003)提出,将混合教学仅看成面对面课堂教学与在线学习的结合是不充分的,会使很多教师仅在传统课堂教学的基础上添加一点在线学习的成分,就认为自己是在开展混合教学。

2. 关注课堂面授是否部分被在线学习取代

有的研究者认为混合教学不仅仅是在传统课堂中添加信息技术的成分,所以将面授时间的减少加入混合教学的定义中。

2005年,混合教学工作坊在第二届工作坊中,摒弃了宽泛的定义,对混合教学的定义是:部分面授时间在线活动代替的教学模式。

Stake 和 Horn(2012)提出,混合教学是学生部分时间接受课堂教学,部分时间进行在线学习,在线部分由学生自主控制学习时间、地点、路径或进度。

3. 强调混合的质量

一些混合教学的定义特意将"质量"引入其中。Singh 和 Reed(2001)指出,混合教学是在恰当的时间,为恰当的对象,应用恰当的教育技术,通过恰当的方式,提供恰当的学习内容,以使学生获得较高的学习收益。Garrison 和 Kanuka(2004)认为,混合教学是课堂面授与在线学习的"周密"结合。Bliuc,Goodyear 和 Ellis(2007)提出,混合教学是教师、学生、学习资源之间的面对面互动与技术支持的互动的"系统的"结合。

我国学者对混合教学的定义更强调其作用与意义。

李克东(2004)指出,整合面对面教学与在线学习两种学习模式,以降低成本,提高效益,即混合教学。

何克杭(2004)指出,混合教学即将传统学习方式的优势与 E-Learning 的优势结合起来;一方面要发挥教师的主导作用,另一方面要体现学生的主体地位。该定义强调要实现两种模式的优势互补。

技术是一把双刃剑,任何事物的发展都有其两面性,近几年的研究和实践表明:慕课的出现对全球教育界产生了巨大影响,并因其具有的开

第五章　教育信息化背景下高校英语教学的模式建构

放性、资源丰富、不受地域限制等优点吸引了大批学习者,其名校名师资源和新型学习模式更是引起了学习者的学习热情。但与此同时也出现了一些弊端,如慕课虽然在线注册率高但完成度不高,不利于教学质量控制等。而教师如何利用慕课资源优势,将其转化为可利用的教学资源,并将其融合到课堂教学中来改善和提高教学质量,是教师需解决的一个问题。

混合学习是近年来受到教育界广泛关注的一种新型学习方式。

加厚教授指出,所谓混合学习,是指对所有的教学要素进行优化选择和组合,以达到教学目标;教师和学生在教学活动中,将各种教学方法、模式、策略、媒体、技术等按照教学的需要娴熟地运用,达到一种艺术境界。

华南师范李克东教授认为,"混合教学是一种借助面授与网络两种学习模式的优势来重组和构建教与学过程的教学理念和组织策略。"

图 5-1 为混合教学的结构。

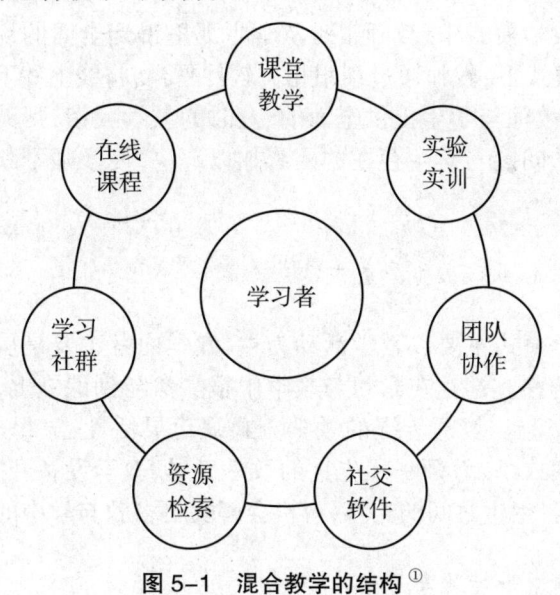

图 5-1　混合教学的结构[1]

---

[1] 张娇媛.高校英语混合式教学与信息技术应用[M].天津：天津科学技术出版社,2019：3.

二、高校英语线上线下混合教学的优势

(一)有利于发挥集合优势

线上线下混合教学模式可以将传统教学模式和新教学模式的优点相结合,相互学习,系统思考,对各种方法、各种教学策略、不同课程等进行整合。这样不仅能够挖掘教师的教学技能与专业知识,在整个教学过程中发挥教师的主导作用,还能够将学生的主体地位发挥出来。同时,教师将先进的教育技术、教学设施等集合起来,为学生提供更加高效、更加方便的教学环境与手段,就某种程度来说,线上线下混合教学模式对教师提出了更高的要求。

(二)有利于及时反馈

在传统教学模式中,教师很难从学生那里得到全面的、准确的反馈。在混合教学模式下,教师通过利用相关软件平台,将线上线下教学环境相结合,能够为教师与学生提供全面的、及时的教学反馈,帮助教师快速对教学过程中的问题与学生存在的困惑加以解决,使教师不断提升教学效果与效率。

(三)有利于高效互动课堂的建立

传统教学模式主要以教学活动为主,教学内容主要是从教师向学生的单向知识转移。学生在学习与教学中很少参与到课堂上,也很难实现课堂的互动交流。教师传统的教学方式缺乏灵活性,显得过于模式化。在混合教学模式下,教师采用先进的教学工具、教学设备开展教学,可以实现师生之间、生生之间的交互,有机会解决更多教与学中的问题。

(四)有利于个性化学习

学生可以自己选择符合自己个性化的学习方式,更好地激励学生参与到课堂之中,便于学生之间进行协作,也为学生创造更多的时间,拓展他们的学习空间与实践,这是教学改革的潮流。同样,灵活选择也是一种深度学习,是一种创新的学习方法,能够帮助学生取得更好的成绩。

第五章 教育信息化背景下高校英语教学的模式建构

三、基于慕课的高校英语混合教学模式的构建

（一）什么是慕课混合教学

基于慕课的混合教学能将面对面的课堂教学和网络学习的优势有机结合起来，实现教学效果的最优化。普通作为非慕课提供者，如何将顶尖的慕课积极而灵活地引入校内本科生和研究生的课程教学中，直接促进本校的课程与国际接轨达到国际水平，又间接促进本校教师教学科研水平以及学校信息化教学的发展，是值得研究的课题。慕课将对现有的教学模式提出严峻挑战，深入研究慕课混合教学模式有助于地方制订有针对性的应对方案。

混合教学是教学信息化发展的新阶段，它体现出信息技术从教学辅助向与教学深度融合的发展轨迹。信息技术应用于教育教学最早始于计算机辅助教学（Computer Assisted Instruction，CAI），并且衍生出了计算机辅助学习（Computer Assisted Learning，CAL）、计算机辅助训练（Computer Assisted Training，CAT）等概念，直到之后互联网时代的网络教学平台（E-Learning）等，这些教学应用的特点都是从属于已有的教学流程，在教学过程中所起的更多是辅助、补充和支持作用。

当前基于慕课的混合学习（Blended Learning），以及从教学角度而言的混合教学，使信息技术在教学中发挥的作用不再仅仅是工具或支撑平台，而是对教学思维、教学元素以及完整教学流程的重构。因此，基于慕课的混合教学对于教学系统设计中的信息技术环境和条件、教学参与者的信息技术素养、教学管理的信息化水平都提出了更高的要求。

具体而言，在信息化教学环境中，需要有稳定的有线网络和无线网络接入，慕课平台所在的云计算服务器需要安装在专业的数据中心机房内，教师和学生应该普及智能手机和笔记本电脑等终端，并能够随时随地稳定快速地接入慕课平台；教师和学生对"互联网+"教育教学以及信息化时代教学和学习的新理念、新思维有一定程度的认识和理解，能够适应教学流程重构和翻转对教师和学习者提出的新要求，能够主动调整自己在传统教学和学习模式中的习惯思维和行为，积极融入混合教学的新模式之中；作为教务管理部门而言，在基于慕课的混合教学的教务管理过程中必须继续提高管理的信息化水平，努力消灭数据孤岛，跨越数字鸿沟，重构教务管理规则和流程，避免传统教务管理中的一些规定和流程原样照搬到混合教学的管理之中，以免造成生搬硬套影响慕课混合教学开展

的不良后果。

另外,混合教学中的教学绩效考核制度和教学质量评价体系也与传统教学评估的指标和模式存在较大的差异,需要教务管理部门与时俱进,研究制定混合教学的考核和激励机制,从制度上推动基于慕课的混合教学在学校教学中的应用普及与深入发展。

由于基于慕课的混合教学是对传统教学模式的流程重构,不仅仅是简单的信息技术应用,必将触动教师的传统教学观念和工作模式,甚至是触动教师的个人利益,这些问题与技术问题交织在一起,使慕课教学模式的施行势必会遇到一系列问题和阻力,因此学校教务管理部门和教学单位的首要工作目标应该是区别并梳理各种矛盾和问题,对症下药,多管齐下地予以逐步解决,切忌以点带面,放大次要矛盾而忽视或回避主要矛盾,从而使问题复杂化,导致关键问题更加难以处理。

在基于慕课的混合教学模式的应用过程中,很多学校常见的一个认识误区是将慕课教学模式等同于某一个慕课平台,这种认识的实质是本末倒置,完全曲解了慕课教学模式存在的目的和意义。诚然,一个稳定、可靠、资源丰富的慕课平台是开展慕课混合教学的基础,但换一个角度思考可以很容易得出结论,慕课是一种新型的教学模式,并不是一个特定的课程平台或软件,应该从更高层次进行教学模式设计,也就是说,应该先根据教学目标来确立慕课混合教学的思路和模式,再来寻找和组织合适的慕课资源应用于教学,而不是围绕一个特定的慕课平台软件来进行教学设计,将对特定平台或软件的使用等同于慕课教学。

或者进一步说,即使没有现成的慕课平台,慕课混合教学也应该可以通过教师搜索、选取互联网资源或自己录制课程视频来开展,因此对慕课混合教学的正确认识和教师提高教学质量与效率的内驱力才是推动慕课教学的核心因素,在此之上,学校只有积极完善外部环境和条件,多方并举,多管齐下,才有可能形成合力,促使慕课混合教学顺利施行。

(二)慕课混合教学的制约因素

制约基于慕课的混合教学推广应用的因素有很多,其中一个突出的问题是当前的教学现状导致教师对信息化教学改革的积极性和参与度不高,具体的原因包括:当前的职称评定考核以科研学术水平为导向,虽然很多学校也试图通过教师教学能力评比等手段促进教师对教学的重视,但总体而言,当前教师对教学的重视程度普遍不足;与公办基础教育对教师从事非职补课进行严格限制相比,对教师兼职授课普遍采取默许或鼓励的态度，使得很多教师在完成教学本职工作量之外还要到其他学校兼职授课，因此对本校教学的时间精力投入非常有限；部分教师的教学内容和教学形式非常固化，课堂教学基本就是通过PPT和投影照本宣科，将课程教学工作量狭隘地等同于课堂教学课时，内心抵触慕课等教学信息化发展带来的教学流程重构，以维持现状作为教学工作的主要诉求，几乎没有任何的教改积极性。

以上这些问题往往会与慕课平台的技术问题、网络问题、教务管理制度问题。师生信息技术素养问题等交织在一起，使得基于慕课的混合教学在推行面临复杂的问题和挑战，需要教务管理部门、教学研究部门、教学单位、信息技术部门等单位紧密合作，相向而行，形成合力，逐一梳理才有可能逐步解决并不断完善。

（三）慕课混合教学的要求

基于慕课的混合教学与传统的网络教学辅助平台应用最大的区别是，基于网络平台的教学主干流程替代了传统的以课堂教学为主干的教学流程，网络应用已经由课外的辅助应用变成了贯穿混合教学流程始终的主线，因此在基于慕课的教学系统中，对慕课平台和网络环境等技术支撑环境，以及对所有教学参与者的信息技术素养的要求都比以往的传统网络辅助教学提高了一个甚至若干个层次，因为对网络化教与学的应用已经由可选的、弹性的需求变成了必需的、刚性的需求，这对所有教学参与者的信息技术素养都提出了更高的要求，也是所有教学参与者在慕课时代面临的重大挑战。

因此，在实施基于慕课的混合教学之前有必要对所有教学参与者进行相应的信息技术强化培训，并且建立系统的信息化教学运维支撑体系，在教学过程中持续地为师生提供技术支持服务，从而潜移默化地提升师生的信息技术素养。

基于慕课的混合教学所必需的信息技术素养至少包括：熟练使用各种终端访问慕课平台，包括学校教学环境中的教室电脑和公共机房电脑，以及个人的笔记本电脑、平板电脑、手机等移动终端；学习并掌握互联网相关的法律法规，具备网络安全意识，在基于网络的学习过程中注意保护个人账号和数据，同时不要在教学和学习过程中发布违反法律法规的内容和信息；掌握一些基本的网络技术，包括各种环境内的网络接入，如学校的校园网认证上网和 WiFi 接入、家中的宽带接入、VPN 接入、运营商的移动网络接入等，并能够对网络故障进行一些基础的简单调试，例如，查看操作系统的网络连接属性、查看是否获得了正确的 IP 地址,能够通过 ping 命令和网速测试软件判断网络是否畅通、是否稳定等;在自己的个人电脑和移动终端中确保系统安全,坚持使用正版软件并保持更新,避免使用可能包含木马的盗版软件,随时保持操作系统自动更新并定期手动检查,在系统中安装安全防护软件并定期扫描等;理解当前互联网的主流已经从传统基于 PC 网页浏览器的网页;全面过渡到基于跨平台,响应式,多终端兼容的移动网页,因此首选的网页浏览器应该是对 HTMIS 和 JavSeript 支持较好的现代浏览器,这些浏览器包括但不限于 Google Chrome、Safari、Firefox、Edge、大部分 Android 和 iOs 智能手机和平板中的 Web 浏览器等,如果选择其他浏览器时应该了解该浏览器是否兼容 Chrome 或 Webki,避免使用老式的、长期不更新的 IE 浏览器;掌握一些基础的互联网内容和资源开发技术,了解网页的构成元素,清楚适合在互联网中传播的媒体格式,特别是教师除了使用慕课平台中现有的课程视频资源外,建议所有教师都掌握手机录像剪辑和 Catasia 等录屏软件的操作,从而能够由个人录制一些微课发布给学生作为慕课课程的补充内容,真正体现混合教学的意义和价值。

(四)慕课混合教学的目的和意义

时刻保持对混合教学目标的清醒认识,是确保慕课混合教学按照教学规律顺利推进和发展的重要前提。目前一些在引入混合教学的过程中或多或少都有追新、赶潮流的跟风心理,但不管出发点如何,都应该时刻反思慕课混合教学的作用和意义,一切以提高教学质量这个根本目的为核心,积极整合各种资源为教学服务。

具体而言,慕课首先为学生提供了优质的学习资源,这对帮助学生掌握学科课程知识,扩展学生的视野肯定有莫大的帮助。其次,慕课混合教学模式极大地压缩了本校教师的课堂讲授式课时,并通过信息化、网络化的软件平台和工具提高教学管理与教务数据处理统计的效率,总而言之,就是将教师从循环往复的机械性教学流程中解脱出来,给予教师更多的时间与空间来组织更加深入、更加丰富的教学内容。在教学效率提高后,节省出来的时间用来干什么,应该是每一位参与慕课混合教学的教师都应该思考的问题。

自古以来,我国的传统教育理念就强调"因材施教"的重要性,"因材施教"是宋人对孔子教学方法的概括,程颐说:"孔子教人,各因其材。"朱嘉写道:"圣贤施教,各因其材。小以小成,大以大成,无弃人也。"简而

第五章　教育信息化背景下高校英语教学的模式建构

言之,"因材施教"的核心思想就是承认并正视学生的差异性,在教学过程中根据不同学生的特点有针对性地进行教学,最终的目的是启迪学生,充分发挥学生的潜力。"因材施教"的提出已有上千年的历史,道理也非常简单,但在传统教学中一般很难实施,特别在当今教育规模飞速扩大的时代,教师机械性地完成讲授式课堂教学,再做一些作业和试卷批改,最后完成成绩统计上报等教务工作,基本就占用了100%的教学工作时间,要想因材施教几乎没有时间和空间条件。因此,推行慕课混合教学是在信息时代实施因材施教的重要途径,教师从机械重复的教学工作中解脱出来所节省的时间和精力,完全可以充分投入到因材施教的差异化教学工作之中,这在高等教育,特别是通识教育课程中就显得更为重要。

学生,特别是需要学习通识教育课程的低年级学生,正处于从基础教育阶段的应试教育思维向高等教育阶段的实践思维、批判性思维、创新性思维过渡的关键阶段,通识教育课程的选课学生往往来自不同的学院和专业,文理科专业背景也不同,知识结构和学习能力差异也很大,这就更需要教师根据学生的专业背景和知识结构对学生分门别类,有针对性地组织教学内容,布置相应的学习任务。在分类教学的基础上,还可以给予学生更多的人文关怀,根据学生的个体特点,进一步一对一地进行在线或面对面的教学辅导。

需要特别注意的是,慕课混合教学模式通过提高教学效率节省出的教学劳动时间,仅仅是为提高教学质量和精细度提供了一种可能性,具体是否能够真正起到实效,还要看学校和教师是否都有充分的认识并付诸行动,只有教师能够潜心教学,追求教学质量的提升,校方能够积极创造保障条件支持教师投入教学,多方相向而行,形成合力才能产生效果,否则很有可能沦为通过慕课来应付教学工作的投机取巧之举,最终只会因偷工减料而造成教学质量下滑。

(五)慕课混合教学的常见认识误区

慕课的出现和发展与以往的一些信息技术对教学的影响有着很大的区别,在过去电视、电脑、多媒体、互联网等信息技术产生并进入教学领域时,教育界对其都有或多或少的顾虑和争议,但从来没有像当前慕课的出现一样引起轩然大波,教师对慕课的看法和观点可以说是出现了两极分化,除一部分教师认为慕课可以提高教学质量和效率,因而主动接受、参与并开展基于慕课的教学外,还有相当数量的教师对慕课抱有负面的看法和抵触的情绪,甚至在一定程度上对慕课产生了恐慌和焦虑。这些恐慌和焦虑一方面源于对慕课的误解和片面的认识,另一方面源于对慕课的抵触心理。具体来说,对慕课常见的认识误区包括以下几种。

1. 替代论

这是一种非常有代表性的论调,随着当前智能化设备的快速发展,很多传统的手工劳动正在被智能设备所取代,而当前人工智能和大数据技术的发展,又对很多传统的脑力劳动造成了极大的冲击,因此"慕课将取代大部分的教师"这种论调在一部分教师之中很有市场,使得很多并没有认真认识思考慕课的教师先入为主地接受了这种替代论的观点,从而加深了对慕课的误解和忧虑。

替代论的出现有着深刻的内在原因,那就是的确有相当一部分教师的日常教学工作实质是机械性地照本宣科,这种层次的教师的确会受到慕课相当大的冲击,然而这种恐慌和危机感并不是慕课带来的,而是这些教师自身教学存在问题所导致的,即使没有慕课出现,照本宣科式的课堂教学也是不受学生欢迎,不被社会所认可的,长期来看是不可持续的,慕课的出现只是进一步凸显了这些教学顽疾。

然而教师恰恰是最难以被人工智能取代的职业,因为真正能够指点和启迪学生思维的教师,面向的应该是对学生的创造力和创新思维的培养,这完全不会是机械性地重复劳动。因此,要跳出替代论的认识误区,一方面需要向相关教师普及慕课的概念与机制,宣传慕课的积极作用与价值,另一方面也要通过慕课的应用来倒逼教师正视教学工作,转变教学工作态度,提高自身作为教育工作者的职业素养。

2. 助教论

持这种论调的老师认为,开展基于慕课的教学,将使自己从教师沦为助教,自己的教学主导性将无法得以体现,最终导致自己被边缘化。助教论主要存在于专业课教师之中,因为在基础教育的学校中,教师开展教学往往在教育局和学校教研室的指导之下,按照相对统一的标准开展教学。而在高等教育中,除了公共教学课程的统一度较高外,绝大多数的课程均以任课教师为主进行教学,这种以教师为中心的教学模式使得很多教师片面地认为慕课混合教学的实施会使教师的地位发生动摇,从而产生心理上的落差。

如果冷静地分析之后很容易看出,助教论的实质是替代论的一种变形,归根结底还是认为慕课将替代教师。但如果换一个角度思考,只要教师能够回归从教学目的和目标的角度看待问题,这种所谓教师被边缘化的情况并不存在。

第五章 教育信息化背景下高校英语教学的模式建构

首先,慕课中课程资源实质就是类似传统教学中使用的统编教材,绝大多数的教师都是用统编教材进行授课,并不一定都是自编教材。

其次,即使慕课课程资源中的内容不能完全满足本校教学的需求,教师也可以通过混合教学设计和组织补充的教学内容,并且需要在教学过程中持续对学生进行个性化的辅导,因此教师的作用并没有被削弱,从某种意义上来看应该是强化了教师的作用,解决了传统教学中的一些弊端,也就是说慕课混合教学最终的模式应该是"以学生为中心,以教师为主导"。

3. 费事论

部分教师认为推行慕课混合教学改变了教师习以为常的教学方式,增加了教师的工作量,内心对慕课相当抵触。这部分教师的心态主要源于两个方面的因素:一是认为对于教师开展慕课教学增加的工作量校方应该予以经济补偿;二是对慕课混合教学的工作量投入存在误解。从短期来看,教师刚进行慕课混合教学时需要投入的时间和精力与传统教学相比可能会成倍地增加,但在经过一轮或一个学期的教学后,混合教学的模式基本建立,教学模式已经可以稳定运行,这时教师的工作量会大幅下降,直到降到比传统教学工作量还低的水平线。

所以从长远来看,慕课混合教学是能够帮助教师大幅提高教学效率的,至于教师要求的经济待遇问题,则需要校方从多个方面予以解决,总体而言应该既有鼓励措施,又有倒退措施,只有多管齐下才有可能妥善解决教师的诉求。

4. 省事论

部分教师对慕课持非常乐观的态度,原因是他们认为慕课可以极大地减少教师的教学工作量,可以腾出大量的时间去做一些"自己的事情"。这种想法的实质是认为采用慕课教学后,教师可以不再讲课,甚至可以不再关注教学工作,这其实是非常值得商榷的,或者说是非常危险的。因为教师的天职就是教学,如果不能长期坚持这一主业,最终的结果仍然是难免被边缘化的。所以省事论看似是对慕课持支持的态度,实质还是一种替代论,如果坚持这种观点的话,最终还是要走向慕课的对立面。

5. 无关论

与以上一些态度鲜明的观点相比,更多的教师其实对慕课并没有太多的认识和看法,这部分教师作为"沉默的大多数"几乎没有意识去了解和思考慕课的意义和影响,更多的是抱有一种"以不变应万变"的心态,在教学中维续延续自己习惯的教学方式。作为慕课混合教学改革而言，能够让更多教师理解并融入新的教学模式才是教改工作的重点。因此各个学校应该加强对广大教师的宣传普及，并结合本校实际尽快出台一些鼓励支持政策，吸引这部分对慕课缺乏了解的教师去认识慕课，理解慕课，运用慕课，从而让教学改革全面铺开并健康发展。

(六) 慕课混合教学的技术支持要素

基于慕课的混合教学在高校中的实施是一个复杂的系统工程，因此需要教务管理部门、教学单位、信息技术部门等各方密切配合才能顺利开展，在此过程中各方参与者既要分工，更要合作，但无论面临哪些具体工作，有一个原则必须自始至终全程遵循，那就是必须将固定的、机械的、重复的工作流程程序化，并通过计算机执行，而教学过程的所有参与者，也就是人，应该去做复杂的、创新的、迁移变化的工作，简单地说，就是"机械的事交给机器，人应该做人做的事"。

具体来说，在基于慕课的混合教学中，有两项必备的系统功能需要从技术平台构建时就予以解决，否则会严重影响到后期慕课混合教学的正常开展。

(七) 慕课混合教学的门槛要求

推进基于慕课的混合教学的应用与发展，需要建立全方位的保障体系，除了学分政策、技术平台、网络环境、教学设施设备能保障措施外，还需要重点考虑建立鼓励教师参与混合教学的配套激励政策。实践经验表明，所谓的激励政策更确切的表述应该是混合教学工作考评机制，不能片面地强调激励，更应该以教师教学理念的转变为目标，多管齐下倒推教学理念和教学模式转变，从而避免出现"有钱才干，没钱不干"的窘境。

另外，校方也应该对主动接受慕课教学模式，积极开展慕课混合教学的教师及时给予工作量认定和多层面的鼓励，以免出现"干了白干"的尴尬，以至于教师的积极性受到打击。

当前对于开展基于慕课的混合教学的一个常见的错误认识是，认为慕课混合教学必须前期进行大量的经费投入才能开展。这种错误观念非常容易导致一些起点较低的学校贻误发展时机。诚然，构建完整的慕课混合教学需要先期建立完善的信息化教学环境，包括校园网网络、云计算数据中心、慕课平台和课程资源、电脑教室等，每一项都需要巨额的投入，使得开展慕课教学门槛看似很高，让很多学校感到望而却步。

第五章 教育信息化背景下高校英语教学的模式建构

　　然而,慕课教学的门槛也可以极低,甚至可以说人人皆可参与,因为从慕课诞生的那天起,就一直存在两种发展路线:一种是以 Counsera、edx.、Udaeity 等大型慕课平台为代表的高等教育学历学分认定体系;另一种就是以可汗学院为代表的教学资源共享体系。

　　所以,当前任何学校无论其信息化教学条件如何,都可以通过可汗学院的模式进行基于慕课的混合教学,教师和学生可以直接访问互联网慕课平台的资源,教师可以用一些简单的设备和工具,比如手机、摄像头、Camtasia 录屏软件等录制自己的授课视频。再将视频上传到优酷等开放的视频网站,并利用 QQ、微信等免费的实时通信工具与学生进行线上的教学交互。简而言之,慕课是一种教学思维与理念,并不等同于昂贵的设备和软件平台,只要学校和教师真正有开展慕课教学的意愿,随时都能够低成本、低门槛地迈出第一步,如果举步不前,一味等待资金投入,那么必将丧失发展良机,与先期已经开展慕课教学的学校的差距只会越拉越大。

第六章 教育信息化背景下高校英语基本技能教学的理论建构

众所周知,听、说、读、写、译是重要的五项技能,听力与阅读属于语言输入技能,口语与写作属于语言输出技能,而翻译是一项综合技能,五项技能在语言交流中起着非常重要的作用。这就要求在高校英语教学中,应该重视五项技能的教学。而在教育信息化背景下,听、说、读、写、译五项技能开拓了新的教学模式与手段。基于此,本章就对教育信息化背景下高校英语基本技能教学的相关问题展开分析和探讨。

第一节 教育信息化背景下高校英语听说技能教学

一、教育信息化背景下高校英语听力教学

(一)听力与听力理解

随着听力的作用逐渐凸显,很多应用语言学家提出听力时语言学的重要手段,并且开始了对听力的研究。

罗宾(Rubin,1995)认为,"听是一个包含主观能动性的过程,它涉及听者信号的主动选择,然后对信息进行编码加工,从而确定正在发生的事情以及发话人想要表达的意图。"[1]

听力理解就是利用大脑中已有知识,对听力材料进行正确的理解,是一个从语音信号识别到语义构建的极复杂过程。安德森(Anderson,1988)指出,在听力理解过程中,听者起着十分关键的作用,而并非单纯

---

[1] Rubin, J. An Overview to "A Guide for the Teaching of Second Language Listening" [A]. A Guide for the Teaching of Second Language Listening[C]. D. Mendelsohn & J. Rubin. San Diego, CA: Dominie Press, 1995: 7.

第六章　教育信息化背景下高校英语基本技能教学的理论建构

地接收信息,他们会激活和运用大脑中的各类知识来理解说话者想要表达的真正意图。可见,听力理解是听者为了达到理解语言的目的,积极运用各种背景知识对声音信号进行识别、筛选和重构的复杂心理过程。

肯尼思(Kenneth,1976)对听力理解的过程进行研究,认为其包含五个阶段,即辨音阶段、信息感知阶段、听觉记忆阶段、信息译码阶段、语言运用和存储。在经历了前面四个阶段之后,听者就可以获取新的语言知识,进而对它们进行运用与存储。

理查德(Richards,1983)认为听力理解过程要经历三个阶段:确定语句的命题、理解说话人的意图、激活相关的知识。听者要通过说话者的字面意思,同时激活大脑中与说话者人所说内容相关的文化背景知识,来理解说话人的真实意图。可以看出,听力理解包含两层含义,一是将接收到的语音、语法等信号组成可理解的句子;二是透过字面意思理解谈话的真正意图,即谈话的交际功能。

就英语听力而言,其是英语听力理解的简称。樵秋春、李诗和(2007)认为,英语听力理解是有目的地运用储存在大脑中的英语语言知识对耳朵接收到的新信息进行选择、整理和加工,最终获得新的英语语言认知的过程。黄旭琳、黄清贵(2016)指出,英语听力的本质是人们利用听觉器官对英语语言信号进行接收、分辨、归类、整合、内化、理解的过程。

基于英语听力理解,英语听力教学绝不只是单纯地听清某一个音,听懂某一个单词或句子,而应该培养学生的语言技能,要求准确理解说话者的意图并进行无障碍的交流。李泽锋(2012)认为,英语听力教学是教师引导学生领会知识技能,从而建立认知的过程。这一过程与学生的知觉、思维和记忆等因素密切相关。总体而言,英语听力教学的主要目的是培养学生的英语听力能力和综合能力,并且以此为中心来开展各种教学活动。

(二)高校英语听力教学的现状

尽管高校英语教学深受重视,而且随着教学改革的深入有所发展,但是在教学中学生"听不懂、说不出"的问题依然存在。因此,有必要对高校英语听力教学中存在的问题进行分析,以便有针对性地解决这些问题,促进高校英语听力教学的发展。

1. 教师层面

(1)课程设置处于弱势地位

在整个高校英语课程设置中,听力教学处于弱势地位,受关注的程度并不高。在多数院校中,高校英语的周学时为4小节,但教师常常将教学中心放在精读课上,部分院校甚至将听力课与口语课相融合,变成听说课,从而稀释了听力课的学时,这使得听力教学课时难以保障,学生听力能力的培养也难以保障。

（2）教学目标有所偏离

高校英语教学中设置了大学英语四、六级考试,这本是为了激发学生的学习兴趣,培养学生的英语能力而设置的,但有些教师将通过考试作为教学的指向标,从而忽略学生听力能力和跨文化交际能力的培养。基于这样的目标,在时间有限的课堂中,教师常会将听力教学沦落为题海战术,这样不仅使学生感到枯燥乏味,而且很难真正提高学生的听力能力。

（3）教学模式僵化

受课程设置不合理、教学目标偏离、受重视程度不高等影响,现在的高校英语听力教学存在教学模式僵化的问题。很多教师将主要精力放在教学任务的完成上,忽视对教材的整体把握,缺乏对学生的有效指导,甚至目标不明确,只是机械地、一遍遍地播放录音,学生只能被动、盲目地听,这使得听力教学拘泥于"听听录音、对对答案,教师解释"的单一模式。在这种教学模式下,不仅课堂氛围沉闷,而且学生的学习积极性不高,学生的听力能力更是难以得到锻炼。

2. 学生层面

（1）基础知识积累不足

现在,尽管听力教学受到了学生的重视,但是很多学生的听力水平不高,这很大程度上源于学生基础知识积累不足。一方面,学生缺乏必要的语音知识,对音节、连读等掌握不牢固,加之词汇量积累有限,欠缺语法知识等,这些都会对学生的听力理解造成影响。另一方面,学生缺乏良好的英语学习环境,对此学生很难对英语音调、韵律等具有敏感性。由于基础知识积累不足,学生的听力能力将很难得到提高。

（2）对听力缺乏兴趣

由于教学方式的单一性和听力本身的复杂性,很多学生对听力学习缺乏兴趣,甚至从心理上对听力产生抵触兴趣。这种抵触兴趣会进一步降低学生参与听力活动的积极性,甚至是应付听力学习,使得听力学习收效甚微。

（3）学习形式单一

受传统教学模式的影响,学生在学习英语听力时,十分依赖教师的教学,依赖于学校规划和课程安排,进而导致自主学习听力的能力较低,在英语听力上得不到成就感,学习兴趣降低,最终整体学习效果不佳。此外,学生跟随教师的课堂讲解,不利于学生建立个性化的英语知识框架和体系,不利于学生自主学习能力的提升。

(4)缺乏英语文化知识

语言与文化密切相关,很多听力材料中都渗透着文化知识。很多学生无法准确理解听力内容,部分原因就在于缺乏必要的文化背景知识。对此,学生在听力学习中不仅要学习听力技能,还要学习文化知识,了解英语国家的历史文化、思维方式等,掌握中西方文化间的差异,这样才能为听力学习扫清障碍,提高听力水平。

(5)缺乏英语听力环境

我国学生是在汉语环境下学习英语听力的,而且主要通过教材和课堂来学习英语听力,学生在课本上学到的英语都是规范英语,教师在教学中为了便于学生理解,常会放慢语速,而使得语流失去了正常的节奏。但在英美国家,人们在实际交际过程中使用的语言具有很强的口语化特征,常使用口语化表达。而在课堂教学中,这种口语化的语言很少出现,学生接触不到地道的英语表达,也就很难确实提高英语听力能力。

(6)不善于利用课余时间

课堂教学的时间是有限的,因此对课堂教学起着补充作用的课余时间的利用率直接影响着学生的听力水平。但是在实际学习中,学生并没有充分利用课余时间。很多学生没有制订自己的学习计划,只是依靠课堂教学,但课堂教师是面向全体学生的,是针对学生的平均水平制订的,并不能满足学生的个性化需求。如果制订适合自己的学习计划,并充分利用课余的零散时间,将英语听力学习与日常生活相结合,对提高英语听力水平将起到事半功倍的作用。

(三)高校英语听力教学的原则

1. 兴趣性原则

听力能力的提高需要一个过程,不能一蹴而就,而且需要不断的练习和努力,很多学生由于自己听力能力不佳,加上进步缓慢,因此对听力学生缺乏兴趣。可见,兴趣对于英语听力学习至关重要,对此教师在开展高校英语听力教学时要有意识地激发学生的兴趣,也就是遵循激发兴趣原则。具体而言,教师在进行听力教学之前,首先要充分了解学生的兴趣所在,即了解学生对那些听力活动和听力内容感兴趣,然后以此为依据来调整教学内容和教学方法激发学生的听力兴趣,调动学生的积极性,进而提高学生的听力水平。

2. 情境性原则

听力是交际的重要方式,学生只有在自然、真实的环境中,才能与环境产生相应的互动,获得真实的语言体验。很多教师往往都有这样的感受,即教师竭尽全力鼓励学生参与课堂获得,但学生依然对听力学习缺乏积极性,课堂教学沉闷。实际上,良好的课堂氛围需要师生共同营造,教师应该与学生积极沟通,充分发挥自己的主导作用和学生的主体作用,应在活跃、自然、民主的课堂环境,创建英语语言情境,进而培养学生的听力能力。

3. 综合性原则

英语包含四项基本技能,即听、说、读、写,这几项技能之间并不是相互独立的,而是密切联系、相互促进。所以,教师要想切实提高听力水平,就要重视听力与其他技能之间的关系,将输入技能训练和输出技能训练相结合,培养学生的综合英语能力。

4. 情感化原则

在教学中,教师除了要注重学生学习本身外,还要重视学生的情感体验。具体而言,教师要创造一个轻松、愉快的课堂环境。例如,教师在听的过程中可以穿插一些幽默小故事、笑话、英文小诗、英文卡通或英文歌曲等,也可以根据实际情况改变听的形式或更换听的内容等,努力消除学生因焦虑、害怕等产生的心理障碍,创造和谐的学习氛围,使学生获得良好的学习体验,进而提升学生的听力水平。

5. 多样性原则

学生的听力培养途径主要是在课堂上听教师进行讲解,因此在听力教学中,教师可以控制自己的语速,从简单到复杂地进行讲解,并且鼓励学生勇于表达自己的观点,这样有助于学生积极参与其中。

另外,教师应该考虑不同的教学目标,选择多样化的教学模式。例如,如果教师是为了让学生区分语音,那么教师可以为学生提供一些发言相似的单词,让学生多听,进而区分这些语音。如果教师是为了让学生对主旨大意进行归纳,那么可以考虑让学生用母语作答,这样可以降低学生学习的难度。

6. 文化背景融入原则

语言与文化密切相关,很多英语词汇、短语、句子等都蕴含着丰富的

第六章　教育信息化背景下高校英语基本技能教学的理论建构

文化信息,如果不了解语言背后的文化信息,将很难理解其内在含义,更无法有效进行交流。可以说,很多听力材料背后都蕴含一定的文化知识,学生如果没有掌握必要的文化背景知识,即使听懂了个别甚至全部语句,也不一定能完全理解材料所隐含的深层文化含义,进而影响对材料的准确理解。因此,在高校英语听力教学中,教师必须重视强化学生的英美文化背景知识,提高学生对文化知识的敏感度。

（四）教育信息化背景下高校英语听力教学的优势

与传统的高校英语听力教学相比,教育信息化背景下的高校英语听力教学有着如下几点优势。

1. 体现"以人为本"

根据素质教育的要求,教学应该面向全体学生,目的是为了提升学生的综合素养。在高校英语听力教学中,教育技术的运用可以将"以人为本"理念体现得淋漓尽致。例如,在多媒体语音教室中,教学内容不再仅仅依靠单一的教材,而是采用多种技术,从自己的需求出发对教学内容进行选择,选择那些他们容易理解但是又稍高于自身水平的语言输入,通过不断学习与内化,转化成自身的语言能力,进而不断提升自身的听力水平。

2. 突破时空限制,改变传统听力教学模式

信息技术的丰富性与共享性,对于传统的教学资源而言是一种冲击,课程资源不仅仅体现在纸质书本上,还会包含一些网络资源,甚至一些音像制品。这就是说,在教育信息化背景下,教学内容不应该仅限于课本内容,学生的学习也不仅限于被动的学习,而是要转变成主动的学习。

信息技术体现的是一种随时随地的技术,学生可以从自身需要出发,随时随地进行学习,对自己的学习进度、学习内容加以掌控。课件的形式呈现的是图表形式或文本形式,这从视觉层面来说,可以让学生更为舒服,也营造出一种真实的语言氛围,对传统的教师与学生的单向传导加以改变,转化为教师与学生、媒体之间的交互传导。基于教育信息化的背景,教师再也不是知识灌输者,而变成了教学的辅助者、启发者。

（五）教育信息化背景下高校英语听力教学的方法

1. 掌握基本的听力技能

听力的有效进行是需要一定的技巧的,因此在高校英语听力教学中,

教师应运用信息技术向学生介绍几种常用的听力技巧。

（1）听前预测

在进行听力之前，进行一定的预测是很有必要的。在教学中，教师可以指导学生在正式听听力材料之前，先浏览一下听力问题，据此预测听力测试的范围，如地点、时间、人名等，这样可使听力更具针对性。

（2）抓听要点

在听的过程中，要学会抓听要点。也就是抓听交际双方言语活动中的主要内容、主要问题、主题句和关键字等，对于一些无关紧要的内容则可以不用重点去听。

（3）猜测词义

听力过程中不可能听明白每一个词，而且有时难免会遇到陌生的单词，此时如果停下来思考这个词的意思，就会影响整个听力材料的理解。这时可以继续听，通过上下文来猜测词义，这样既不会中断思路，也能流畅地理解听力材料内容。

（4）边听边记

听力具有速度快和不可逆转性的特点，听者在有限的时间内不可能听懂和记住所有的内容，此时就需要借助笔记来辅助听力活动，也就是边听边记录。听力笔记不需要十分工整，主要听者自己能看明白就行。

2. 在听力教学中进行文化导入

（1）通过词汇导入

在信息技术的辅助下，高校英语听力教学中教师应该通过词汇向学生导入文化知识，不仅可以提高学生的文化意识和素养，还能丰富学生的词汇量，为听力能力的提高奠定基础。例如，"狗"这一动物在中国文化中多具有贬义色彩，从"狗腿子""狗拿耗子"等表达中就能看出，而在西方文化中，dog深受人们的喜爱，被人们当作好朋友。在听力教学中，有意识地扩大学生的词汇量，丰富学生的词汇文化知识，将对学生听力能力的提升大有裨益。

（2）通过网络多媒体导入

现代信息技术的发展促使网络开始普及，而且在各个领域发挥巨大作用。在信息化时代，教师可以充分利用多网络技术向学生输入文化知识。

3. 观赏影片展开听力教学

英语电影能够营造真实、生动的听力环境，而且能够帮助学生更好地了解西方文化，从中体会中西方文化差异，进而提高跨文化交际能力。

第六章　教育信息化背景下高校英语基本技能教学的理论建构

因此,将英语电影运用于高校英语听力教学,可有效激发学生的学习兴趣,提高教学的效率和学生的听力水平。具体而言,可采用以下步骤开展教学。

（1）观赏影片前

在观赏影片之前,教师和学生需要做一些准备工作。这些准备工作是指,在选定影片之后,教师要为学生布置好与电影主题相关的作用,鼓励学生在课下通过网络搜集一些与电影背景相关的信息,通过此方式加深学生对影片的了解。在临近观看前,教师要对影片的相关内容进行介绍,并提出相关的拓展学生思维的问题,如影片中有哪些俚语以及主角爱好等,这样能够引导学生带着问题和好奇心去观看影片。在准备工作完成之后,学生在了解影片的基础上,边观看影片边解决问题,以期达到更好的学习效果。

（2）观赏影片中

在观看影片的过程中,教师可选择和运用影片中某个经典的片段的放映来指导学生进行精听。精听要求学生听清每一个词、短语和句子,清楚每一个情节。通过精听,教师可以更好地引导学生学习影片中的语言。在精听的同时,教师还可以采取泛听的方法,让学生了解影片的故事梗概。此外,在播放影片的过程中,教师可以根据学生的英语水平和影片中的相关内容适时暂停影片,提醒学生影片中的一些关键对话,辅助讲解一些俗语、委婉语、禁忌语等,同时分析其中所涉及的中西方文化差异,帮助学生掌握语言精华,培养跨文化意识。

（3）观赏影片后

在影片结束之后,教师可以有针对性地进行扩展活动,即选择影片中的经典情节,组织学生进行角色扮演,从而巩固学生的听力水平,锻炼学生的表达能力,提高学生发音的准确性,培养学生的语感,同时树立学生的信心,促使学生合作学习。另外,教师可以鼓励学生谈论影片的主题及意义,引导学生撰写影评,这样可以巩固学生通过影片所学的词汇、语法等知识的运用,进而提高学生的听力水平。

总体来说,英语电影语言丰富,情节生动,深受学生的喜爱,将其运用于高校英语听力教学,将能够为学生营造一个真实的语言环境,锻炼学生的听力能力。但是需要注意的是,采用电影辅助法开展高校英语听力教学,在选材上要多加留意,要选择那些语音纯正、用词规范、内容健康的经典影片,这样才能让学生学到地道的英语表达,提高学生的听力水平。

4. 将游戏融入听力教学

高校学生"说不出,听不懂"的问题依然是高校英语听力教学中的重要问题,而基于信息技术的发展,游戏教学法成了听力教学的突破口。游戏教学法寓教于乐,能有效激发学生参与听力教学的积极性,促使学生实现知识能力的自我构建。

(1)设计学习目标

具体而言,学习目标的设计涉及以下三个问题。

其一,交互式游戏教学环境的构建问题。

其二,学生参与交互式游戏教学的积极性和主动性问题。

其三,交互式游戏教学的效果问题。

(2)分析教学对象

在开展游戏教学时,还要对教学对象,即学生进行分析,了解学生的学习需求、学生感兴趣的内容等,进而实施因材施教,确保教学效果。

(3)游戏教学的设计和应用

《王者荣耀》这款游戏深受广大学生的喜爱,对此教师可以依据这款游戏来开展高校英语听力教学。具体而言,教师可根据游戏中玩家写作和竞争的模式,设计角色扮演的游戏教学程序。

5. 混合式听力教学

(1)充分利用 TED 资源

TED(technology, entertainment, design)是美国的一家机构,宗旨在于用思想对世界加以改变。TED 演讲的领域从最开始的娱乐领域、技术领域等逐渐向各行各业拓展。每年的 3 月份,TED 大会在美国召开,其中参加的人物涉及商业、科学、文学、教育等多个层面,将它们对这些领域的意见和建议进行分享和探讨。TED 官网的思想性、可及性等为混合教学提供了具体的借鉴。

第一,为英语听力技能混合式教学提供了大量真实的预料,这与传统的音频存在较大差异。传统教学中学生上课接触的预料大多为本族语为母语的优秀英语人才录制而成的,虽然也是保证了语音的纯正性,但是改变了交际的真实性。

第二,如前所述,演讲的主题涉及各个领域,这与语言学习是一部百科全书的观点有着相似性,因此就有助于用于英语听力教学。

第三,演讲者都是各个领域的一些杰出人物,传达的思想具有前沿性,这有助于提升英语学生的思辨能力。

第六章　教育信息化背景下高校英语基本技能教学的理论建构

第四,TED官网上发布的视频多控制在15分钟之内,是较短的视频,最长的也不超过20分钟,这与当前的慕课、微课教学模式相符,也符合英语听力技能的混合式教学。

第五,演讲者是从各地来的,各种真实的情境可以让学生感受到手势、眼神、语速、重音等的运用。

第六,TED官网的视频虽然没有字幕提示,但是在下面会设置独立的互动文稿,并将演讲者的话语显示出来。这便于学生对听的方式进行选择,可以是纯视频的形式,也可以是视频+字幕的形式,或者是先观看视频,之后看字幕。

第七,TED官网的可及性可以让学生选择听的时间、听的内容等,学生制订符合自己学习的目标,对内容加以选择、对进度加以控制,实行自控式学习。

TED视频最大的特点在于提供给学生真实的情境,通过这种真实的听,保证了语言形式、思维以及科技的融合。

（2）加入多样化教学工具

①英语歌曲欣赏。在学习的闲暇时间,学生可以欣赏一些英语歌曲,这样可以使自己身心放松,营造自身英语学习的氛围,另外,英语歌曲还可以帮助学生学习其中的一些表达方式,尤其是一些发音的技巧等,有效激发他们学习的积极性。

平时,教师可以引导学生多听一些具有当地文化特色的英语歌曲,也可以选择一些有意义的歌曲,然后教师让学生了解歌词的内容,再通过听写、填空等方式为学生出题,让学生真正地能够听懂。

②英语竞赛视频。在平台上,还会有一些竞赛演讲的视频,学生可以通过这些视频感受其中的语音语调,感受优秀演讲者他们是如何进行演讲和应变的,这样学生不仅可以提高自身的听力,还会掌握一些演讲的技巧。多听一些竞赛的视频,从不同的角度来看待问题,这样可以不断提升学生的听力理解能力。

③访谈视频。一些名人的视频对于学生的听力学习也是非常有利的,学生本身会被一些名人、一些明星吸引,然后通过观看他们的视频,会带着好奇心去听、去看,这样对于提升他们的听力水平是非常有利的。

当然,一般访谈的内容包含多个层面,或者是为了沟通情感,或者是为了讲授生活中的一些有意义的事情,或者是介绍自己的一些经历等,这些都容易引起学生的共鸣,同时还能够从他们的表情、语速中,学到一些听力技巧以及如何处理一些紧急的事情等。

（3）建立多元化考核机制

在评价体系上，英语听力教学要求以学生的专业能力、综合素养等作为教学目标，提倡学生展开自主学习与写作学习，这就要求在评价中必须打破传统的评价方式，即仅采用终结性评价，以教师考核为主。英语听力教学要求采用多元评价考核机制，即教师考评、学生自评、同学互评等相结合，实行终结性评价与形成评价相融合，使学生从被评对象变成主人，而教师从单一的评价者变成评价的组织者。

（4）合理设计听力翻转课堂

在课程开始之前，教师需要布置好音频与视频材料，学生自行听这些材料。在课堂开始后，教师主要负责引导，他们不再是对材料进行详细的讲解，然后给学生对答案，而是将更多的时间为学生讲解听力机能上，然后为学生介绍相关的背景知识。课堂形式的展开方式也可以有很多种，可以使表演形式，也可以是讨论形式等。

教师除了应用教材外，还可以自己录制或者应用他人录制好的音频或者视频，在录制时，设置相应的生词、短语以及句型，并添加一些背景知识，这些对于教师来说不仅可以节省时间，还可以提升学生的学习质量和效率。

教学总是围绕书本内容展开的，学生接触的英语材料是非常有限的，如果他们的语言输入不足，那么必然会对他们的语言输出产生影响，这样长期下去，学生对英语学习就失去了兴趣和积极性。另外，随着网络的发展，网络上有着丰富的教学资源，这些资源对于学生的英语学习也是非常有利的。听力与英语其他科目不同，其学习需要学生进行大量的练习，因此教师可以通过网络平台，为学生搜集相关的音频或者视频资料，让他们展开练习。

教师可以对这些网络资源进行整合，为他们的翻转课堂所用。例如，课堂教师可以从TED网站上选择一些音频或者视频，将视频与任务为学生布置下去，让学生有充足的时间进行观看。还可以从学生的不同程度出发，将学习任务分开，如果学生的水平是初级的水平，那么要求他们听懂大意即可，如果学生的水平是较高水平，可以让学生自己去查找一些相关背景，让他们弄懂正片文章，这样在课堂上他们可以相互讨论，使学生成为学习的主体。

第六章 教育信息化背景下高校英语基本技能教学的理论建构

二、教育信息化背景下高校英语口语教学

(一)口语与口语能力

1. 口语

口语是最直接、最方便、最经济的,同时也是最重要的交际工具。早在人类社会发展的初级阶段,人们就已经对口语形成了初步的认识。随着人类驾驭语言能力的不断提高以及社会发展的迫切需要,人们对口语的认识更加系统化,对口语教学理论的研究也进一步深入。

早在古埃及时期,口语艺术就已经和劝说他人的能力以及借助修辞手段影响他人的能力紧密地联系在了一起。

除了在法律和辩论方面所起的作用,口语艺术在古希腊的政治生活中也占据着举足轻重的地位。古希腊演说家及政治家狄摩西尼斯将强有力的言语形式带入公众的政治生活中,他的名字也几乎和修辞成为同义词,以至于整个文艺复兴也受到他的影响。这一时期流传下来的关于口语艺术的最著名的作品要数亚里士多德的《修辞学》(*Rhetoric*)。在此书中,口语技巧的传授被分解为三个层面的问题,即说话者、听者和言语。此书的成功之处在于综合处理了理论和实际运用的关系,在一定程度上将内容与形式合二为一。早期希腊讲授口语技巧的教师将一些至今仍影响西方辩论模式的关键性理念引入其中,如利用概率的概念作为说服他人的工具,使言语的体系性更强,并利用情感因素说服听众。

随着古罗马文明的兴起和诸如西塞罗、昆提利安等著名学者的出现,希腊的修辞理论长期地在法律和政治领域得到了广泛地运用。而该时期人们对于口语教学的一些早期认识时至今日仍被认为是正确的。虽然人们对于言语的认识自古有之,然而,口语教学真正形成理论是在18世纪之后。

在18世纪,关于言语的研究主要在于如何对语法进行正确的使用。即便如此,优雅的语言逐渐成为人们对语言进行准确使用的目标。在这一时期,出现了语法翻译法,并在18世纪末期盛行,这一方法是用母语来讲述外语的一种方法,在外语教学中,这一方法有着极大的影响力,并在很长的一段时间存在。因此,虽然人们对于口语语言存在着很大的兴趣,但是对当时的教育影响不大。

19世纪,随着语言教学的推进,口语理论也发生了巨大改变,这一改

变尤其体现在欧洲使用的语法翻译理论被19世纪80年代的改革运动取代。改革运动的精髓主要包含如下几个层面。

（1）口语占据第一位，口语教学法在课堂上绝对优先。

（2）把围绕主题的相联系的语篇作为教学的核心。

在这一时期，出现了自然法、谈话法、直接法、交际法等听说领先的教学方法。

到了20世纪50年代，情境教学法在法国兴起，并先后流传于英国、南斯拉夫等国家。随着录音技术的进步以及彩色出版物的出现，以言语作为媒介推进语言学习成为焦点。虽然口语被运用到自然的教学中，但实际形式并不是展开自然的交流，因为要练习语法结构，必然对口语交流进行限制，因此20世纪上半期的口语教学理论实际上是自相矛盾的。

在20世纪70年代，外语教学越来越多地受到了认知理论和社会语言学理论的影响。很多语言学者也认识到，听说法忽视了语言交际的两大层面，其对语言的结构形式过分重视，但是将语言的内容与意义予以忽视；其是枯燥的机械性操作，这就使得句型操练与语境想脱离，不利于学生交际能力的培养。之后，出现了意念功能教学法，这一教学法以语言的意念、功能作为纲领。这一教学法主要强调实际的交际，主张英语教学不应该像语法翻译法那样过于强调语法，也不应该像听说法那样过于强调结构，而应该以语言的表意功能作为纲领。这一教学法的优势在于以学生作为中心，从学生的实际出发选择教学内容，对教学目标加以确定，这种教学法主要是为了培养学生的交际能力。受到20世纪60年代乔姆斯基著作的影响并伴随着20世纪70、80年代"交际法"的不断壮大，语言教学领域朝着两个方向分化，并且这两方面都对当今人们对口语形式的认识产生了一定的影响。

近些年，任务型口语教学这一理念被提出，这种新的教学模式是建立在二语习得研究成果之上，同时将交际法的相关成果吸收进来。任务型口语教学法强调将交际意义作为中心，主要是为了培养学生的交际能力。但是，对于交际的做法过于强调会让学习者对于交际策略过分依赖，甚至将注意力置于交际的本身，因此将语言交际的整体性忽略。

2. 口语能力

所谓口语能力，即个体通过听力，与他人展开交际的一种能力。口语能力要求学生能够综合运用英语语言，并对语言加以创造。要想提升自身的口语能力，学生需要加强口语实践。但是需要指出的是，口语能力的提升是一个相对漫长的过程，学生必须要多说、多练，才能培养自身的语感,进而提高他们的口语水平。

一般来说,口语能力的提升会受到主客观因素的影响,其中主观因素涉及词汇量多少、是否存在兴趣、是否发音准确、是否掌握背景知识等;客观因素包含语言发生的场景等。在口语教学中,教师需要注重这两大因素,这样才能不断提升学生的口语教学质量。

(二)英语口语教学的现状

口语作为一项重要的英语技能,具有显著的实践性特征。对于现代的大学生来说,口语是他们交际能力培养的重要途径。但是目前来看,我国高校英语口语教学的现状并不佳,口语障碍和口语教学中的问题普遍存在。对这些问题进行分析,能有针对性地解决这些问题,进而改善高校英语口语教学的现状,消除学生的口语障碍,提高学生的口语表达能力。具体而言,高校英语口语教学中的问题体现在以下几个方面。

1. 教师层面

(1)教学模式缺乏创新

相较于其他英语技能教学,口语教学的实践性更强,需要通过交流和沟通来实现教学目的。这就需要教师根据教学目的创新教学模式,培养学生的口语实践能力。但是就目前的高校英语口语教学来看,教师依然采用传统的教学模式,即先讲解、后练习、再运用。这种教学模式虽然符合教学规律,却制约了学生的学习积极性。在这种教学模式下,学生只能被动地接受知识,机械地进行练习,根本没有独立思考和自主学习的空间。现在的学生都习惯接受新鲜事物,根本无法适应单调且缺乏创新的教学模式,这种枯燥的教学模式只会影响学生构建语言的创造力,也会将学生的学习热情消磨殆尽。

(2)课堂缺乏互动

在高校英语口语教学中,师生和生生之间的交流和互动是教学的重要内容,也是口语教学的核心,对培养学生口语表达能力、实现教学计划起着关键作用。但是在现在的高校英语口语教学中,教师依然在课堂教学中处于中心地位,教师占据着绝对的主导权,课堂教学缺乏互动与合作,学生没有开口的机会,更没有开口说的积极性,自主能力得不到培养,最终口语教学陷入僵局。

(3)忽视口语实践训练

尽管当前英语口语教学受到了教师的重视,教师也尝试探索相应的口语训练措施来提升学生的口语能力。但是教师对学生的口语训练仅局限于课堂教学,而忽视了学生课后口语强化训练,也很少向学生推荐相关的口语训练平台,最终导致学生的口语训练效果不佳。

2. 学生层面

(1) 思路不明确

思路不明确是学生口语学习过程中常遇到的一个问题。在英语口语练习过程中,学生会存储一定量的信息,并组织信息进行表达。但在实际表达过程中,学生的思维常会受到限制,尤其是遇到一些生词的时候,就无法判断要说的词汇和内容,在短时间内不能有效找到合适的句式来表达自己的思想。所以,思路不明确也会影响学生的口语技能。

(2) 存在心理障碍

具有心理障碍,是当前学生在高校英语口语教学中存在的重要问题。这种心理障碍具体表现为自信心不足,存在焦虑情绪。这种焦虑现象的存在必然会对学生的口语学习造成影响。

(3) 口语练习手段单一

现在学生练习口语的手段依然十分单一,学生通常是在课堂上按部就班地学习英语口语,或者是找外教练习口语,这对学生口语水平的提高并不利。实际上,随着社会的发展和知识的更新,大量的口语 APP 诞生并广泛运用,各大高校也建立了自己的英语自主学习平台,这为学生的口语锻炼创造了条件。学生可以充分利用这些资源来练习口语能力,而不必拘泥于传统的学习方式。

(三) 高校英语口语教学的原则

1. 目的性原则

所谓目的性原则,是指明确口语教学的最终目的。在口语学习过程中,学生对于自己语言中是否存在语法错误是非常在意,也刻意追求发音是否标准。事实上,很多时候英语口语教学与沟通并不拘泥在形式层面,因为在口语交流中语法错误是不可避免的情况,即便是本国人进行交流,也会存在语法错误的。因此,学生在学习中不能仅仅为了纠错而纠错,而应该更加追求的是流利性,只要能够流利地将自己的意思表达出来,就说明是一个成功的交流。因此,高校英语口语教学应明确目的性原则,在教学中应认真聆听学生的交谈,而不要因为某个错误而打断学生讲话,中断学生思路。教师可以在学生交流结束后,针对交流中存在的一些细节问题加以指导,并且基于鼓励,这样能激发学生大胆说英语的积极性,也能

第六章 教育信息化背景下高校英语基本技能教学的理论建构

引导学生在日常生活中学会自我纠正。

2. 互动性原则

口语练习本身非常枯燥,经过枯燥的练习,学生很容易丧失学习的积极性,甚至将口语学习抛之脑后。因此,在高校英语口语教学中,教师应该把握互动原则,不能仅仅在课堂上传输知识,而应该与学生进行互动,明确学生练习的进度与效果。

另外,为了保证口语练习的互动性,教师为学生设计的话题应该能够使他们进行互动,并且能够使他们展开有效的互动。

3. 实用性原则

在高校英语口语教学中,实用性原则非常重要,即在教学中要对教学目的予以明确。口语教学的目的在于帮助学生展开交际,在于让学生将自己想要表达的信息传达出去,因此口语教学的最终目的是让学生展开交流,而并不仅仅是书面传递。无论语言多么漂亮,如果学生不能在合适的场合发挥出来,就会很难实现交际目的。

语言与文化有着紧密的练习,在日常交际过程中,学生应该对自己的语言习惯加以培养,而不简单是将内容加以联系。语法上的某些错误并不会影响交流,但是语言使用规则上的问题应该多加注意。这就是说,高校英语口语教学应该展开文化教学,帮助学生渗透一些文化知识,这样学生在表达时就会明白什么场合说什么话。

4. 先听后说原则

在英语各项技能中,听说是相辅相成的关系,听力是口语的前提与基础,只有通过听,才能展开说,并且还需要听者反复地听,坚持不懈地听。因此,口语学习应该坚持先听后说这一原则,即教师应该先提升学生的听力能力,进而提升他们的口语能力。只有这样,才能帮助学生正确发音,为学生的口语能力提升奠定基础。

5. 内外兼顾原则

口语能力的提升需要大量的练习,但口语课堂教学时间是有限的,学生的口语表达能力不可能在有限的课堂时间内容得到锻炼和提升,还需要充分利用课外时间。对此,学生在开展口语学习时,应遵循内外兼顾原则,即将课堂教学与课外活动相结合,全面提高自身的口语能力。在课堂教学练习的基础上,学生开展相应的课外活动,可以将课堂上所学习的知识在课外活动中进行充分实践,从而达到复习、巩固知识的目的。

6. 循序渐进原则

教师要想提升学生的口语能力,并不能急于求成,而应该坚持循序渐进的原则。因此,在高校英语口语教学中,教师应该从简单到复杂地展开,并引导学生将学到的理论运用到口语实践中,这样才能提升学生的口语水平。

当前,我国的大学生来自于全国各地,学生的水平也各式各样,很多学生的发音也受到了方言的影响,因此教师在口语教学中应该帮助学生解决这些问题,纠正他们的发音问题,从语音语调这些基础层面进行训练。

另外,教师在安排口语教学时,也应该把握从简单到复杂的顺序,如果教师把教学目标定得过高,学生会感到口语学习的压力,很难坚持下去;如果教师把教学目标定得太低,当学生达到了某一水平,就会沾沾自喜,也很难体会到挑战的乐趣。这就要求教师在制订教学目标时,应该把握适度原则。

7. 科学纠错原则

学生口语能力的锻炼需要学生不断说,而学生在说的过程中难免会出现各种问题,有些教师不注意纠错的方式,一旦发现学生表达有误,就打断学生进行纠错,这样不仅会打断学生的思路,还会挫伤学生的自信心,更会使学生失去说的勇气。对此,教师应遵循科学纠错原则,即对学生表达过程中出现的问题加以区别对待,根据学生的性格和所处的场合分别处理。这样能避免影响学生的积极性,也能使学生认识到自己的错误并自行加以改正。

(四)教育信息化背景下高校英语口语教学的优势

将信息技术引入高校英语口语教学,不仅为高校英语口语教学带来了挑战,还为其提供了新的模式。因此,在教育信息化背景下,高校英语口语教学具有如下几点优势。

1. 提供宽松的口语环境

从语言交际理论来说,口语属于一种交际活动,口语教学的目的是为了不断提升学生的口语运用能力,但是单独靠口语者自身能力是不行的。在教育信息化背景下,学生进行实时或者非实时的口语交流,这样学生口语交际的环境就不断扩大,他们也拥有了宽松地训练口语的机会,通过沟通,学生会不断地发现问题,并展开积极讨论,从而对自己的口语能力进

第六章 教育信息化背景下高校英语基本技能教学的理论建构

行改善。

2. 提供了更多的口语教学场景

从建构主义学习理论出发,学生是基于一定的社会文化背景,在外界因素的辅助下,对知识加以建构。现代口语理论也指出,口语属于一种认知活动,而信息技术的融入有助于学生开拓思路,展开探究性学习,从而培养自身的独立学习与创作能力。

3. 提供了丰富的口语教学资源

信息技术的资源非常丰富,通过信息技术,学生可以接触更多、更丰富,甚至与学生联系更为密切的资料,这些资料为教师的教授、学生的学习提供了更大的便利。

（五）教育信息化背景下高校英语口语教学的方法

1. 通过文化对比进行口语教学

英汉文化差异对口语交际有着很大的影响,因此在信息技术辅助下的高校英语口语教学中,教师应加入中国文化元素与西方文化元素的对比,呈现中西方文化之间的差异。以饮食文化为例,西方人宴请客人时多考虑客人的口味、爱好,菜肴通常经济实惠。中国人为了表示热情好客,在请客时通常准备多道菜肴,而且讲究菜色搭配。引导学生进行文化对比,不仅能提高学生的文化适应性,也能减少汉语思维的负面影响,进而提高学生的跨文化交际能力。

2. 观看美剧学习口语

大学校园中,美剧十分流行,深受学生的喜爱。实际上,美剧并不仅是一种消遣方式,还是帮助学生认识西方文化、提高口语表达能力和交际能力的重要途径。对此,教师可以运用信息技术介绍一些经典的美剧,来帮助学生学习口语,以改善口语教学环境,激发学生的学习兴趣,锻炼学生的口语表达能力。

（1）选择合适的美剧

美剧通常语言地道、故事情节生动富有吸引力,是一种有利于激发学生兴趣的学习资料。美剧类型丰富,题材各异,不同类型的美剧对学生的口语能力所发挥的作用也不相同,因此在运用美剧开展口语教学时,教师要对美剧进行筛选,选择有利于发展学生口语水平的美剧。此外,教师还要提醒学生不要只沉浸在对美剧的欣赏中而忽视对美剧中语言知识和文化背景的学习,鼓励学生带着学习动机来观赏美剧。

（2）开展层次性的反复训练

在运用美剧进行口语教学时,教师应遵循循序渐进原则,开展反复性的练习,逐步提升学生的口语能力。例如,在首次观看的时候,教师要引导学生将精力放在剧情上;在第二次观看时,教师可以引导学生对剧中的表达和语法等进行推敲;第三次观看时,教师可引导学生重点对人物说话的语气以及台词所隐含的内容进行挖掘和分析。分层逐步开展,可以有效地加深理解和记忆,对提高学生的口语能力十分有利。

（3）关闭字幕自主理解

在看美剧时,很多学生习惯看字幕,脱离字幕将无法正常观看影片,实际上这样观看美剧对提高口语表达能力并不利。在观看美剧时,学生应对台词形成自己的理解,在不偏离剧情中心思想的情况下抛开字幕自主理解,可以有效锻炼英语交际思维。

（4）勇于开口模仿

学生要想通过美剧切实提高口语交际能力,就要在听懂台词、了解剧情的基础上开口说,即对剧中人物的台词进行模仿。只有不断地开口练习,才能培养英语语感,增加知识储备,进而提高口语交际能力。

总体而言,采用美剧来辅助英语口语教学能力有效提升学生的听说能力,还能提升学生的写作能力,进而培养学生的跨文化交际能力。

3. 创设交际情境锻炼口语

口语学习的目的是进行实际交际,所以学生只有在真实的情境中开口说英语,才能使自己的口语能力得到锻炼。对此,教师可以采用情境教学法开展口语教学,即创设真实的情境,让学生在真实的环境下学习口语。具体而言,教师可以通过角色表演和配音两种活动来创设情境,锻炼学生的口语能力。

（1）角色表演

教师可以根据教学内容让学生进行角色扮演,将主动权交给学生,让学生自主分工、自行排练,然后进行表演。这种方式深厚学生喜爱,不仅能缓解机械、沉闷的教学环境,还能激发学生说的兴趣,让学生在真实的社会场景中进行社交活动,锻炼口语能力。当学生表演结束后,教师不要急于评价学生,应先给学生一些建议,然后再进行点评和总结。

（2）配音练习

配音是一种有效锻炼学生口语能力的方式,教师可以充分利用配音活动来提高学生的口语水平。具体而言,教师可以选取一部英文电影的片段,先让学生听一遍原声对白,同时向学生讲解其中的一些难点,然后让学生再听两遍并记住台词,最后将电影调至无声,让学生进行配音。这种方式可有效激发学生开口说的积极性,而且能让学生欣赏影片的同时锻炼口语能力。

4. 实施网络测试与实施人机对话训练

基于信息技术,高校英语口语教学可以让学生充分发挥自主学习能力,教师可以让学生利用信息技术进行自我口语水平的测试与评估、人机交互口语练习。另外,教师还可以利用信息技术批改学生的英语口语作业。教师还可以为学生布置英语口语方面的练习作业,让学生利用网络下载相关资料,展开自主练习。

5. 将过程评价与教师科研相结合

众所周知,科研的进行主要是为了给教学提供更好的服务与指导,充分促进教学成果的提升。简单而言,教学与科研之间的关系是紧密的。在教学的具体过程中,教师可以根据评价结果以及教学过程中自己所发现的问题记录工作日志,在反思过程中改进教学方法,这不仅可以改善教学的效果,而且还可以大大提升教师自身的科研能力。

第二节 教育信息化背景下高校英语读写译技能教学

一、教育信息化背景下高校英语阅读教学

(一)阅读与阅读理解

在学生学习英语时,阅读是必须要掌握的一项技能,也是对学生英语水平进行衡量的一项重要指标。通过阅读,学生可以获得丰富的信息,拥有丰富的体验,感受语言带给自己的文化魅力。但是,阅读并不是简单地接收信息的过程,还是一种复杂的交际与思维活动,其不仅受到语言能力的影响,还会受到文化因素的影响。因此,在阅读教学中,只有重视对文化内容的教授,并将跨文化内容融入英语阅读实践中,才能真正地提升学生的阅读理解与应用能力。

在英语这门语言的学习过程中,阅读能力一直都发挥着重要的作用,因此很多国家都十分重视阅读。例如,美国做过"美国阅读动员报告",

英国启动了"阅读是基础"运动,两国还投入了大量人力和财力来推动国民阅读能力的培养。在中国教育教学中,阅读能力也深受重视。关于阅读的定义,不同的学者发表了不同的看法。

纳托尔(Christine Nuttall,2002)对阅读的理解总结为以下三组词。

(1)解码,破译,识别。

(2)发声,说话,读。

(3)理解,反应,意义。[①]

"解码,破译,识别"这组词重点关注阅读理解的第一步,也是十分关键的一部,读者能否迅速识别词汇,对于阅读读者而言有着重要的影响。"发声,说话,读"是对"朗读"这种基本阅读技能的诠释,这属于阅读的初级阶段。朗读是将书面语言有声化,在各种感官的共同作用下加快对阅读内容的理解,这有助于语感的培养。通常,随着阶段的提升,读的要求会从有声变为无声。"理解,反应,意义"强调阅读过程中意义的理解与交流。在这一过程中,读者不再是被动接受阅读材料中的信息,而是带着一定的目的,积极地运用阅读技巧去理解阅读材料的主要信息。

Aebersold(2003)认为,读者和阅读文本是构成阅读的两个物质实体,而真正的阅读是二者之间的互动。

王笃勤(2003)指出,阅读是一项复杂的认知活动,是读者提取文本中的信息并与大脑中已有的知识结合,从而建构意义的过程。读者理解阅读文本的过程中主要涉及三种信息加工活动,分别是对句子层面、段落或命题层面、整体语篇结构的分析活动。

由上述定义可以看出,很多学者都认为阅读涉及读者和阅读文本,并且认为阅读是这二者之间的交流互动。简单而言,阅读就是读者积极运用已经掌握的语言知识和背景知识等对语言材料进行处理,同时获取信息的过程。

(二)英语阅读教学的现状

阅读教学一直都是高校英语教学的重要部分,备受重视,而且随着高校英语教学的改革有了长足的发展。但是目前的高校英语阅读教学依然存在一些问题,而了解并解决问题对高校英语阅读教学的未来发展具有重要意义。具体而言,高校英语阅读教学中的问题体现在以下几个方面。

---

① 孟银连.高中英语阅读教学中文化知识教学调查研究[D].重庆:重庆师范大学,2018:10.

第六章 教育信息化背景下高校英语基本技能教学的理论建构

1. 教师层面

（1）教学方式单一

随着高校英语教学改革的深入，一些先进的教学理念不断被倡导，但是将这些理念真正落到实处，还存在一定的困难，因此在现在的高校英语阅读教学中，传统教学的模式依然存在。在高校英语阅读教学中时常会看到这样的情景：教师在上面讲得津津乐道，学生在下面认真聆听，并且还做着笔记；教师逐句讲解阅读文章里的新词汇、句型、语法等，然后分析文章里的问题，这样的英语阅读课变成了一堂语法课。在这样的教学模式中，学生处于被动的学习状态，缺乏主动学习的积极性，却丧失了主动思考和实践的能力。在这种缺乏互动、毫无活力的教学中，学生的阅读能力是很难得到培养和提高的。

（2）课外缺乏监督

课堂教学时间毕竟有限，在课堂上教师不可能教授所有的阅读知识，学生也不可能在课堂上完成阅读任务，所以学生的阅读任务主要是在课外完成的。虽然教师布置了课外作业，但是由于学生形成的依赖教师的思想，因此如果教师不抽时间检查学生的课外作业，学生很可能就不会认真对待课外作业。本身的课外阅读量较少，再加上学生课外阅读不认真，教师课外缺乏监督，这就导致学生的学习效果不佳，阅读水平无法得到提高。

（3）文化意识薄弱

语言与文化密切相关，因此在高校英语阅读教学中，教师也应重视对学生文化素养的培养，进而促进学生阅读能力的培养。但实际上，高校英语阅读教学中的文化教学很难开展，因为教师本身文化意识比较薄弱，对文化渗透的概念理解不够深刻，而且对文化渗透的方法缺乏一定的认识，这就导致高校英语教学中文化渗透的缺失。同时，教师对教材中的文化素材挖掘不深，缺乏文化素养方面的培训，这也导致教师文化意识不强、文化素养不高，从而影响阅读教学中文化知识的导入。

2. 学生层面

（1）阅读课外学习缺乏监督

大学的课时有限，因此很多的阅读主要是在课外完成的。虽然教师布置了课外作业，但是由于学习者长期形成的依赖教师的思想，如果教师不抽时间检查学习者的课外作业，学习者很可能就不会认真对待课外作业。课堂的阅读量是很小的，加上学习者对待课外阅读不认真，这样就很难提高自身的阅读能力了。

（2）阅读的动力不足

从中学进入大学后，学习者摆脱了家长和教师的严格监督，因此大学的学习主要依靠自主性来推动。如果学习的自主性不强，学习者就会浪费大把时间。另外，很多学习者进入大学后一下子松懈了，错误地将考试当作唯一的学习目的，英语阅读的动力明显不足。如果阅读材料的篇幅过长，或者难度过大，学习者就更加没有动力完成阅读了。

（3）词汇量和阅读量小

要想顺利阅读语篇，首先要具备一定的词汇量，如果词汇量储备不足，将无法有效进行阅读。可以说，要想提高英语阅读能力，词汇量是基础，足够的阅读量是前提。在词汇量薄弱的情况下，扎实的阅读技巧是没有用武之地的，是无效的。英语阅读所要求的词汇量很大，并且同义词、近义词繁多，词义之间的区别和差异模糊、难以辨认，这给学生的学习增加了难度，对学生的目标要求也就不一样了。英语阅读综合能力的提高，需要学生在掌握充足的词汇量的前提下进行大量的阅读。当然，词汇量和阅读也是相辅相成的，词汇量是通过阅读加以积累的，而词汇量又进一步推动着阅读的进行。目前，很多大学生词汇的储备有所欠缺，而且阅读量较小，这对他们的阅读能力的提升将非常不利。

（4）不爱阅读，不会阅读

很多大学生不想阅读，也不爱阅读，这主要是因为其对英语阅读缺乏兴趣，即使阅读英语文章并不难，但他们仍然对阅读提不起兴趣。此外，很多大学生也不会阅读，如单词不会读，句子不会拆分不会翻译等，即使学生想要阅读，但不会阅读，也将难以有效提升阅读水平。因此，学生应培养阅读的兴趣，同时学习阅读的方法，这样才能有效提升阅读的水平。

（5）文化背景知识缺乏

现在的英语文章都隐含着一定的西方文化背景，如果学生不具备一定的西方文化知识，那么在阅读过程中遇到一些具有特定文化内涵的词汇时就难以理解其真实含义，阅读也就无法顺利进行。

(三)高校英语阅读教学的原则

1. 词汇积累原则

对于英语阅读而言，词汇是必不可少的组成部分，也是顺利进行阅读的基础。作为一名英语教师，应该理解词汇在阅读理解中所扮演的角色。学生理解基础词汇，有助于他们在阅读上下文时猜测出一些低频词汇的含义。根据研究显示，那些经常阅读学术性文章的学生对术语应付的能力要明显强于应付一般词汇的能力。因此,学生如何积累一般的词汇是教师需要关注的问题。

在词汇积累教学中,单词网络图是比较好的方式。在英语阅读课堂上,教师可以给出一个核心概念词,然后让学生根据该词进行扩展,从而建构其他与之相关的词汇。需要指出的是,高频词教学在词汇积累中是非常重要的,其有必要渗透在英语听、说、读、写、译教学之中,并在细节层面给予高频词过多的关注,这样才能便于学生顺利完成阅读,并根据这些高频词顺利猜测陌生词的语意义。

2. 速度与流畅度结合原则

英语阅读教学存在一个严重的困难就是,虽然学生具备了阅读的能力,但是很难进行流畅的阅读。也就是说,当教师将更多的关注点放在学生阅读的准确性上,而忽视了学生阅读的流畅性。这就要求教师在阅读教学中应该找寻一个平衡点,不仅帮助学生提高阅读的速度,还要保证学生阅读的流畅性,这是阅读教学培养速度的最终目的。一般来说,学生阅读的过程不应该被词汇识别干扰,而是应该花费更多的时间研读内容及语言背后的文化。要想提升阅读的速度,一个好的办法就是反复进行阅读。学生通过反复的阅读,直到实现速度与理解的结合。

3. 注重文化语境原则

文化语境知识即所谓的背景知识,是读者在对某一语篇理解的过程中所具备的态度、价值观、对行为方式的期待、达到共同目标的方式等外部世界知识。在英语阅读教学中,背景知识是重要的组成部分,尤其是对母语为汉语的人来说,阅读那些源自汉语文化背景的著作要容易一些,但是阅读那些不同文化背景下的相关著作必然会遇到困境。要想对以英语文化为背景的语篇有着深刻的理解,必然需要具备相关的文化语境图式,这样才能实现语篇与学生文化背景图式的吻合。读者的背景知识会对学生的阅读理解产生影响。其中,背景知识包含学生在阅读语篇过程中所应该具备的全部经历,包括教育经历、生活经历、母语知识、语法知识等。如果教师通过设定目标、预测、讲解一些背景知识,读者的阅读能力就能够大幅度的提高。如果学生对所阅读的话题并不清楚,教师就需要建构语境来辅助学生的学习,从而启动整个阅读过程。

具体来说,教师在进行备课时要精心准备教材,弄清弄透英语阅读教学中存在的文化语境空白,对材料进行精心的选择,或者为学生提供某些线索,让学生通过一定的手段和方式处理语篇中涉及的文化背景知识。当然,由于课堂时间是非常有限的,学生不可能解决所有不熟悉文化背景知识的内容,这时候就需要教师充当建构新文化语境的工具。教师需要了解学生在自主学习中遇到的问题,帮助学生顺利理解所学的知识与材料。

4. 把握阅读关键原则

受中国应试教育的影响,阅读教学与其他教学一样,教师将更多的关注点放在教学检测结果之上,而阅读理解中的理解却被忽视。实际上,成功完成阅读的关键就在于完善与监控阅读理解。为了能够让学生学会理解,可以从学生的自我检测入手,并鼓励他们同教师探讨具体的理解策略,这是元认知与认知过程的紧密结合。

例如,教师不应该在学生阅读完一篇文章之后,提问学生关于理解的问题,而是应该为学生示范如何进行理解。全体学生一起阅读,并一起探讨,这样便于每一位学生理解文章的内容。

(四)教育信息化背景下高校英语阅读教学的优势

信息技术为高校英语就阅读教学提供了一个新的模式,开辟了一个新的领域。在信息技术背景下,语言更具有趣味性,教师考虑自己的教学对象,选择适合他们的教学手段与方法,从而实现情境性教学。因此,教育信息化背景下的高校英语阅读教学具有明显的优势,具体包含如下几点。

1. 提供了丰富的资源

在阅读教学中,教师可以从网上获取更多的阅读材料,通过自己的筛选,从而指导阅读教学。同时,学生自己也可以进行搜索与浏览,提升自己的阅读能力,加深自己对阅读知识的理解。

2. 提供先进的阅读活动工具

传统的英语阅读将字典视作工具书,不仅携带非常不方便,而且学生查询也是非常不方便的,甚至很多时候查询到的结果也是自己不想要的。相比之下,网络为学生提供了一个虚拟的图书馆,容量非常丰富,也方便学生查询。

3. 通过同步或者异步形式帮助学生

传统的阅读中,学生对辅助的工具很难进行随心所欲的控制,往往自己的阅读学习是被动的学习。在教育信息化背景下,学生可以随意展开调节,对自己的学习速度加以控制。

第六章 教育信息化背景下高校英语基本技能教学的理论建构

（五）教育信息化背景下高校英语阅读教学的方法

1. 教授语言处理技能

文本是语言的载体,任何阅读文本的内容、思想都是通过语言表现出来的(梁美珍等,2013：57)。但是只有把语言与内容、思维进行有机的结合,才能充分领略它独有的魅力。因为从某种意义上,在一个文本中,其内容即意义是灯,语言是灯罩,而思维是影子(葛炳芳,2013：9)。阅读教学中的语言处理,应该是综合视野下的语言处理,是学生在理解文本内容和提升思维能力的过程中进行的有目的的、体验式的、语境化的语言学习。

目前,一线教师已经开始有了在阅读教学中进行语言处理的意识,已经开始认同英语阅读教学的课堂不是只有文本信息的提取,还应有思维的培养和语言的处理。但问题是：什么样的语言需要在阅读教学过程中进行处理？什么时候处理？怎么处理？很多教师对此还不是很清楚,所以在实际操作中出现了这样或那样的问题。

（1）缺乏"赏析"意识

根据认知发展的规律,学生首先是感知语言,了解其应用范本,然后才是模仿应用(王笃勤,2012：201)。感知语言、理解其应用范本是输入,模仿与应用是输出。只有充分有效的输入才能保证最后高质量的输出。在阅读教学的语言处理过程中,学生需要在信息的提取中感知语言,在文本的评价中赏析语言,在思维的提升中运用语言。其中,教师有意识地引导学生欣赏分析文本的核心语言,体验发现语言在"表情达意示结构"中的"精、准、美",有利于学生内化目标语言,是后续有效输出的必要准备。

但是很多英语阅读课堂难觅语言赏析的踪迹,课堂的基本模式常常是"信息提取和整合加一个'装模作样'的语言运用和输出"。很多阅读课堂中,尽管教师没有为学生提供足够的有针对性的语言上的输入,但课堂的最后一个环节往往总有一个"高大上"的口头甚至笔头的语言输出活动。试想,没有输入,何来输出？比如,一位教师的主要教学步骤如下：

① According to the picture and the title, predict what will be talked about in the passage.

② Go through the passage and find out what the story mainly tells us.

③ Read the passage again and answer the following question: What do the two restaurants have in common?

④ Predict the end of the story.

⑤ Further thinking: What would happen if they didn't change their menus? Can you offer them advice?

⑥ On the basis of your discussion, write a letter to Yong Hui or Wang Peng to share your opinion with them.

显然,本堂课中,在最后的输出活动之前,教师只为学生做了话题或信息上的铺垫,几乎没有什么语言上的输入,所以最后的输出只是为了输出而输出。实际上,有输入才有输出,输出是建立在对语言充分的感知和赏析的基础上的,所以没有了对语言的感知、赏析和内化,语言的输出活动只是"假输出"。这样的输出只是为了让一节阅读课看起来似乎"完整而又得体",而并非是学生模仿应用目标语言的平台,效果可想而知。

"也许是我们走了太久,却忘记了为什么要出发。"英语是一门语言课程,英语阅读教学承载着语言目标。但语言学习只是阅读教学中的一个重要组成部分,除此之外,还有内容目标,思维目标。正如葛炳芳(2015)所说的那样:"中学英语阅读教学,应当为内容而读,为思维而教,为语言而学。"

（2）缺乏"语境"意识

虽然目前很多教师开始认同在英语阅读教学中需要进行必要的语言处理,但在实际的课堂教学中,一些教师还是很难摆脱长期习惯了的"两张皮"的做法,即一堂专门的信息处理课,一堂专门的语言处理课。更有甚者,一些教师奉行"三张皮"的做法。这样的教师往往把单元第一课时设计成单元词汇学习课。课上教师根据教材词汇表（包括阅读文本中的部分词汇）进行单纯的词汇教学。在语境完全缺失的情况下,教师带领学生熟悉单词的读音、用法,并提供一些词组和例句。他们的第二课时就是信息处理的阅读课,之后就是专门处理阅读文本中语言点的第三课时。这样的语言学习,课堂容量大,学生课后的记忆负担重,但效果却不尽如人意,因为这样的教学安排人为地使语言学习脱离了语境,语言处理的过程只有教师枯燥的讲解,没有环环相扣的文本理解作支撑,没有令人愉悦的语言赏析,没有"小试牛刀"的输出和运用语言所带来的那份成就感。

（3）缺乏"目标"意识

在现实的课堂中,教师对阅读教学中目标语言往往缺少全面正确的理解,导致了阅读教学中语言处理的片面化、狭隘化。一些教师经常把阅读教学中语言处理等同于"语言点"的处理,把词汇等同于单词,而忽略词块（词组和习惯用语）的教学。其实,除了词汇,文本的语体、篇章结构、语篇的衔接与连贯手段以及修辞方式等都是阅读教学中语言处理的重要内容。课堂教学中的目标就像为夜航中的船只指明方向的灯塔,决定课堂的最终走向。课堂教学需要有教学目标的指引,同样阅读教学中的语

第六章　教育信息化背景下高校英语基本技能教学的理论建构

言处理,也需要有具体的语言目标。只有这样,阅读教学中的语言处理才能做到"精""准",才能取得良好的效果。

然而,一些教师在制定课堂的教学目标时,往往忽略对语言目标的定位。人教版高中英语教材由于题材广泛,体裁多样,阅读文本语言丰富,且各具特色。但是阅读教学的课堂时间是有限的。假如课前没有全面的文本解读,没有充分的语篇优势分析,没有精确的目标语言定位,那么在阅读教学中难免就会"脚踩西瓜皮,滑到哪儿算哪儿",或者是"眉毛胡子一把抓",什么都抓不好。这样既会出现把阅读课上成语言处理课的危险,也会出现语言处理重点不突出、学生找不到方向的现象。

学生学习内化语言的过程就像人们消化吸收食物的过程。囫囵吞枣式的进食,虽然也能给人维持生命的养料,但会造成消化不良,甚或厌食。阅读教学也存在着这样的问题,填鸭式流于表面的教学,让学生缺失学习的体验与享受。阅读的过程应该让学生充分理解文本的内容,品味语言的"色香味",让阅读成为一种享受,学生才能更好地吸收文本中的"营养"。

阅读是思维的过程。Anderson 等(2001)对 Bloom 的认知分类进行调整,确立了认知加工的六个维度"记忆、理解、应用、分析、评价和创造",在此过程中的思维层次和要求由低级走向高级。

(1)在提取信息中感知语言

语言作为工具,承载着思想,传递着信息。语言从用途上来理解,是用来交际的工具。教授一种语言,学习者必须以某种有意义的方式来经历语言(张德禄等,2005)。所谓"有意义",即指语境,指语言所指向的信息。语言的学习应遵循在语境中、在信息的获取中感知语言。脱离语境、孤立地学习词汇、句式等,仅仅是一种单调的记忆练习,很难使学生真正理解和掌握。俗语有云:"字不离词,词不离句,句不离篇。"作为教师应借助文本提供的语境或自行设计的与话题相关的语境,教师应帮助学生提取大脑中已有的背景知识,提取文本中的信息。在阅读教学中,这是学生理解文本内容的过程,也是学生体验感知目标语言的过程。

①在提取背景知识中感知语言。在阅读课前的热身导入阶段,教师可根据本单元的主题和课文内容,用英语释义讲解、推进话题讨论等,让学生在真实的语境中感知目标词汇的含义。例如,描写了 Nelson Mandela,课文的引入可以采取 guessing game 的形式,以逐句竞猜伟人的方式,引出文本主题人物曼德拉。

人物竞猜游戏能有效激发学生的兴趣,并能快速引出主题人物。而在人物竞猜游戏的设计中,通过创设一个个小情境,对人物(孙中山、白求恩、甘地、曼德拉)进行描述,教师有意识地输入文本的目标语言:attack, fee, violence, equal, lawyer, guidance, legal, president,使学生能结合自己的知识储备,在对人物信息的提取中感知理解部分目标词汇的大意,并为后续文本阅读扫清部分语言上的障碍。跟进的问题有助于学生提取关于描述伟大人物的品质的词,也为学习和提炼人物描写这一语言目标打下基础。

②在挖掘文本信息中感知语言。在文本阅读环节,教师可以引导学生借助对上下文信息的挖掘,推敲前后句子的逻辑关系,加深对部分目标词汇的意义及用法的理解。如在 *A Master of Nonverbal Humor* 一文中对于 not that 一词的理解,借助上下文信息,可以更生动透彻地理解该词的意思与作用。

Read paragraph 1:

Q1:What does the first paragraph talk about?
What role did Charlie Chaplin play?

Q2:Usually what kind of people can make others happy and content with their lives? According to the first paragraph, what's your impression of Charlie's life?

Q1 的设计主要是让学生抓住文本中的两个动词 brightened 和 made people laugh,提取信息,了解卓别林在艰难岁月中给人们以欢乐和慰藉。Q2 引导学生关注到本段内容往往会让人产生这样的印象:似乎卓别林是一个幽默快乐、生活上一帆风顺的人。

Read paragraph 2:

Q3:What's the second paragraph about?

学生通过阅读,能够比较容易地提取出本段的大意:卓别林的苦难童年。

Q4:How does the author connect the information of the first two paragraphs?

该问题旨在让学生关注此段首句 "Not that Charlie's own life was easy!"。

Q5:What's the function of the sentence? Is this sentence the same as "Charlie's own life was not easy"?

这样学生就会发现此句是用来承上启下的过渡句。那么他们在信息的提取中就可以自然而然地得出 not that 此处意为 "I am not suggesting...; don't mistake me",它的作用就是为了提防读者产生错误印象而进行修正和说明。

第六章　教育信息化背景下高校英语基本技能教学的理论建构

（2）在评价文本中赏析语言

在感知语言的基础上，把赏析引入高中英语阅读教学，可以纠正学生原有的英语课文"枯燥无味"的错误认识，有助于学生体验语言的美感和精到，培养阅读兴趣，促进学生语言知识的习得和语言技能的发展，提升学生的语言素养和人文素养。

赏析，顾名思义，即欣赏分析，这是一种相对高级的思维活动，需要结合已有认知，对事物做出判断评价，去感受美的事物。鲁子问教授认为，作为课文的文章首先是一个独立语篇，具有自身的语义功能、语用目的和语境。因此，每一篇课文都有自己独特的语篇优势，即自身较为突出的地方，如语言优势、结构优势等（林秀华，2012）。教师应抓住这些精彩之处，带领学生去领略语篇文字的美好。

同样，在英语阅读教学中赏析语言，应建立在文本浅层信息的理解上，蕴含在对文本的评价中：提炼文本的内容观点、评价语篇的结构逻辑、分析文本的语言特色、挖掘语言的文化内涵等。刘洵、付山亮（2010）提出英语教学不仅要指导学生清楚作者表达了什么内容，而且更应该指导学生明白作者是通过哪些语言手段增强表达效果的（胡莹芳，2014），以及为什么这样表达。

现今的阅读教学大多只停留在内容层面的表层信息的获取，而不关注语言形式和对文本内在的深层含义的挖掘。教师要从只问"是什么"转向多问"怎么样"和"为什么"。评价文本，挖掘内在的深意，正是从理解走向赏析，从"知其然"跨越到"知其所以然"，体会作者的意图，走入文本的深层。教师要侧重通过问题的设置，引导学生关注作者在语言使用上的技巧，学习遣词造句、布局谋篇、表情达意的方式方法，赏析用词之精妙、句式之丰富、衔接之巧妙、谋篇之用心、修辞之雅韵、立意之高深。赏析语言可以通过比较、分析、归纳语言形式，以朗读、推理、联想等方式推进。评价文本，走入深处，这是赏析的精髓所在。

（3）在提升思维中运用语言

葛炳芳（2013：74）提出："阅读起点不仅仅是语言感知，同样重要的是话题知识；阅读过程不仅仅是信息处理，同样重要的是体验感受；阅读终点不仅仅是语言运用，同样重要的是思维能力。"因此读后的环节，教师不仅要关注语言的操练，还要兼顾思维的发展，设计相应的输出活动，提升"语言创新思维，包括逻辑性思维、创造性思维、批判性思维"（黄远振等，2014）。英语阅读教学实践中，多数教师把词句英汉互译、复述课文等当成是运用语言的常规手段，然而，研究发现，这些练习对于学习促进的功效是比较低的（王初明，2013），更谈不上思维能力的提升。例如，让学生写一篇题为 The Story of an Eyewitness 的短文。要求学生自主选择描述的内容,但必须尝试使用文本的语言,如修辞手法(重复、排比、夸张、对比等)。

这样的输出活动,从生活实际中来,让学生能有情感可发,有内容可选,有语言可仿,真正激发学生运用语言的欲望,达到刘勰所说的"情以物迁,辞以情发"。同时内容与角度的自主选取也极大地锻炼了学生的思维,因为文章构思的过程包含着一个复杂的思维过程:确定什么样的主题,选择什么样的内容,模仿什么样的语言,按照什么样的顺序来组织语篇等。英语哲学家怀特海曾说:"通往智慧的唯一道路是在知识面前享有自由"(程红兵,2015)。因为这份自主,学生能在思维的提升中更好地内化输出语言。下面是学生习作:

The Story of an Eyewitness

Never before in history had Yuyao been faced with such a challenging disaster. After typhoon Fitow swept across the region, nearly all the downtown areas were flooded. All the roads and drains were flooded, so people had to feel the way cautiously like the blind. All cars, except those deliberately parked on the bridge, were flooded, floating in the floodwater as if deserted. Supermarkets and shops were flooded, with goods submerged in the waist-deep water. Small houses and apartments on the first floor were flooded too, leaving people homeless and helpless. All these made the worst several days of Yuyao.

Cold and merciless as the flood was, flames of friendship between ordinary people burned. In Yuyao High School, for instance, scenes moved me to tears. A lot of short boys and girls were carried on the tall boys' backs to dormitories in the rain and floodwater. A lot of "boats" made of mineral water barrels were paddled all around the campus to offer help. A lot of foods and pure water were transported from different places to boys' and girls' dormitories to meet their daily needs. Actually, more places than this witnessed such moving scenes. Never in all Yuyao's history were her people so kind and united as on those terrible days.

学生的习作较好地模仿了文本的框架结构,首段写灾,末段赞人,前后对比。习作的语言也借鉴了首句和末句,借鉴了文本中的 never 的倒装句,语气强烈,首尾对比呼应。首段中五个含 flooded 的句子采用重复的修辞,选取了道路、车辆、商店、住宅这些内容,凸显水灾下一切都被淹没的惨烈景象。次段首句,仍旧模仿了文本中 as 引导的让步状语从句,

第六章 教育信息化背景下高校英语基本技能教学的理论建构

承上启下。但该段中对于友谊的描绘不是通过全景描写,而是以校园内的场景为例,这与文本有些微差异。三个"a lot of..."的句子运用了排比句式,结构工整,极富整齐美和韵律美,表现了灾难之下,人们勇敢面对、自救互助的场景。总的来说,全文较好地模仿了文本的结构、语言,但在内容的选取上则发挥了学生的自主性和创造性,根据自己的亲身经历,抒发真实情感,达到了预设的语言学习目标。

2. 采用"阅读圈"教学

"阅读圈"是指一种由学生自主阅读、自主讨论与分享的阅读活动。[①] 在英语阅读教学中,"阅读圈"教学法主要包含以下几个实施步骤。

(1)设计任务

教师以某个文化专题为教学内容,明确教学目标,选定学生在课堂以及课外需要阅读的材料,设计好相应的需要学生进行讨论和分析的问题,并规划好学生完成这些任务的学习模式。

(2)布置任务

在这一环节,教师安排学生组成"阅读圈",每个小圈子为6~7人。之后,教师向学生讲解阅读圈教学模式的理念、要求和规则,告知学生的学习重点和内容。此外,教师可以鼓励学生在自己的阅读圈内承担一定的角色,具体角色示例如表6-1所示。

表6-1 阅读圈各成员的角色分配示例

角色	具体任务
讨论组织者	主持整个讨论过程,并准备相关问题供圈内成员讨论
词汇总结者	摘出阅读材料中的与文化专题相关的重点词汇和好词好句,引导圈内成员一起学习
总结概括者	对所有阅读材料的文化元素和内容进行总结并与组员分享,并总结、评价小组活动的内容和成果
语篇分析者	提炼阅读材料的重要的语篇信息并与圈内成员分享
联想者	将所读阅读材料与文化专题相对应的中国文化的内容建立联系,结合最新的社会文化发展动态进行批判性评价
文化研究者	从阅读材料中找到与自己相同、相近或者不同的文化元素和内容,并引导圈内成员进行比较

(资料来源:刘卉,2018)

---

① 刘卉. 英语文化教学中阅读圈教学模式的构建与探索[J]. 教育现代化,2018(45):237.

（3）准备任务

在完成布置完任务之后,教师引导学生进行独立思考,并让学生对需要讨论的问题及自身的思考结果形成文字。此外,由于阅读圈内各成员承担着不同角色,教师应鼓励学生完成各自任务,自由表达自己对文化的不同看法。

（4）完成任务

当学生通过自己的努力和教师的引导完成相应的任务时,各个小组就可以按照各自负责的内容进行汇报,对所读内容进行信息加工、思维拓展,确定小组汇报的内容,最终形成PPT,在课堂上展示核心成果。

（5）评价任务

当学生各自汇报完自己的学习成果时,就可以进入评价阶段了。评价可以是学生自评,也可以是同学互评,还可以是学生和教师共同评价。

3. 文化图式融入阅读教学

图式理论充分彰显了阅读的本质,即强调阅读的本质是读者及其大脑中所理解的相关主题知识与阅读材料输入的文字信息之间相互作用与交互的过程。图式理论是一种关于阅读研究的科学理论,其不仅强调文化背景知识与文化主题知识的重要性,还并未忽视词汇、语法在阅读中的重要作用。下面通过读前、读中、读后三个阶段进行详细的分析。

读前阶段是信息导入阶段。在这一阶段,要发挥出图式在阅读之前的预测功能。教师可以组织学生参加一些讨论、预测或者头脑风暴等活动,从而将学生头脑中的图式激发出来。在这一阶段,通过自上而下的阅读,学生头脑中的先验知识与文本相结合,从而将学生的图式激活与构建,为学生进一步的阅读埋下伏笔。

读中阶段是文化渗透阶段。在这一阶段,要发挥出图式的信息处理功能。学生们根据自上而下的模式来探究文章的整体思路。一些新的文化知识可以通过自上而下的阅读模式获得,从而构建内容图式与阅读技巧。在读中阶段,略读、细读等都是比较好的策略。

读后阶段是文化拓展阶段。在这一阶段,要发挥出图式的记忆组织功能。教师可以通过各种活动对学生的新图式加以巩固,如辩论、角色扮演、讨论等。图式理论指出学生存储在大脑中的图式越丰富,学生的预测能力就越强。因此,课外阅读是非常重要的。

具体可以通过图6-1体现出来。

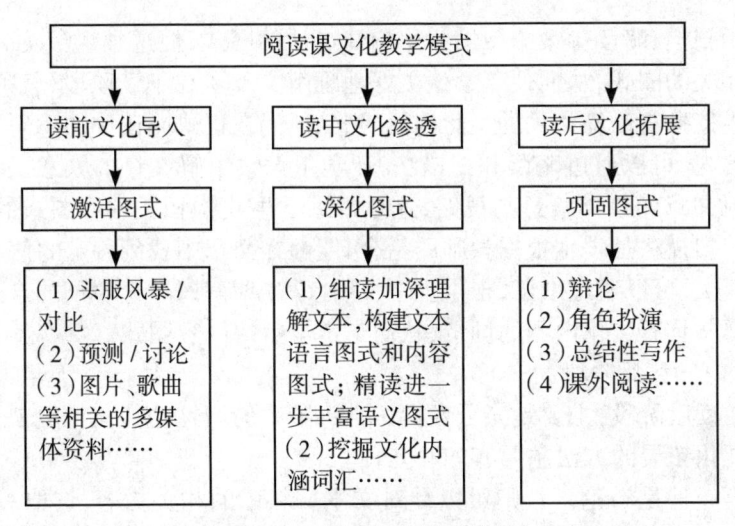

第六章 教育信息化背景下高校英语基本技能教学的理论建构

```
                    ┌─────────────────────┐
                    │   阅读课文化教学模式   │
                    └──────────┬──────────┘
         ┌─────────────────────┼─────────────────────┐
         ▼                     ▼                     ▼
   ┌──────────┐          ┌──────────┐          ┌──────────┐
   │读前文化导入│          │读中文化渗透│          │读后文化拓展│
   └─────┬────┘          └─────┬────┘          └─────┬────┘
         ▼                     ▼                     ▼
   ┌──────────┐          ┌──────────┐          ┌──────────┐
   │ 激活图式  │          │ 深化图式  │          │ 巩固图式  │
   └─────┬────┘          └─────┬────┘          └─────┬────┘
         ▼                     ▼                     ▼
   (1)头脑风暴/         (1)细读加深理       (1)辩论
   对比                 解文本,构建文本     (2)角色扮演
   (2)预测/讨论        语言图式和内容       (3)总结性写作
   (3)图片、歌曲       图式;精读进一       (4)课外阅读……
   等相关的多媒         步丰富语义图式
   体资料……            (2)挖掘文化内
                        涵词汇……
```

图 6-1 阅读文化图式模式

(资料来源:马苹惠,2016)

(1)阅读前阶段

头脑风暴法。在英语阅读中,头脑风暴法常被用于导入环节之中。学生通过这一方法可以展开丰富的联想,从而刺激头脑中形成新的图式。因此,教师在文化导入过程中要考虑话题的需要,为学生创设合理的头脑风暴,让学生更好地融入课堂之中。

例如,在讲解与音乐相关的内容时,教师可以对音乐类型进行头脑风暴,从而让学生们想象到 Rap、folk music 等类型。在这些音乐中,也可以让学生对比中西方音乐的不同,从而吸引学生学习的兴趣和积极性。

预测与讨论。在阅读之前运用图式理论时,教师应该发挥学生推理的能力。学生通过对文本材料进行解读与推理,从而刺激自身的图式。例如,还是以音乐为例,教师在讲授门基乐队成立的情况时,可以提出 5W,从而帮助学生更好的预测文本信息,之后鼓励学生通过讨论预测具体的文本内容。

运用多媒体资料。在文化导入阶段,教师应该善于运用多媒体资料,从而让学生更好地体验文化教学的特色。通过多媒体,学生可以更直观地感受语言知识,了解中西方语言文化的差异,刺激学生的图式,让学生在激活自身图式的基础上进行下一步内容图式的拓展。

(2)阅读中阶段

在读中阶段,教师可以在这一阶段进行文化知识的渗透,进一步对学生的内容图式加以丰富,从而让学生更好地展开阅读。在阅读教学中,教师采用扫描、略读等策略帮助学生构建灵活的图式,促进学生激发头脑中与之相关的图式,从而便于学生更好地理解文章。在细读阶段,教师要帮助学生挖掘与语篇相关的文化内涵,扫除他们在正式阅读中的障碍。

首先,可以通过略读和扫描法,让学生大致了解文章的大意,从而更获得对文章的总体信息与思路,这是帮助学生建构相关内容图式的有效路径。扫描法是学生根据教师的指令,能够在文章中找到特定的信息。

其次,可以通过细读,根据上下文,让学生明确每一个单词的含义,尤其是那些具有文化内涵的词汇,从而丰富学生的内容图式。

(3)阅读后阶段

在读后阶段,主要是充分发挥学生头脑中的记忆功能。一般来说,读后的文化拓展的方法主要有如下几种。

第一种是辩论。教师可以针对文本材料中的相关内容,选取一些视角展开辩论,学生在辩论中对与文本相关的内容图式加以巩固。同时,通过辩论,学生也可以更好地理解文本的文化内涵与文化背景知识。

第二种是角色扮演。学生通过学习与文本相关的文化知识,从而丰富自身的文化内容。然后,学生带着角色有目的地重新阅读文本,教师引导学生对文本进行改变或者情景模拟,从而激发学生学习的兴趣和积极性,提高他们在真实语境下对文本综合运用的能力。

第三种是总结性写作。这一方式有助于学生加深对文本的理解,让学生将文化知识从短时记忆转向长时记忆。

第四种是课外阅读。除了课后巩固之外,教师还应该鼓励学生展开课外阅读。通过大量的课外阅读,学生可以提高学习的自主性,而且还能在阅读中不断丰富自身的内容图式。

4. 网络辅助阅读教学

将信息技术与高校英语阅读教学相融合,大学生可以利用信息技术搜索与学习自己喜欢的英语知识。但是,这并不意味着学生的网络搜索是漫无目的的,其中离不开教师的指导与引导。如果教师对学生的阅读学习不管不问,那么即便信息技术再发达,学生自身的阅读兴趣以及阅读能力也是很难有效提升的。因此,高校英语阅读教学中融入信息技术离不开教师的充分参与。具体而言,教师可以采用如下几种方式。

(1)发挥网络互动优势,激发学生的学习兴趣

教师可以利用信息技术为学生的英语阅读创建一个平台,让学生充分参与其中,利用这一平台来扩展自己的阅读能力。利用信息技术,教师可以为学生准备阅读的丰富资料,实现阅读资源共享。在教学过程中,教

第六章 教育信息化背景下高校英语基本技能教学的理论建构

师可以依据教材中的内容为学生建立一个网络阅读资料库,将教材中阅读的重点、难点都上传到网络上,同时为学生补充适当的课外知识,以拓展学生的阅读视野。此外,为了避免学生在阅读学习中出现乏味情绪,教师还可以在学生阅读的资料中添加一些图片、视频、漫画、音乐等,在材料的格式、设计上也可以体现自己的特点,让学生爱上英语阅读。

（2）科学合理地选择阅读材料

显然,学生阅读能力的提高离不开大量的练习,换言之,英语阅读术语一门技巧训练的课程,需要花费大量的时间进行阅读训练。因此,这就要求教师为学生准备科学的阅读材料。在信息技术的帮助下,教师可以为学生找到一些贴近课堂教学内容的阅读材料。在开始上课之前,教师可以为学生布置一些阅读要点,让学生自己上网搜索浏览,这可以在一定程度上培养大学生的查询以及获取信息的能力。随后,教师将自己所准备的阅读材料发给学生,让学生通过小组的形式阅读与交流,并分享心得。等到课堂结束的时候,教师可以安排学生对这次阅读活动进行总结,每一位学生都要写出总结报告,然后教师对学生的报告给予口头评价。

（3）科学地进行评估与分类指导

教师除了利用信息技术在课堂上授课之外,还可以利用信息技术对学生的学习成果进行评估。在设计一套合理教学评估方案之前,教师可以利用网络技术搜索与阅读相关的评价理论或内容,进而结合自身所教授的阅读材料中的生词、语法、词汇量、句法等知识来设计评估内容,如此获取的评估结果将可以充分了解学生的阅读水平。同时,教师还可以对学生的评估结果进行线上统计,对学生阅读的时间、阅读的效率也有充分的了解。

二、教育信息化背景下高校英语写作教学

（一）写作与写作功能

写作是人们传达思想与情感的一种书面形式,其与口语是同等的地位,不是口语的附属品,都属于对语言的重要输出。

写作的过程是非常复杂的,其需要复杂的思维,并受到知识、技能、风格、内容、结构等多个层面的影响和制约。如果要想写出一部完美的作品,首先需要保证风格的统一与结构的完整。

需要指出的是,写作并不简单从视觉教学编写,而是一个对各类问题与信息展开加工的过程。一般来说,写作的目的也是非常明确的。根据

写作目的的不同,写作形式有论文、报告等多种形式。

通过写作,可以实现如下两大功能。

首先是为了学习语言而展开写作。通过写作,学生可以对自己所学的词汇、语法、语篇知识加以巩固。

其次是为了写作而展开写作。因为通过写作,学生可以将自身的观点表达出来,从而锻炼自身的手和脑,强化自身的写作学习,提升自身的写作能力。

简单来说,英语写作是运用书面形式传达思想与情感的。但是,语言与文化关系密切,是否能够准确地理解文化对写作有着直接的影响。汉语往往呈现整体性与象征性,而英语呈现的是逻辑性与明确性,因此在写作时,学生切不可用汉语的思维展开英语写作,这样写出的文章很难让人理解。

(二)高校英语写作教学的现状

1. 教师层面

(1)教学方法陈旧

受学时以及应试教育的影响,在英语写作教学中,教师仍旧采用传统的教学方式展开教学,即在课堂上为学生提供各种类型的范本,为学生讲解范本,要求学生进行模仿并完成课后写作任务,教师进行批改。这种教学方法的重点在于写作结果,忽视了师生之间的交流,也忽视了学生兴趣的培养。这样下去的结果就是学生丧失了学习兴趣和学习动机。

另外,模仿是学生的一个必经阶段,却不是最终的阶段,只有完成创造性的写作才是最终的目的。事实上,创造不仅是一个过程,也是一个结果,如果没有创造性,那么这样的写作也毫无意义。因此,在英语写作教学中,教师需要与学生进行沟通,培养学生的学习兴趣和积极性,并灵活采用多种方法展开写作。

(2)重形式,轻过程

很多人指出,英语写作中应该注重形式,并认为这是必然的,因此导致英语写作教学中对于句子规范性和文章结构的教学非常侧重。甚至有时候,教师为了让学生快速写出一篇文章,往往会让学生对类似的文章进行模仿。这样下去导致教师和学生都将形式视作写作教与学的重点,忽视了写作的过程与内容。这样的写作仅仅是一种模仿,而不是创造,是流于形式的写作,很少能够触及写作的核心。

（3）教与学相互颠倒

写作教与学相互颠倒主要有如下两点表现。

第一，写作是一个极富实践性的课程，因此写作应该以学生的操练为主，以教师的教授为辅。在实际的写作教学中，教师往往花费大量的时间对词句进行讲解，只给学生留下少数的时间进行写作，这样实际是对教学内容主次的颠倒，对学生写作能力的提升是非常不利的。

第二，写作是一种学生个体的活动，尤其是从构思到写作到修改。在英语写作教学中，教师过多的讲解浪费了学生的写作实践，也会丧失学生写作的积极性。

（4）忽视文化差异问题

文化因素对于英语写作教学有着重要影响，并且导致学生在写作中会遇到一些问题。首先，由于英汉思维方式的不同，英语重视形式，而汉语重视意义，这就导致学生在谋篇布局上出现困难。其次，由于英汉语属于不同的语系，有些词语含义是不对等的，这就导致学生容易出现用词的困境。

2. 学生层面

（1）语言质量不过关

很多学习者在使用英语写作文的时候往往不会使用地道的英语表达方式，所写出的英语句子存在大量语法错误，甚至还有很多单词也都拼写错了。英语与汉语存在很大差异，英语词汇在词性、用法、词义、搭配等方面都有自己的鲜明特点，如果学习者按照汉语的逻辑思维来组织英语作文，那么显然就会出现各种语言知识点层面的错误。

（2）中式英语现象严重

中国学习者长期生活在汉语的环境下，受中国传统文化的影响比较深刻，也形成了相对固定的汉语思维习惯。然而，英语思维与汉语思维存在较大差异，汉语思维自然会影响到学习者的英语学习进程，并且往往会带来各种消极影响，"中式英语"就是其中的一个突出表现。很多学习者使用汉语的表达方式来写英语句子，所写出的句子往往词不达意，呈现出中式思维习惯，这一现象所带来的后果是比较严重的。

（三）高校英语写作教学的原则

1. 恰当性原则

英语写作教学的恰当性是指写作任务的设计应该恰当。具体来说，写作任务需要具备如下两点特征。

第一,能够激发学生思想交流的需求,使学生有内容进行写作。

第二,对于学生语言能力提升有帮助,如增加词汇量、学习新句型等。

这两点虽然是作者对写作方法的要求,但也是对写作任务的设计要求。具体来说,如果教师要想设计出一个好的写作任务,那么就需要与学生的实际相符,让学生有充足的内容与经验展开写作。同时,还需要符合学生实际的语言能力,这样才能完成写作,将理论知识运用到具体的实践之中。

2. 多样性原则

英语写作教学中需要坚持多样性原则,主要体现在训练方式与表达方式上。

从训练方式上说,教师应该采用多样化的方式,如可以通过扩写、仿写等办法训练学生的写作能力,同时教师应该把握好每一种方法的优缺点,让学生在多种方法下掌握适合自己的方法。

从表达方式上说,教师应该引导学生在写作中运用多种表达方式,这样的写作才是灵活的写作。这不仅可以对学生写作中的问题加以弥补,还可以提升学生的灵活运用技巧。这样写出来的文章才能更引起读者的注意。

3. 综合性原则

写作这一活动并不仅仅孤立存在,而是与其他技能有着密切的关系。因此,写作并不是单纯地进行写作,而是要与其他的技能结合起来。也就是说,应该将写作与听力、阅读、口语等技能相结合,只有这样才能保证写作教学的有效性,才能将促进学生习作水平的提升与进步。这四项技能彼此之间是相互关联的。通过阅读,学生可以获取相关信息,并能够发现写作中存在的问题,通过课堂上的相互讨论,学生可以进行相互的交流,并提出相关意见,从而完善自身的写作。

4. 主体性原则

在高校英语写作教学中,首先需要凸显学生的主体性,对学生的主体性予以尊重,从学生出发来展开教学。只有将学生的兴趣和积极性激发出来,提升学生的主动性,才能让学生占据主体的地位。当然,让学生占据主体性的方式有很多,其中最有效的一种手段就是小组讨论。

另外,教师是否组织小组讨论、小组之间如何展开小组讨论属于过程教学法的内容,也是过程教学法的关键层面。教师在小组讨论中,不仅可

第六章 教育信息化背景下高校英语基本技能教学的理论建构

以采用提问的形式,还可以采用卷入的形式,让学生集体进行作答,还可以采用互相帮助的形式。

总体来说,主要是让学生参与其中,将学生的自主性发挥出来,进而让学生在活动中完成自己的写作。

5. 范例引路原则

从学生层面来说,他们在进行英语写作时,往往会出现如下两种困难现象。

第一,有很多话想说,但是不知道如何下笔。

第二,没有话可说,或者只能说出一些皮毛,很难将自己的想法深入地表达出来。

在写作教学过程中,教师要帮助学生克服这两大层面的困惑,其中让学生模仿写是最好的办法。

在英语学习中,模仿是比较有效的方法之一,同样可以运用到写作过程中。教师可以在给学生一些作文命题的时候,为学生提供一些精美的写作范文,学生根据范文来进行仿写,这样就会写出更为地道、合理的文章。这是学生提升写作的一项重要方式。

另外,教师也可以在学生写完之后给学生提供一些范文,让学生将自己写的内容与范文展开对比。这样有助于学生发现自己写作中的不足,找出自己写作中的问题,从而快速地提升自身的写作水平。需要指出的是,教师提供的范文应该在格式、内容、修辞等层面都能够对学生有所帮助,从而让他们掌握一些写作的知识。

(四)教育信息化背景下高校英语写作教学的优势

由于信息技术自身的特点,在其运用到高校英语写作教学中有着明显的优势,具体而言体现为如下几点。

其一,能够激发学生写作的积极性,消除学生的写作焦虑,让他们愿意写作。

其二,有助于让学生积极参与其中,发挥学生的主体性,让学生主动参与评价,评价自身的写作。

其三,能够让文章修改更为轻松,学生也不必忍受抄写的痛苦。

其四,能够让写作教学与写作训练更为直观与形象。

(五)教育信息化背景下高校英语写作教学的方法

1. 写作教学中重视文化知识

在教育信息化背景下,英语写作教学应该重视让学生积累丰富的文化知识,摆脱汉语负迁移作用对学生英语写作的影响。在日常的写作中,如果学生遇到困难的句子,他们往往会选择用汉语思维对句子进行组织,导致出现了明显的语言错位,这就是受汉语负迁移作用的影响导致的。

因此,在英语写作教学中,教师除了对学生的词汇、语法等语言知识进行训练,还需要训练他们的文化知识,避免学生出现负迁移的现象。同时,教师应该鼓励学生多进行阅读,让他们在阅读中挖掘文化知识,从而对自己的语言进行充实,写出一篇得体的文章。

2. 写作教学与其他技能综合教学

所谓综合教学法,是指将写与听、说、读几项基本英语技能相结合,使之相互作用提升学生的写作能力和培养学生的英语综合能力。

(1)听、写结合

听是语言输入性技能,可以为写作积累丰富的素材,加快写作的输出。具体教师可以采用边听边写和听后笔述或复述的方式开展教学。

边听边写可以是教师朗读,学生记录,也可以是播放录音,学生记录。听写的内容可以是课文内容,也可以是其他故事或内容。

听后笔述或复述是指教师以较慢的语速朗读或者录音播放听写材料,一般朗读或播放两至三遍,在这一过程中学生只听不写,在朗读或播放录音完毕后,教师要求学生凭借记忆进行笔述或复述。在笔述或复述时,学生不必拘泥于原文的词句,也不用全部写出或背诵出,只要总结出大意即可。这种方式能有效锻炼学生的语言组织和概括能力。

(2)说、写结合

说与写密切相关,说是写的基础,写与说相互贯通。以说带写,可以有效激发学生的写作兴趣,提高学生的写作能力,还能锻炼学生的口语表达能力。具体而言,教师可以采用改写对话和课堂讨论的方式开展教学。

(3)读、写结合

读与写的关系十分密切,通过阅读可以获取大量写作所需的素材,通过写作可以进一步巩固阅读能力。写作作为一种输出活动,是离不开语言知识的输入的,如果没有语言知识的积累,将不可能写作内容充实的文章。而阅读作为积累语言知识的重要途径,将能为写作奠定良好的基础。

第六章 教育信息化背景下高校英语基本技能教学的理论建构

总体而言,在高校英语教学中,要重视英语基础知识和技能的教学,并不断进行创新,从而提高教学的质量,培养学生的英语综合能力。

3. 语块理论融入写作教学

如前所述,受负迁移作用的影响,学生习惯用汉语思维来对文章进行组织,这样很容易出现各种错误,如句式单一、语言不通顺等。因此,在跨文化转型背景下,教师可以采用语块教学法展开写作教学。

根据语块教学法,本族语者之所以能够表达顺畅,是因为他们在脑海中会存储一些各种情境下的语块,而不是某一个词。在发话或者写作中,他们可以调用这些语块,无须进行排列加工。这样的语言输出才更有速度与质量。同样,将这一理论运用到写作教学中就是要求教师应该对学生加强语块训练,让学生脑海中形成整体的语言知识,以语块来组织写作练习,这样写出来的文章才具有整体性与格局性。

三、教育信息化背景下高校英语翻译教学

(一)翻译与翻译标准

1. 翻译

翻译学是一门跨学科的综合性学科,它涉及的许多相邻学科便成为研究翻译的多种途径。译者原语理解能力强,译语驾驭能力强,那么他对翻译本质的认识就越是深刻。但这种对翻译本质的认识都必须建立在一定的翻译意图基础之上。我们知道,任何作者都有自己写作的意图、表达的主题,以及实现写作意图、完成表达主题的手段。"意图"和"主题",也就是通常所说的内容(即下文所说的理事情象)。"手段"就是形式(即下文所说的音字句篇)。同样,任何译者也都有翻译意图以及实现意图的手段。这里的翻译意图既可以是指译者自己的意图,也可以是以作者的写作意图为自己的翻译意图。在写作过程中,意图和主题对作者具有操控作用;同样,在翻译过程中翻译意图对译者具有操控作用。关于怎样用译语来实现作者的意图、表达原作的主题,不同的译者往往有不同的看法。正因为不同的译者有不同的看法,从而决定了译者对其他翻译要素的态度。因此,翻译本质在翻译的要素中占有极其重要的地位。

译者对翻译本质的看法最初几乎是与翻译实践同步出现的,它既体现在译者对翻译的直接论述,同时又体现在译者的翻译作品之中(最初是体现在口译中,而后才体现在笔译中)。

翻译实践在我国历史上很早便开始了。从《周礼》《礼记》都有翻译官专门指称的记载便可知道。《册府元龟》的《外臣部·辊译》记载："象胥掌蛮夷闽貉戎狄之国,使掌传王之言而谕说焉。""象胥"乃古代翻译官的称呼。

尽管我国先秦诸子百家的著作中很难找到有关翻译的详细论述,但《礼记·王制》的论述,却揭示了翻译的本质。翻译的本质是译其心译其意。要译其心译其意就必须首先获其心获其意,而获其心获其意的方法有三种：分析研究、与作者沟通、切身体验。

（1）分析研究

分析研究,包括精研细读和知人论世。精研细读要求译者对所译文本的语音、字词、句式、篇章加以精细的研究分析,明确作者措辞的用意和目的以及表达的内容和情感。

知人论世是中国古代的文学批评的原则和方法,其目的是要求人们客观地理解文本及作者的意图,避免误读。

翻译中的知人论世,是指译者在翻译过程中对文本所涉及的人名、地名等相关信息加以综合分析,包括如下几点。

其一,对作者的生平、历史背景和总体写作风格的了解。

其二,对所译原文的意图和风格的了解。

其三,对作品中涉及的人物（包括虚拟人物、包括真实人物）、地名（包括真实地名和虚拟地名）等的了解。

其四,对事件（包括真实事件和虚拟事件）等的了解。

其五,对所用字词的字形、词源的了解。

其六,对译文意象、典故的了解。

（2）与作者沟通

翻译过程中,如有可能,译者可以与作者和研究者进行沟通,了解作者的写作意图,寻求解答翻译过程中所遇到的一切问题。如果无法与作者沟通,则切身体验。

（3）切身体验

切身体验包括"设身为作者"和"设身为人物"。设身为作者时,要扪心自问：为什么要这么写？这么写有何意图？想表达什么样的情感？正如茅盾所说"把译者和原作者合二为一,好像原作者用另外一国文字写自己的作品"。设身为人物时,译者要想象自己就是作品中的人物,经历作品中的一切情景,包括情感体验以及人物之间的关系等。

第六章 教育信息化背景下高校英语基本技能教学的理论建构

2. 翻译标准

随着不同学者对翻译研究的深入,形成了很多翻译思想,而在这些思想中也蕴含着很多的翻译标准,如严复的信达雅说、鲁迅的信顺说、泰特勒的翻译三原则、奈达的"读者反应论"等。下面就针对一些重要翻译标准展开论述。

从理论上看,翻译标准多体现为:主观性而非客观性,多元性而非单一性,灵活性而非统一性。虽然如此,但翻译标准至少在理论上可以从三个方面加以规约:认知、审美、文化。相对应的就是三个标准:认知标准、审美标准和文化标准。从翻译操作上看,翻译标准又分为内实标准和外形标准。

(1)理论标准

①认知标准:真实性与完整性。翻译过程首先是一个从解码获取信息到编码表达信息的认知过程。翻译解码是指译者通过对原文的音字句篇的分析获取其中所传递的信息和意图的过程。翻译编码根据原文信息和意图在译语中进行语音设置、字词选择、句式建构、语篇组合的过程。翻译编码必须以信息的真实性和完整性为标准,使原文信息真实而完整地得以表达,既不能添枝加叶,也不能断章取义。在翻译过程中,译者可以把译语加以重新解码,获取其中的信息,即命题,并与原语解码后所获取的信息加以比对,从而判定原语和译语信息是否真实相同即真实性,以及是否完整即完整性。所谓真实性是指译语所含的命题与原语所含的命题具有所指的同一性。所谓完整性是指译语所含的命题数与原语所含的命题数具有相同性。

②审美标准:艺术性和个性性。任何翻译实践都是一个审美过程。在翻译解码过程中,译者必须带着审美的眼光,对构成原文的字词、句式和语篇的审美特性及其规律与原文的信息意图所构成的艺术特性加以认识和领悟。在翻译编码过程中,译者必须用译文把原文体现出来的艺术特性表现出来。原文形式与原文内容完美结合便构成了原文的艺术性,每个作家或作者都有自己的个性,每一个译者也都有自己的特性。体现在翻译标准中,就是艺术性和个性性。翻译标准的艺术性是指译者用译语表达原文内容采用的艺术手段和技巧。所谓翻译个性性,是指原文的独特性和译者的个体性。原文的独特性即风格,分为三个层面:一是作家的个人风格;二是文本文体风格;三是人物性格。从理论上说,译文中不应该出现译者风格的影子。但在翻译实践中,译文不可避免地表现出了译者的个性。

③文化标准：接受性和变通性。作者与原语是原语文化的承载体。译者与译语是译语文化的承载体。任何翻译都是由译者来实现的，因此，译者在翻译时不可避免地受到译语文化的控制。体现在翻译标准上，就是译文的接受性和变通性。翻译的过程是一个原语文化和译语文化冲突磨合的过程。文化冲突体现在翻译标准上就是接受性，文化磨合体现在翻译标准上就是变通性。翻译的接受性体现在：原语文化是否被译语文化所接受。翻译的变通性是指因译语文化而对原语形式进行灵活处理。但两者都具体体现在翻译策略上的"宜""异""易""移""益""遗""刈""依"。

理想的翻译标准是以上三个方面的完美结合。但在翻译实践中，翻译三个层面的标准对译者的控制作用是各不相同的。文化标准是翻译中的"战略"标准，具有宏观控制作用，指明翻译的方向。审美标准是译者的个性标准，它既是原文独特性的体现，又是译者个性张扬的手段。认知标准是翻译中的"战术"标准，具有微观控制作用。

翻译标准，无论哪个层面，对翻译策略都具有决定性的控制作用。

（2）操作标准

任何语言都可以分为外形和内实两个层面。外形指语言的表层结构，可分为"音""字""句"和"篇"四个层面，内实指文本外形所承载的"理""事""情"和"象"。换句话说，说话者总是通过一定的语言形式（即"音""字""句""篇"）来表达内心所欲表达的内容（即"理""事""情""象"）。语言不同，其语言形式也就不同，具体地说就是，每一种语言在"音""字""句""篇"上的组合方式都有自己的特点，这种特点就是该种语言的共性。同样，人不同，其语言形式也可能不同，这种"不同"也就是说话者个人的语言风格。

翻译有三大任务，一是要保持原文的"理""事""情"和"象"；二是要保持译语的顺畅性；三是要保持作者的说话风格。第一个任务要求译者做到理清、事明、情真、象形；第二个任务要求译者做到音悦、字正、句顺、篇畅；第三个任务要求译者将第一个和第二个任务完美地结合在一起，保持作者的说话风格。因此，从翻译操作上来说，翻译标准分为内实标准和外形标准。

①内实标准：理清、事明、情真、象形。

理清：指文本表达的义理（即意义）的清晰性。译者不仅要解读出原语所表达或所象征的义理，即意义，还要精心提炼译语来再现原语所承载的义理。

事明：指文本所引典故和所叙事情的明晰性。译者不仅要解读出原文所引典故或所叙事情的意图，还要精心提炼译语清晰明确地再现原语

第六章 教育信息化背景下高校英语基本技能教学的理论建构

所承载的"事"。

情真:指文本传情达意的真切性。译者不仅要解读出原语所表达的内心情感,与作者产生共鸣,还要精心提炼译语来传达原语所承载的情感,使译语与原语所抒发的情感保持真切性。

象形:指文本所呈现的意象的形象性。译者不仅要在解读时在大脑中唤起文本所承载的事物意象,同时还要精心提炼译语,准确形象地表达原语所承载的意象。

音字句篇既可指意理、意事,也可指意情和意象。偏重于"理"者多属于应用文体,偏重于"事"者多属于叙事类文体,偏重于"情"和"象"者多属于文学文体。

②外形标准:音悦、字正、句顺、篇畅。

音悦:指语音的悦耳性。它是人类为了达到某种意图而在言语语音上的一种审美追求。译者不仅要解读出原语语音秩序、节奏和修辞的意图,还要再现原语语音的意图,并精心提炼译语语音秩序、节奏和修辞,使得译语也具有悦耳性。

字正:指语言字词的正确性。既然是约定俗成,那就意味着汉语有汉语约定俗成的语法,英语就有英语约定俗成的语法。文体性是指译语字词与原语字词的文体保持一致性。

句顺:指通顺地设置译语句式,准确地表达原语所表达的意图。

篇畅:指积句成篇上的通畅性。

(二)高校英语翻译教学的现状

高校英语翻译教学存在的问题主要体现在以下几个方面。

1. 教师层面

(1)理论与实践脱节

翻译是具有实践性特征的一项语言技能,需要理论与实践的有机结合。对此,在高校英语翻译教学中,教师除了传授学生基本的翻译知识与技巧外,还需要不断带领学生参与到翻译实践中,在实践中验证学生对课堂的掌握情况。但是就目前来看,我国很多学校在翻译教学中都是理论与实践的脱节,仅传授理论,导致学生学习了大量理论知识,但无法有效运用交际实践。

(2)教师素质有待提升

教师要教书育人,首先自身素质要高,这样才能起到榜样的作用。但目前,翻译教师的整体水平较差,很多教师翻译功底不足。在翻译教学中,很多教师也没有足够的经验,并未形成科学的规范的教学习惯,因此对于翻译人才的培养是十分不利的。另外,很多教师也并非翻译专业出身,对翻译的基础知识掌握得并不透彻,因此很难有效地开展翻译教学,更不能有效培养学生的翻译能力。

2. 学生层面

(1) 双语能力薄弱

翻译涉及两种语言的转换,所以要想有效进行翻译,就要具备双语能力。所谓双语能力,就是两种语言沟通所需要的程序知识,包括两种语言的语用、社会语言学、语篇、语法和词汇知识。在翻译文本中,双语能力主要体现在一定语境下的翻译能力,如连贯与衔接、语法差异等方面。但由于学生普遍缺乏语境知识,双语能力薄弱,译文常会出现连贯性不强、语法错误较多等问题。

(2) 语言外能力不足

翻译涉及的内容和主题十分广泛,除了要具备翻译技能外,还要具备语言外能力,即关于世界和特定领域的陈述性知识。具体而言,语言外能力包括源语文化知识和目标文化知识,也包括百科全书知识,还包括其他领域的学科知识等。但大部分学生在语言外能力上有所欠缺,文化知识的翻译表现不佳。

(三) 高校英语翻译教学的原则

1. 精讲多练原则

精讲多练原则主要包含两个层面:精讲和多练。翻译教学如果仅从传统教学方法入手,先教授后练习,那么是很难塑造好的翻译人才的。因此,在翻译教学中,教师应该不仅要教授,还需要练习,在课堂上将二者完美结合。

2. 实践性原则

翻译理论的教授很难培养出好的翻译人才,还需要进行翻译练习,这就是翻译的实践性原则。在翻译教学中,教师应该为学生创造更多的机会展开练习。例如,教师可以让学生去翻译公司实习,通过实际活动来进行体验。

第六章 教育信息化背景下高校英语基本技能教学的理论建构

(四)教育信息化背景下高校英语翻译教学的优势

在传统的高校英语翻译教学中,教师主要是讲解,因此占据主体地位,但是这样的讲解忽视了实践的作用。在教育信息化背景下,高校英语翻译教学克服了这一点缺陷,使学生占据主体地位,学生的学习也转向主动学习。

在教育信息化背景下,教师只需要坐在计算机前面,就可以将自己所需要信息检索出来,这样保证了教学的效率,并且能够将课堂与社会热点相结合。教师可以从不同学生的兴趣与水平出发,将网络上的素材摆在学生的面前。同时,网络监控功能也可以让教师对学生进行监控,从而便于一对一进行指导。

另外,信息技术还可以为教师提供多种评价手段,学生可以自查自己的翻译文本,教师也可以查看学生的翻译情况。这样教师与学生都能够做到心中有数。当学生遇到翻译的问题时,可以与教师或者其他专家进行交流,从而找到问题的解决办法。

(五)教育信息化背景下高校英语翻译教学的方法

1. 把握翻译的过程

如前所述,翻译过程是一项非常复杂的过程,而且是一项复杂的心理过程,其工作的重心不仅是研究如何才能在兼顾原文思想的前提下传达原文的意义。这一过程包四个关联阶段,即阅读、理解、表达与校改。

(1)第一阶段:阅读

阅读是指从书面材料中获取信息的过程。获取信息不等于我们理解了信息,所以要注意把阅读和理解区分开来。英语考试中有一种题型叫"阅读理解"而不叫"阅读",正是这个意思。我们必须明白,译者在翻译前所进行的阅读和普通的阅读是不一样的。当我们拿到待翻译的文献资料时,首先必须通篇阅读待翻译的文献,并对其进行分析,
领会其内容大意。只有对翻译的文献内容了然于胸,才能正确把握宏观的语境,从而在大的语境之下将每个句子的意思正确解读出来。例如:

In 1737, when Peter Jefferson was 30 years old, he and his friend William Randolph traveled up the James River and followed a branch of it...in the middle of all this work. Peter Jefferson fell in love with Jane

Randolph, a 19-year-old cousin of William's and in 1739 married her.

本段中的 cousin 一词在汉语里有表(堂)兄弟、表(堂)兄妹的意思。而此时 cousin of William's 具体要表达什么意思也必须依赖语境。此段落中 William 与 Jane 同姓，排除了"表姐妹"的可能。再从年龄推断，可以有把握地将其译成"威廉的堂妹"。因此，在翻译的过程中，首先应该明白，阅读是翻译的第一步，但只阅读不理解，同样；无法完成整个翻译过程。

（2）第二阶段：理解

所谓理解，就是通过揭露事物与事物之间存在的某些联系，并对这些新产生的事物进行分析与认识的过程。就翻译层面而言，理解就是译者在认识与了解原作的基础上，运用英汉两种语言中的某些词汇、语法等知识，明确原作的内容与风格的过程。一般来说，要做到如下两点。

①理解要准确透彻。理解是翻译活动的基础，没有正确的理解，就不可能产生正确的译文。无论英语还是汉语，每篇文章都有一个总体构思，文章中词句的含义都与整体内容密切相关。所以，理解原文首先要通读全文，领略整个篇章的大意以及篇章结构，而不是一拿到文章就开始一字一句翻译。在对全文有了大致的了解之后，应着重理解一些比较难的句子或段落，其包括仔细推敲词义、分析语法、明晰各分句之间的关系。正确的理解不能仅停留在表面，而要由表及里，也就是说要通过观察事物的现象来抓住事物的本质。一种语言想要表达一种思想总要使用一些词语、采取某种表现手段，使用这些词和表现手法的目的就是表达某种思想。理解不能仅看字面，有时，字面看上去是一个意思，而实际上指的却是另一种意思。译者若看不出它的内在含义（暗含意义或弦外之音），译出来的译文读者就更无法懂得其真正含义了。

It seems to me what is sauce for the goose is sauce for the gander.

译文1：我觉得煮雌鹅用什么调料，煮雄鹅也要用什么调料。

译文2：我认为应该一视同仁。

如译者不懂这个例子内在含义，很可能译成译文1，这样读者就会感到莫名其妙，不知所云。译者若能透过表层理解深层意义，就可能译成译文2，从而把原意清楚准确地表达出来。

②理解要靠上下文。只有对上下文进行认真的阅读，才能够对语言理解得更为清晰与透彻。就语言学角度而言，孤立的单词、短语一般很难猜测出其隐含的意义，这就需要将这些孤立的单词、短语等放在具体的语境中，这样才能让读者明确其真正的含义。

也就是说，理解主要通过上下文来获得，译者通过该词、该短语所在的上下文,探求其真实的意义。当然,这里的上下文可能指代一个句子,也有可能指代的一个段落,甚至还可能指代一本书等。在翻译过程中,对原文能够透彻理解是非常重要的,为了对其能够理解透彻,就必须注意其语言现象,理解原作与上下文之间存在的逻辑关系,并分析其产生的背景等。

They were Zhou's welcoming party.

单从这一句话中,很难把握这句话的意义,因为不知道 they 所指,Zhou 又是谁,还有 welcoming party 是否指欢迎宴会。但如果将这句话放在下面的大语境中,其确切含义就不难理解。

(3)第三阶段:表达

在翻译过程中,表达这一环节也非常重要,是上一阶段(理解)的体现,也是理解的结果。表达不仅要考虑综合因素,还需要考虑艺术因素,因此创造性是表达的一大特性。

在进行翻译时,译者需要从原作出发,摆脱原作形式的某些束缚,将译语的长处发挥出来,从而表达出其表层与深层含义。也就是说,表达时需要将原作视作一个整体来呈现。例如:

Henry Kissinger had slept there before, in July and against in October.

译文 1:在此之前,亨利·基辛格曾经两度在这里下榻,一次是 7 月,另一次是 10 月。

译文 2:这之前,亨利·基辛格在 7 月和 10 月两次在这里过夜。

译文 3:7 月和 10 月,亨利·基辛格曾经两次在这里睡觉。

本例中的 Henry Kissinger 指美国前国务卿,语体风格比较正式。因此,在翻译时不仅要准确传达语义,同时也要将语体风格表现出来。本句的三种译文都比较好地传达了原文的语义,表达也都通顺自然,但在表达形式方面却存在一丝差异。译文 1 语体风格比较正式,如"两度""下榻";译文 2 语体风格居于正式与口语之间,如"两次""过夜";译文 3 则倾向于口语体,如"两次""睡觉"。综上所述,译文 1 优于译文 2 和译文 3,因为译文 1 形神兼备,充分表达了原文的内容和形式,更加忠实于原文。

(4)第四阶段:修改、审校

所谓修改,指的是对译作进行修正与加工,其主要涉及两项内容:第一,对译作进行全面修正;第二,对译作中的某些词汇、句子、短语等进行修正。

①与原作对照,逐句逐段修改,具体展开如下。

其一,确保是否传达原作的思想与内容。

其二,确保译文是否表达通顺,

其三,确保译文中是否存在差错。

其四,确保译文的风格是否与原作相符合。

②脱离原作之后,对译文进行反复的阅读,如有错误,进行修改,具体展开如下。

其一,明确译文用词是否具有恰当性。

其二,明确译文是否衔接得当。

其三,明确译文是否存在重复与矛盾的地方。

其四,明确译文是否存在逻辑不通顺的地方。

所谓审校,是对译文做最后查验,具体展开如下。

①审校译文中的词汇、句子等是否存在纰漏。

②审校译文中的方位、人名、地名、数字等情况是否存在错漏的地方。

③审校译文中的术语是否存在不一致的地方。

④审校译文中的标点是否有错误的地方。

⑤审校译文中注释是否有不妥当的地方。

2. 扩大学生的翻译知识面

翻译是一项包含多领域的活动,如果对翻译的基础知识不了解,就很难明白文本的内容,也很难准确展开翻译。到目前为止,我国很多高校的英语翻译教学过多关注翻译基础知识,而忽视翻译能力培养,尤其是很少介绍文化方面的知识,这就导致学生遇到了与文化相关的翻译内容时往往手足无措,甚至会出现翻译错误。因此,在英语翻译教学中,应该渗透文化知识,扩大学生的知识面,培养学生对文化知识的理解与把握,帮助他们形成翻译能力。

3. 提高学生的语言功底

翻译活动是一项复杂的活动,其需要学生具备双语知识。也就是说,英汉语言功底对于翻译人员都不可缺少。因此,在翻译教学中,教师不仅要教授学生英语语言知识,还需要培养学生的汉语表达能力,熟悉英汉语言国家的表达习惯,提升翻译质量。

4. 注重文化对比分析

由于教学环境的影响,英语文化的渗透还需要依赖翻译教学,其中文化对比分析是一种比较重要的方式。具体来说,在翻译教学中,教师不仅要讲解教材中的文化背景知识,还需要对文章中的中西文化进行对比与拓展,帮助学生在翻译内容时接受文化知识。另外,利用文化对比分析,学生能够建构完整的文化体系。

第六章 教育信息化背景下高校英语基本技能教学的理论建构

5. 重视归化策略与异化策略的结合

在翻译策略选择上,归化策略与异化策略是两种重要的翻译策略。由于英汉语言的差异,翻译实践中如果仅依靠一种策略是很难完成全部翻译内容的,只有将二者结合起来,并进行灵活的处理,这样才能保证翻译出的文章更为完美。

图式(schema)源于认知心理学。1781年,图式概念由德国哲学家康德(Kant)在其著作《纯推理批评》(*Critique of Pure Reason*)中首先提出,他认为图式就是纯粹先验想象力的产物或者说是学习者以往习得的知识结构,并指出"新的概念只有同人们已知的知识建立关系,才会变得有意义"。

其一,语言图式与翻译。语言图式是指人们对语言的掌握,包括词汇、句法、习惯用语、语法等方面的语言知识。当原语图式与目的语或译语图式相当一致时,图式的空位很容易激活、恢复、填补和关联。具体在英语中,体现为对术语、句式特点、表达规范的互相关联。例如:

This bill of exchange shall be accepted first and then can be honored by the acceptor.

该汇票应先承兑,然后由承兑方进行支付。

accept 和 honor 通常表示"接受"和"荣誉、尊敬",但是在例句中,分别表示"兑现、承付"和"支付"的意思。原语与译语的图式相互作用,形成正确的概念,为翻译的顺利进行奠定了基础。

其二,内容图式与翻译。内容图式是以文本内容以外的语言知识、背景知识推理及互动为主要内容建立起来的各种内容的知识记忆。译者通过对原语文本内容的了解和熟悉,调动现存的知识,填补图式空缺,顺利理解全文并给出合适的译文。例如:

Stocks, held by the buyers, may be in two forms. One is called Common Stock , that is suitable for all corporations because its holders will have the ownership of the corporations profit and the interest produced by its assets, the right to vote for its board of directors and the right of asset distribution in case of its bankruptcy.[1]

译文:持股人手中的股票一般有两种形式,其中一种是普通股,适用于所有公司。普通股股东对企业的利润和资产所产生的利息拥有占有权,并拥有对股份公司董事会的选举权和公司破产后资产的分配权。

例句中的专业性强,译者需要调动原本存在的关于股票方面的相关

---

[1] 吴竞. 图式理论在商务英语翻译过程中的运用[J]. 科技信息,2012(7):38+35.

知识,或者补充原本不存在的缺省信息,正确理解之后,给出正确的翻译。这就需要译者充实自身的内容图式,掌握专业词语和社会意义以及语用规则。

其三,形式图式与翻译。形式图式又称结构图式,是语篇的宏观结构,即语篇知识,对文章脉络的宏观把握。如企业文化的介绍,汉语语篇较为夸张、笼统和抽象,用词华丽,引经据典,修辞使用痕迹浓重;英语语篇则以信息和呼唤功能为主,提供客观依据引起目的语读者的积极回应。译者在英译或汉译时就要根据两类篇章特色,给予适当的处理。

其四,语境图式与翻译。语境图式顾名思义,指的是语言的使用环境,即对话语含义产生影响的各种语言成分的前后逻辑联系和各种主客观环境因素。语境决定词义、语言色彩和用法。英语除了涉及语码转换,译者还要依据动态的语境进行动态的推理。因此,译者除了要解决文本中的语言问题,还要高度重视文本中的语境问题。例如:

例1: Once the jewels were safely locked up in the bank he had no more anxieties about their security.

例2: Treasury securities are revalued daily.

例1和例2中同时出现了security一词,根据上下文提供的词语语境,例1中security的含义为"安全",而在例2中的含义为"债券、证券",属于专业术语。

其五,文体图式与翻译。文体图式是指文本的文体风格。所谓翻译的第一条原则"忠实",就是要在内容、感情色彩、文体风格上做到忠实于原文。文体具有多样性,如信函简洁、礼貌、正式;合同措辞严密、句式精练紧凑、文体正式庄重,体现其严肃性和约束力。译者在翻译时要把握各个文本的文体特点,进行恰当的处理。例如:

That I hold the said shares and all dividends and interest accrued or to accrue upon the same UPON TRUST for the Beneficial Owner and I agree to transfer, pay and deal with the said shares.

本人因持有上述之股份,而所获得的股息及权益等,本人同意转让、支付及处理上述股份。[1]

此句为合同文体,因此在处理the said shares和"I"时,要符合合同文体特点,不能简单地处理为"上面提及的股份"和"我",而应该处理成"上述之股份"和"本人",这样才符合中文的表达习惯和文体风格。

---

[1] 夏兴宜.运用图式理论提高商务英语翻译的水平[J].科教文汇(中旬刊),2011(1): 130-131.

第六章　教育信息化背景下高校英语基本技能教学的理论建构

其六,文化图式与翻译。文化图式是指关于文化的知识结构,是人类通过已存的经验对文化的知识组织模式。文化的不同带来思维的差异,译者需要激活异质文化和本土文化的图式,确保对原语文本的正确解码。在广告中的商标名称的翻译中,如果不能很好地处理两种异质文化图式,很容易引起误解甚至是经济损失。如某童鞋的商标名称为"小白象","小"凸显商品为儿童用品,可爱小巧;"白象"除了用动物化方式贴近儿童消费者以外,凸显的是商品的耐久力以及使用商品后的运动力。在西方文化中,白象的含义为"大而无用的东西",不管是从体积上还是心理上都没有凸显童鞋的特色,因此在处理成英文时,与其译成"Little White Elephant,不如调动和激活译文读者已存的文化图式,或建立、修正、改变现存图式,正确理解、传达信息,译成 Pet F Elephant ,这样既避免了译语中的消极文化图式,又传递出了社会语用含义。①

6.实施线上线下混合式翻译教学

(1)制作个性化的翻译教学视频

在实施教学时,教师可以提前为学生制作视频,将教学内容进行模块化处理,每一个视频是围绕某一知识点展开的,如翻译理论、翻译技巧等。同时,在制作视频的时候,应该突出重难点,明确教学目标,为线上、线下教学做准备。此外,教师还需要考虑翻译教学的连贯性,为了实现整体的教学目标努力。

在课堂开始之前,教师制作视频,设置教学任务,并将其发布到网络平台上共学生阅读,教师通过让学生观看,对学生提出的问题加以汇总与解决。在课堂上,教师对视频中的技巧与理论加以梳理。组织学生进行协作学习,实现知识的真正内化。在课后,教师还可以组织学生撰写翻译笔记,从中了解学生是针对哪些问题存在疑惑的,进而对自己的教学方案加以调整。

(2)利用多媒体展开翻译课堂教学,增加英语习得

在翻译教学中,教师可以利用与教材配套的多媒体光盘辅助教学,不过,由于各个学校的多媒体设备资源配置不同,而且教材所配套的光盘往往在内容上缺乏系统性,所以教师需要酌情使用。对此,最好的方法就是教师可以根据教材内容自己动手制作课件,然后利用多媒体播放。多媒体课件的制作过程相对烦琐,需要依据具体的教学过程、教学内容、教学目标、教学媒体等,只有将这众多条件融合在一起,并体现互动性原则,方

---

① 王森林,肖水来主编;吴咏花,吴玥璠,熊鹰飞副主编.商务英语翻译[M].武汉:武汉大学出版社.2013.

能制作出优良的多媒体课件。当然,这样的课件对于学生翻译能力的提升也是大有裨益的,可以促进不同层次的学生其自身的翻译能力都能得到不同程度的提升。

　　为此,在进行翻译教学活动之前,教师可以利用声音、图片、动画等教学辅助手段来刺激学生的学习兴趣,使学生在学习过程中始终保持较好的兴趣,将枯燥的翻译理论变得生动、有趣。针对具体的教学过程,教师在其中不仅要教授学生英汉互译的技巧,而且还需要补充中西方文化背景知识,让学生对翻译理论形成一定的系统。虽然教师在翻译教学过程中所使用的教学模式相对陈旧,但在内容与形式上与传统的翻译教学已经大不相同。这种不同主要体现在如下方面。

　　①形式上不再是单调的板书形式,而是以媒体形式呈现,节约了大量时间。

　　②内容上是针对不同层次的学生展开的,在课堂上由教师指导和学生自主选择,这有利于改善课堂教学的氛围。

第七章 教育信息化背景下高校英语基本知识教学的理论建构

在高校英语教学中,基本知识与基本技能共同构成了综合语言知识。而在高校英语基本知识教学中,词汇教学与语法教学是其重要部分,也是高校英语教学中很难把握的两个层面。在教育信息化背景下,教师应该从学生的学习需求出发,明确学生在词汇、语法层面所缺乏的内容,将知识的传授性内容放在互联网上来学习,让学生进行自主学习,在课堂上教师应该充分将知识盘活,引导学生进行思考,这样才能真正地实现线上线下的融合。基于此,本章就对教育信息化背景下高校英语基本知识教学的相关问题展开探究。

第一节 教育信息化背景下高校英语词汇知识教学

一、词汇与词汇学

(一)词汇

在英语学习中,无论是要提高听、说、读、写的基本能力,还是想研究语音、语法、语义、语篇等专业内容,我们都会遇到词(word, lexis)。现代语言学的创始人之一瑞士著名语言学家费迪南·德·索绪尔(Ferdinand de Saussure, 1857—1913)曾说过,语言是"词的语言",词是"语言的机构中某种中心的东西"。那么词究竟是什么?我们应该如何给词下一个明确的定义呢?

查看语言学经典著作和中外权威词典后,可以发现许多古今中外的语言学家对词的定义说法不一,许多词典里词的定义也不尽相同,这似乎说明人们到现在为止还没有找到一种普遍适用的定义能全面、精确、完美地反映词的全部本质特点。但是可以肯定的是,人们对于词的一般的、本质的特征还是有普遍认知的,这就使我们有可能了解词的概念。

说到词汇,就会联系到词汇量。词汇量是判断学习者语言水平的可比性参数之一,先来比较一下英语本族语学习者和中国英语学习者掌握英语词汇量的情况。据统计,当代英语词汇约在一百万个左右,英语本族语大学本科生掌握约 20 000 个词左右。他们自上学开始,每年约增加 10 000 ~ 20 000 个词,或者说每天增加 3 ~ 7 个单词。艾奇逊(J. Aitchison)在《头脑中的词汇》(*Words in the Mind: An Introduction to the Mental Lexicon*,1987)里曾写道:"受过教育的成年人所知道的词不可能低于 5 万,也许有 25 万之多。"

据《英汉大词典》(1991)"英语词汇能力自测"(*Test Your Own Vocabulary Competence in English*)的说明,一般认为如词汇量不足 6 000,可视作只有英语本族语小学生的词汇能力;如词汇量在 12 000 和 18 000 之间,可视作英语国家受过普通教育成年人的一般词汇程度;如词汇量在 24 000 至 30 000,则说明已具有英语国家受过良好教育而且能进行较高层次阅读的人的词汇能力。所以,相比之下中国大、中、小学生的英语词汇量是远远不够的。

词汇是语言的基本要素。人类思维离不开概念,而概念的语言形式主要表现为词汇。此外,在语言传递信息的时候,词汇所承担的信息量大大超过语音和语法,所以词汇是人类应用语言的重要前提。一个人词汇量的大小直接影响其对语言掌握的熟练程度。当今知识换代加速,新生事物层出不穷,这一现实必然会在语言上反映出来,不断产生新词,旧词不断产生新义。正如语言学家威尔金斯(D. A. Wilkins)所描述的:没有语法,人们可以表达的事物寥寥无几。而没有词汇,人们则无法表达任何事物。词汇是英语学习的重要对象,在培养英语实践能力所花的时间上,掌握词汇所付出的时间最多。由此可见,词汇学习在整个英语学习中应当占有相当重要的地位。

(二)词汇学

词汇学(lexicology)是一门有关词的科学(the science of words)。

词汇作为语言系统的重要构件——音、形、义的结合体——是反映现实世界最直接、最完美的符号系统。对词汇系统的深入研究有助于我们探索语言本质,分析语言的变化和发展规律。但人们对词汇学研究的重视程度是在不断发展的,自 20 世纪 90 年代以来,随着相关专著的不断问

第七章 教育信息化背景下高校英语基本知识教学的理论建构

世和《词汇学》(Lexicology)杂志的创刊,词汇学开始在现代语言学领域里取得一席之地。

我们从这本书的基本内容里就可以大致了解现代词汇学的内容和意义。此书分成 11 个部分。第一部分总体介绍词汇学这门学科和它的基本理论;第二部分具体讨论词的形式和内容(意义)以及它们之间的关系;第三部分从纵聚合关系(paradigmatic relation)的视角,详细论述了词汇学研究的核心内容——语义关系;第四部分阐述词汇学的研究范围包括词汇的内部结构(词义)、词汇的外部结构(词形)、词汇的历史变化和词汇的应用等四个方面;第五部分主要研究词汇学的方法论:第六部分研究词汇的社会差异和地区差异;第七部分重点是词汇的共时研究和历时研究;第八部分讨论词汇场的对比研究,如亲属关系、颜色,情感等;第九部分主要讨论词汇和语法的关系;第十部分研究的内容是心理词库;最后一部分讨论词汇学与语育学内部分支学科和外部其他相邻学科的关系等。这本书以语言学为背景,词汇学为线索,涵盖了语音、词法、语义、语法、语用、文体等独立分支学科,还从跨文化的视野和跨学科的视角阐述新颖的描述性理论,使读者对词汇学和词汇学研究有更全面、更深入的理解。现在我们可以说,随着语言学和其他相关学科的交叉、重叠、渗透和融合,对词汇的研究已经开始步入一个跨学科、多视角和全方位的新阶段。

语言记录着人类的发展进程,是人类交流思想,传递信息的工具。当代英语国家和地区的社会、政治、文化、经济等方面变化纷繁复杂,科学技术和信息现代化发展迅猛异常,对于国际社会的变化和发展影响很大。历史进入 21 世纪的时候,全世界使用英语的绝对人数已超过 11 亿,仅次于汉语,但英语的运用范围则远远大于汉语。据中国日报社主办的《21 世纪英语教育周刊》2008 年 7 月 7 日报道:总部位于美国加州圣地亚哥的全球语言监察机构(GLM:Global Language Monitor)总裁兼首席词汇分析师 Paul Payack 表示,截至 2008 年 6 月 17 日,英语单词的数量已达到 99 544 个,预计到 2009 年 4 月 29 日左右,英语的拥护者们就可迎来这门语言的历史上非常具有纪念意义的时刻——第一百万个词的诞生。

21 世纪是信息的时代,语言是信息的载体,从这一意义上说,21 世纪也是语言学的时代。现在世界上计算机储存的信息 80% 以上以英语为媒体,50% 的报纸用英语出版,75% 的信件用英语书写,60% 的电台用英语广播,互联网上 90% 以上是英语信息,其中 80% 以上的信息和 95% 以上的服务是世界上最主要的英语国家之一美国提供的。2006 年 3 月英国文化协会在一份名为《英语走向何方》的关于英语全球地位的最新研究报告中指出,英语在全世界的广泛传播确立了它在全球的统治地位,英语仍然是走遍天下的一个重要交际工具。报告用数字表明,自1945年以来,英语教学急剧扩张,10年后全球将有20亿人在说英语或学英语。尽管我们会不时听到一些不同的声音,例如,2006年2月14日英国《金融时报》报道说。"说英语的人经济价值下降"(Economic value of English speakers dwindles);同年11月在联合国互联网管理论坛上,许多与会代表指出,英语占据互联网语言的统治地位是对其他语言的不尊重,也不利于全球文化的多样性发展以及信息共享。

其实早在2005年英国就掀起过用多种语言取城名(website addresses)的运动,以体现文化和民族的多元化。但国际间使用英语交际的程度仍在不断提升,依托英语进行的信息沟通、文化交流、经贸往来还在不断加强,从而促使了英语本身的不断进化,其中最为明显的就是英语词汇的迅速发展。从莎士比亚时代的不足20万个单词到现在的百万个左右单词,在这门语言1 500年左右的发展历史中,绝大多数单词都是在近三百年内创造出来的。特别是20世纪以来,新事物、新经验、新思想、新科学、新技术大量涌现,都在词汇中得到了充分的体现。据美联社报道,英国牛津大学出版社2006年5月宣布,"牛津英语语料库"收集的英文词条已突破10亿。互联网和移动通信在全球范围内的普及更加快了英语造词的速度,包括网络英语在内的现代英语词汇能够直接反映当代英语发展的新趋势和新特点。

英语词汇是英语语言系统组成部分中最敏感、最活跃、最具生命力的部分。与其他组成部分相比,它发展最快、变化最大,而语音、语法则相对稳定,渐变性较强。当代英语创造新词的手段变得越来越丰富。形成了英语中不断出现新词、新义和新用法的时代特点。

首先,历史的进步和社会的发展使得英语这门语言的词汇日新月异,英语词汇中的新单词和新词组,或是说明一项重要的科技演进和创新,或是说明一项重要的财经观点和政策,或是说明一个重要的政治事件和活动,或是说明一种重要的文化时尚和思潮。例如:

Google(n. 谷歌,全球知名网络搜索引擎)和blog(n. 博客,即网络日志,记录个人活动、意见等的网页),这两个单词还可转化成动词,分别表示上网搜索查询(Google)和通过不断更新等途径来维护网络日志;Reaganomics(n. 里根经济学),指由美国第40任总统(1981—1988)罗纳德·里根(Ronald Reagan, 1911—2004)实行的以减税刺激供给的里根经济政策;euro(n. 欧元),指欧盟的12个成员国在2002年全部使用的一种新的统一货币;win-win(双赢的),指双方都能同时受益的;

第七章 教育信息化背景下高校英语基本知识教学的理论建构

stakeholder（利益攸关方），原义为"赌金保管人、股东"等，2006年5月10日美国时任副国务卿佐利克对美国众议院国际关系委员会发表谈话时说，中国有必要成为"负责任的利益攸关方"，美国官方把这个词用在处理中美外交事务的政策上，就赋予了它新的含义。说明中美两国利益与共的关系将可能不断加深；mouse potato（计算机迷），指整天坐在电脑前面的电脑迷，类似的还有couch potato（沉迷于看电视的人）。尤指20世纪90年代出现的整天蜷缩在沙发里的电视迷；PK（对决），即player killing，网络游戏中的玩家与对手的决斗，也指对手间决定胜负的淘汰赛。

其次，英语词汇正在向更简洁、精练、明了的方向变化和发展，造词也愈显自由和方便。由于当前网络社会基本上以英语为通用语言，所以英语词汇的这一特点在日常使用的网络语言中尤为突出。在一个基于互联网技术发展的网络空间中，人们的互动关系主要是依靠英语来维持，电脑操作和网络操作的命令语言是英语，计算机语言用英语编写，网址用英语注册，乃至网络中使用的检索工具也是英语的。

最后，英语作为一种世界性的语言，本身就包含来自全球各地多种民族语言的词汇元素。随着国际交往日趋频繁以及宣传媒介的普及，越来越多的外来词已经而且将继续进入英语。英语词汇中有不少西（班牙）式英语、德式英语、俄式英语、日式英语、印度英语等，多达60多种。据英国媒体2006年4月16日报道，根据美国全球语言监察机构公布的统计数字，2005年全球英语词汇数量中新收录的词语约有两万，其中中式英语多达两成，有4 000余条。该机构总裁帕亚克说，目前，随着中式英语以及其他多种将英语与各民族语言相结合的语言得到越来越广泛的应用，世界性英语将有可能不再仅由英式英语或美式英语来主导。这些进入英语的外来词，不仅使英语词汇更趋丰富，具有国际性特色，而且也证明了世界上不同文化的融合速度正在加快。现在随着全球化进程的加快，英语的这种特性越来越明显了。例如：tsunami（海啸）来源于日语，elie（精华、精英）来源于法语，clone（克隆）源自希腊语，EINio（厄尔尼诺现象）源自西班牙语，taikonaut源自汉语（中国的太空人、航天员）。这个词的前半部分taiko-接近于汉语"太空（taikong）的发音。而它的后缀部分-nau与西方语言中代表宇航员的单词astronaut的后缀完全一样，从而构成了一个绝妙的中西合璧词语。

作为一种强势语言，英语充满活力，造词能力强大，几乎每天都有新闻产生。专家分析，这种快速增加的趋势还会保持下去。但是，这种发展是螺旋式上升的。和其他语种一样，英语中有些词语在使用过程中会慢慢消失。还有一些词甚至是常用的情态动词,诸如 shall, should, must, may 等近年来在主要英语国家的使用频率也在明显下降,而代之以 have to, have got to, be supposed to 等半情态动词。自然科学的飞速发展,使英语科技新词与日俱增,但英语中人文词汇同时在闪耀着动人的光芒。我们知道,英国人说过:"在上帝之后,莎士比亚决定了我们的一切。"那就是说,他们的价值观是被《圣经》和莎士比亚决定了的。莎士比亚在他的作品中用了 3 万多个词汇,很多目前常用的词语都是他创造的。例如,foul play(不正当行为)等。renaissance man 正是指像莎士比亚这样的"文艺复兴时期的理想完人",他代表的博学、博爱是后人开创文明世界的重要源泉之一。

现在主要英语国家的中小学课本中有不少莎士比亚的作品或选段。2004 年 11 月 24 日,"最优美的 70 个英文单词"评选结果在英国首都伦敦产生。此项调查评选是为庆祝英国文化协会成立 70 周年而举办的。根据英国文化协会对 4 万名海外投票者和世界各地英语中心学习者的调查,mother(母亲)列英语中"最优美的单词"榜首。前 10 个单词中的其他 9 个分别是:passion(激情), smile(微笑), love(热爱), eternity(永恒), fantastic(奇妙), destiny(命运), freedom(自由), liberty(自由), tranquility(平静)。"最优美的英语单词"从一个侧面充分显示了它们对人文精神内涵传承和发展的重要作用。

中式英语作为一种变种英语被认为是促进英语全球化的重要力量,在全世界的影响力越来越显著。但有专家认为,汉语是表意文字,外来的意译词比音译词更能被汉语使用者领会和接受。而英语是表音文字,英语对外来语音不那么排斥,因此外来词语比较容易进入英语。中国特色的词语要渗透到英语中去,选择意译或是音译,还要看西方英语社会对它们是否熟悉、习惯和接受。其他变种英语的词语在进入主流英语前都需经过一个较长的"检验"过程,然后根据普及的程度决定是否被接受,不可能一蹴而就。

尽管现代科技、经济、政治和文化的发展为英语词语的变化提供了物质和精神的条件,但年轻一代在这方面发挥的作用是不能忽视的。最新研究表明,主要英语国家的青少年经常使用的"时髦词语",反映了他们对现代社会的认知,他们交友圈的扩大以及对时尚的敏感度。

与新潮词语同时出现的还有用在电子邮件、网络博客和手机短信中的所谓"即时消息式语言"。当这种新兴词语被美国学生运用到英文写作中的时候,教育界人士就发出了反对的声音。英美青少年推动英语词语更新和进化功不可没。但是那些夹杂着俚语的时髦词语毕竟受到时

第七章 教育信息化背景下高校英语基本知识教学的理论建构

空的限制或制约,有的只是在一定的时段里流行,时兴过后就会销声匿迹,有的只是在特定的校园或地区并在某些固定的人群中使用,不能广泛普及。

真正具有生命力的词语必定经受过时间的考验,并能让人们长期乐见和使用,这就让我们想起美国比尔·盖茨(Bill Gates)年轻时创造的 Microsoft 这个词。他创办了微软公司,用 microcomputer(微型电脑)和 software(软件)两个单词的词头为公司取名 Micro-soft,后来中间的"-"被去掉了,成为现在具有世界品牌涵义的英语单词 Microsoft(微软公司,世界上最大的软件制造商)。这种具有经典意义的英语品牌词语还有不少。例如,Adidas(阿迪达斯,创始人 Adi Dassler 的姓名词头合并而成);Carrefour(家乐福,这家著名超市的前身是法国阿讷西市内一个位于十字路口的小店,carrefour 意为"十字路口");Coca-Cola(可口可乐,得名于主要原料中的古柯叶 coca leaves 和可乐果 kola);Google(谷歌,已成为世界最强品牌之一,源自 googol,即 10 的 100 次方或巨大的数目);Nike(耐克,驰名品牌,源自古希腊胜利女神奈基 Nike);Pepsi-Cola(百事可乐,因配方中含有可乐果成分,以及宣称能治疗消化不良 dyspepsia 而得名);Walmart 或 Wal-Mart(沃尔玛,世界零售业连锁集团之王,美国 2007 年财富 500 强企业首位,由创始人萨姆·沃尔顿(Sam Walton)姓氏中的 wal 与"市场"的英文 mart 组合而成)等。这些代表著名品牌或驰名商标的英语词语都已载入词典长期供人们使用。

二、高校英语词汇教学的现状

(一)教师层面

1. 教学方法单一,脱离英语语境

词汇的掌握对英语语言学习的重要性是不言而喻的,但词汇的基于和掌握的过程又是枯燥和困难的,这就需要教师来缓解这种枯燥,需要教师创新教学方法来创设教学情境,营造教学分为,激发学生学习的积极性和动力。但是就目前高校英语词汇教学的现状来看,教师并没有将心思花在教学方法的创新上,而是依然采用陈旧的教学方式,即教师领读单词,讲解词汇用法,学生记忆单词。基于这种课堂教学模式,学生的主体地位被忽视,学生只能被动地学习和记忆,积极性根本无法调动起来,甚至还会产生抵触情绪。此外,教师在教学中对词汇的整体性认识不足,没能将词汇放到具体的句子或情境中,最终导致学生对一词多义理解不深,限制了学生综合能力的提升。

实际上,任何一种语言都产生于实际应用,要想掌握地道的语言,必须浸淫在相应的语境中。我国的英语教育倾向仍十分明显,很多学生学习英语是为了通过考试,教师也将通过考试作为教学的目标,这样一来,就将英语语境的创设与英语教学割裂开来,只追求语言的外在表达方式,而不深入探究其内在的文化与逻辑,从而使得学生用汉语思维去理解应用。例如,"玫瑰"(rose)这一词语在英汉文化中都象征着爱情和美好,除此之外,在中国常用"带刺的玫瑰"形容那些性格刚烈的女子,而英语中常用 under the rose 表示要保守秘密。英语中 rose 的这一文化含义源自英国旧俗,如果在教学中不对此进行说明,学生很难理解和掌握其含义。但实际上,很多教师只从词汇处着手,而未创设语境,这样很难让学生充分体会英语这门语言的魅力,也难以让学生更好地投入学习。对此,教师在教学中应创设符合英语文化背景的语境,从而为学生营造一个英语交流环境,培养学生的英语思维,锻炼学生的词汇运用能力。

2. 教学效果不佳

词汇的学习和掌握要借助记忆来完成,但记忆是一个漫长的过程,如果学生不能在课后及时进行复习和巩固,记住的单词往往会在短时间内忘记。在海量的词汇面前,学生常常会表现出畏惧感,由于缺乏高效的学习方式,加之教学方法方式,使得学生的学习热情不高。而且教师也未能为学生提供应用的机会,这样学生通过死记硬背方式记住的词汇很快就忘记,进而导致教学效果低下,学生的交际能力也受到限制。

3. 忽视跨文化意识培养

很多英语词语意义深刻,蕴含着丰富的文化信息,这些词语称为"文化负载词"。经调查显示,很多学生对这些文化负载词完全不了解。而这种情况在很大程度上体现了教师在词汇教学中忽视了文化负载词部分,未有意识地运用跨文化意识来培养学生的词汇能力。具体而言,教师存在的问题体现在以下几个方面。

首先,对文化教学不够重视。这具体体现为以下几点:教师在备课环节的教学目标没有文化意识目标;教师消极地跟随应试教育的脚步;学校很少组织与英语相关的活动。

其次,教师自身的文化素养不够。高校英语教师虽然具备了扎实的英语专业知识,但英语文化素养有所欠缺。作为学生的榜样,如果教师的文化素养不高,自然也就无法提高学生的文化素养。

第七章 教育信息化背景下高校英语基本知识教学的理论建构

最后,文化教学方法不当。教师文化教学的方法比较单一,基本上是讲授法、多媒体展示法等,大部分教师只是在课堂教学中偶尔提到一些特殊词的文化背景,而很少有意识地渗透文化知识。这种教学方式就造成学生只了解词汇的表面意义,而不理解词汇的深层文化内涵。

事实上,跨文化意识和词汇教学是相辅相成的,教师在词汇教学中融入文化知识,能够提升学生的词汇能力和跨文化意识,而词汇量的增加又能进一步帮助学生更好地理解西方文化,培养自身的跨文化意识。

(二)学生层面

1. 重知识记忆,轻思维锻炼

在词汇学习过程中,很多学生仅仅依靠死记硬背来记忆单词,这种方法并未将思维的锻炼融入进去,学生也很快忘记。实际上,每一个单词都有应用的语境,只有在具体的语境中,才能保证准确性,因此学生在对词汇加以理解时需要从具体的语境出发,这样才能实现学生词汇学习的效果。

而忽视英语思维的培养是在长久的汉语语境中熏陶下产生的惯性思维,很多学生都习惯运用汉语的语言逻辑去理解、解释和使用英语,由于英语和汉语二者背后的文化与逻辑存在差异和冲突,因此必然会影响学生对英语的有效运用。实际上,无论是英语还是其他语言,只有深入了解语言的内在逻辑,才能做到自如运用。英语思维的培养不是仅仅记忆单词或背诵句子技能做到的,还需要学生充分理解英汉语言背后的文化历史,这样才能做到掌握英语这门语言。

2. 语义内涵的理解程度差

我国学生是在汉语环境下学习英语的,所以在理解英语词汇的语义内涵时,会不同程度地受到汉语文化的影响,而英汉词汇之间的语义不对等现象会对学生的词汇理解带来困难。具体而言,一方面,学生在本民族文化传统的影响下会形成思维定式,在理解英语词汇时会出现文化语义的偏差;另一方面,中西文化观念冲突会让学生思维混乱,对英语感到束手无策。如果教师忽视词汇文化背景知识的输入,学生在理解英语词汇时就会出现偏差,甚至会在使用中产生误用问题。

3. 缺乏探究意识

一般来说,在大学阶段,学生应该主动地学习词汇,但是在实际的英语词汇学习中,很多学生仍旧从教师那里获取,不寻找其他的获取渠道,这样的学习就是被动的学习,长此以往,词汇掌握的量也是不充分的。同时,学生不会去主动探究词汇,也无法得知词汇文化的背景知识,这样的词汇学习也会逐渐缺乏兴趣和积极性。

三、高校英语词汇教学的原则

(一)文化性原则

语言与文化有着紧密的联系,很多词汇都与文化有关,而且词汇学习也是为学生以后的跨文化交际服务的。因此,在高校英语词汇教学中,教师应该在讲授词汇的过程中与文化紧密联系,词义的讲解、结构的分析也都需要将文化引入其中,让学生对语言文化有充分的理解,这样才便于学生更深刻地理解词汇,对词汇的变化规律有清晰的把握。

(二)词汇运用原则

词汇学习的目的并不仅仅是为了对词汇加以记忆,而是让他们在实际的交际中能够运用到学习到的词汇,这就要求在高校英语词汇教学中,教师应该遵循词汇运用原则,即要求教师在讲述词汇的过程中,引导学生对讲述的词汇加以运用。具体来说,教师在高校英语词汇教学中应该设计与学生学习特点相符的教学活动,让学生参与其中,这样才能锻炼他们的词汇运用能力和水平。

(三)新潮性原则

随着科技的迅猛发展,学生的思想也变得更为开放、更为新潮,体现在学习和生活中,就是他们与信息密切联系。基于此,高校英语词汇教学应该从学生的需求与时代的趋势出发,做到与时俱进,这样才能体现新潮性。

当然,教师除了为学生教授教材上的词汇,还应该引入一些新潮的词汇,如 selfie(自拍)、bestie(闺蜜)等,这些词汇具有新潮性与鲜活性,也会调动学生词汇学习的积极性。

(四)循序渐进原则

任何教学都需要坚持循序渐进的原则,都不可能是一蹴而就的。当然,高校英语词汇教学也是如此。具体来说,在高校英语词汇教学中,教

第七章 教育信息化背景下高校英语基本知识教学的理论建构

师应该在坚持提升质量与数量的基础上,不断对教学内容进行加深。也就是说,教师不能仅仅重视学生对词汇数量的掌握情况,还应该重视他们对词汇质量的把握,这样才能让学生对词汇掌握得更为熟练。

所谓逐层加深,即在高校英语词汇教学中,教师应该层层递进地讲述知识,因为在一堂课中,教师不可能将某个单词的每一个语义都讲述清楚,学生也不可能一次性掌握某个单词的所有语义,因此教师不能急于求成,而应该先讲述其基本语义,然后由浅入深地介绍其他的语义,并分析这些语义与基础语义的关联性,这样学生就能一步步地加深对该词汇的理解与把握。

(五)重复性原则

遗忘是伴随着记忆而行的,在学生的词汇学习中,不可避免地会产生遗忘问题,每天如果不加以复习和巩固,将很难掌握词汇,对此高校英语词汇教学应遵循回顾拓展原则。这一原则是指在教学中将新旧词汇结合起来,利用已经教授过的词汇来教授新的词汇,以便让学生对旧的词汇加以共同,同时有效拓展和掌握新的词汇。

(六)情景性原则

词汇教学并不是孤立展开的,而应该在教学过程中,词汇不应该离开句子、段落,这样在上下文语境中,学生更容易理解。也就是说,教师在高校英语词汇教学中,应该为学生创设真实的情境,让学生通过模仿、记忆等,帮助他们熟悉单词。同时,教师也应该组织一些具体的活动,让学生将某单词的学习运用到具体的实践中,坚持听、说、做相结合。

四、教育信息化背景下高校英语词汇教学的优势

信息技术对于高校英语词汇教学有着巨大的意义,其可以对词汇教学的过程进行全新的设计,也可以为学生设计个性化的词汇操练形式,从而彰显词汇教学的新意。下面就对其优势进行分析。

(一)有助于增强词汇掌握的时效性

在教育信息化背景下,高校英语词汇教学有助于为学生创设词汇学习的环境,从而不断提升学生的词汇能力。运用信息技术这一集文字、图像为一体的形式,能够鲜活地呈现词汇教学的内容,也有助于扩大学生的眼界,提升学生的词汇素质与能力。这样词汇教学就突破了时空的限制,让学生更快地获取信息,因此在教育信息化背景下,词汇教学使学生对词汇掌握的时效性加强,同时也缩短了教学的时间。

(二)有助于提高词汇记忆的效率

就记忆的角度而言,人们记忆动画或者图片的能力要明显强于文字。如果从人类器官的角度而言,听觉、视觉要比单凭的记忆要强,并且更强于这种仅仅靠视觉的记忆。因此,学生在学习新单词的时候,教师可以在不同的语境将新的词汇呈现出来,这样词汇在不同的语境下进行转换,让学生对词汇产生新的认知。

在教育信息化背景下,学生可以接触各种语境,显然学生更容易记忆。这是与认知主义理论相符的,即将机械地记忆词汇转化成对词汇有意义的学习,也便于学生建构词汇意义。

(三)有助于扩展词汇认知的层面

在传统的词汇教学中,师生接触的词汇材料多是封闭的,仅仅局限在教材与大纲层面,对信息仅仅是被动接受。信息技术的引入,可以改变传统的词汇教学认知,学生也可以通过网络获取更多信息,从而扩充自身的词汇量。

另外,从很大程度来讲,信息技术让大学生对英语文化背景知识有了更充分的了解,因此又可以增加学生的知识存储量,使学生的词汇学习更为有趣。有些词汇在不同的语境中,会产生不同的意义,因此学生不仅要对这些词汇的内涵意义有所把握,还需要对其外延意义有所了解。只有这样,才能对词汇有准确的了解和把握。但在信息技术背景下,学生接触到的词汇往往是比较鲜活的,这有助于他们对词汇意义的理解。

五、教育信息化背景下高校英语词汇教学的方法

目前,英语词汇教学存在着诸多问题,教学现状并不佳。对此,为了切实提高英语词汇教学的效果,提升学生的词汇水平,培养学生的跨文化意识,就需要在遵循基本教学原则的基础上,对教学方法进行优化,即选用新颖、有效的方法开展教学。

第七章　教育信息化背景下高校英语基本知识教学的理论建构

（一）对词汇进行词源分析

这一方法主要适用于英语词汇中的一些典故词汇。在英语词汇中，有很多词汇是从典故中来的，因此其文化内涵非常丰富，很难从字面上去理解与把握，必须借助词源展开分析。无论对于中国人还是西方人来讲，在口语或者书面语中都会运用一些典故、传说等，因此对于这类词汇的教学是非常重要的。例如，man Friday 这一词就是源自《鲁滨逊漂流记》，其含义并不是"男人星期五"，而是"得力的助手"；an Uncle Tom 这一词汇源自《汤姆叔叔》，其含义并不是"一名汤姆叔叔"，而是指逆来顺受，宁愿承受侮辱，也不反抗的人。

（二）文化知识融入词汇教学

在词汇教学中，教师可以采用教授法开展文化教学，即教师直接向学生展示文化承载词的分类及内涵等，同时通过图像声音结合的方式列举生动的例子加以说明，直观地培养学生对文化的兴趣。只有熟悉了英语文化，才能让学生透彻地了解英语词汇。学习语言时不能只单纯地学习语音、词汇和语法，还要接触和探索这种语言背后的文化，在语言和文化的双重作用下，才能真正掌握英语这门语言。采用直接讲授法讲授文化，既省事又有效率。而且这些文化不受时空的限制，方便学生查找和自学。

例如"山羊"/goat，在汉语环境中，"山羊"一般扮演的是老实巴交的角色，由"替罪羊"这一词就可以了解到；在英语环境中，goat 则表示"好色之徒""色鬼"。这类词语还有很多，如 landlord（褒义）/"地主"（贬义）、capitalism（褒义）/"资本主义"（贬义）、poor peasant（贬义）/"贫农"（褒义）等，这些词语代表了人们不同的态度。在词汇学习过程中，要深入了解和尊重中西方文化，这样才能更好地将词汇运用于交际。

再如，根据当下流行的垃圾分类，教师可以让学生翻译这四类垃圾：干垃圾、湿垃圾、有害垃圾、可回收垃圾。大部分学生都会将"垃圾"一词翻译为 garbage，实际上正确的翻译应是 waste。由这两个词就可以看出中西方文化差异。在英语中，garbage 主要指事物或者纸张，waste 主要是指人不再需要的物质，可以看出 waste 的范围更广，其意思是"废物"。当翻译"干垃圾"和"湿垃圾"时，学生又会翻译得五花八门，实际上"干垃圾"是 residual waste，"湿垃圾"是 household food waste。所以，学生又必要深入了解中西方文化的异同，这样才能学好词汇，才会形成英语思维，进而形成跨文化交际能力。

(三)创设语言情境学习词汇

语言只有在语境中才能焕发生机与活力,单独去看某个词汇很难在其中发现个中韵味,但是一经组合和运用,语言便有了生命力。因此,教师应创设信息丰富的环境,为学生提供真实的语言环境和大量的语言输入,使学生在逼真的语境中学习英语,给学生提供学习和运用词汇的机会。教师可以设计一些活动,如组织学生观看电影,然后指导学生进行角色扮演,让学生经历真实的跨文化交际情景,培养学生的跨文化交际能力。

除组织跨文化交际活动外,教师还可以组合一些课外活动,让学生切实感受英语文化,扩大学生的词汇文化资源,培养学生的跨文化交际能力。例如,《疯狂动物城》这部动画片深受学生的喜爱,但大部分学生并没有注意这部影片的名字 Zootopia,也没有对其进行探究,觉得这是电影中虚构的一个地方。如果学生知道乌托邦的英文是 Utopia,可能会理解这个复合词 Zootopia 是由 zoo(动物)和 Utopia(乌托邦)结合而来。实际上,很多学生连汉语文化中的"乌托邦"都不了解,更不用说英语文化了。其实,"乌托邦"就是理想国,Zootopia 就是动物理想国,动物之间没有相互杀戮的地方。如果学生在观看电影前能对其中的文化进行探索,或者教师稍微引导,那么观影的效果就会更好,而且在欣赏影片的同时能掌握文化知识。

(四)网络辅助词汇教学

词汇学习不能仅依靠教师的课堂讲授,还要依靠学生的课外自主学习,对此教师应有效引导学生充分利用课外时间来自主扩充词汇量,丰富词汇文化知识。

1. 推荐阅读

教师可以向学生推荐一些课外读本,如《英语学习文化背景》《英美概况》等,让学生利用课余时间进行阅读。通过阅读英语名著,学生不仅能充分了解西方文化背景知识,扩大文化视野,还能积累丰富的词汇,了解词汇的运用背景以及词汇的文化含义,更能培养学生良好的自主学习习惯,促使学生终身学习。可见,阅读英语书籍对学生的词汇学习而言是非常有意义的。

这不仅能培养学生的自主学习能力,还能丰富学生的文化知识,扩充

第七章　教育信息化背景下高校英语基本知识教学的理论建构

学生的词汇量。

2. 观看英语电影

现在的大学生对于英语电影有着浓厚的兴趣，对此教师可以借助英语电影来提高学生的词汇能力。具体而言，教师可以选取一些蕴含浓厚英美文化，并且语言地道、通俗的电影让学生观看。这样学生可以在欣赏影片的过程中，切实感受英美文化，提高文化素质和词汇能力，同时提升学习词汇的兴趣。

目前，英语词汇教学存在着诸多问题，教学现状并不佳。对此，为了切实提高英语词汇教学的效果，提升学生的词汇水平，培养学生的跨文化意识，就需要在遵循基本教学原则的基础上，对教学方法进行优化，即选用新颖、有效的方法开展教学。

3. 学习资源圈共享

通过共享学习资源圈的建构，对学生展开分层教学，教师可以为学生介绍一些与课本配套的线上课程，通过这些线上的课程，可以对课堂的内容加以补充，从而不断丰富学生的学习资源。由于学生固有的知识水平是不同的，并且他们接受的学习情况也存在差异，因此在进行教学的时候，教师应该实施分层教学，考虑学生的不同层级，设置的任务要与他们的能力相符，这样才能满足不同学生的学习需求。

4. 引导学生深度学习

在信息技术的辅助下，学生的词汇知识学习不应该仅仅局限于阅读、写作、背诵层面，而应该将那些零散的知识整合起来，实施再现学习。通过信息技术的辅助，不断设计自己的学习，将学生的学习兴趣和积极性激发出来。

建构主义注重将学生作为中心，强调学生对知识的获取能力与探索能力，让他们主动发现与建构知识。通过对知识的发现与建构，解决自己学习中遇到的一系列问题。

5. 建立评价机制

通过信息技术，学生可以自己展开测试，这可以让教师对数据加以整合，找出学生容易出现问题的地方，然后在课堂上将这些重难点讲解一下，并及时收集学生的学习情况。显然，通过这种线上测试，可以激发学生的学习兴趣，也是对学生自主学习的一种鼓励。

第二节 教育信息化背景下高校英语语法知识教学

一、语法与语法学

（一）语法

英语语法属于经验认识的理论，它是人类生活的物质和意识两方面持续辩证发展的结果。如果将语言看成是人类对经验的识解，那么语法就是经验识解的方式。语法虽然使意义的表达具有可能性，但是同时也对什么可以被意义化设定了限定。

语法在语言中具有举足轻重的作用。当谈及语法的定义，不同的学者却有不同的界定。

英国著名应用语言学家 H.G. 威多森对语法的定义为，语法是一个规则系统，包括词汇变化规则和词汇造句规则。

美国路易斯安那州立大学的语言学教授尤尔（George Yule）认为，语法是一套结构体系，其分析框架包括意义、形式和用法三个方面，这三个方面是相互结合的，可以通过应用的上下文语境来解释不同的语法形式和不同的语法意义。

朗曼在《应用语言学词典》中将语法定义为，语法是对语言单位（词汇、词组等）组成句子时所遵循的方式的一种描述，这种描述往往包括了语言句子各个语言系统下的含义和功能。

北京英语系教授胡壮麟认为，语法应该被看作一个理性的动态系统而非任意规则的静态系统，这种定义更利于在语言教学中培养学生良好的语言应用能力。

（二）语法学

通常情况下，人们认为语法学是一门研究语法规则的学科。王希杰认为，语法学是以语言符号之间的结构规律为研究对象的一门独立的语言学科。从这点来看，语法和语法学之间存在着本质的区别。语法是语言符号间的客观规律，它是客观存在的，不以人的意志为转移。但是，语法学则是主观的，语法学往往带有人为的创造性，甚至存在着多种多样的语法学。

第七章 教育信息化背景下高校英语基本知识教学的理论建构

1. 语法学的研究方法

语言学属经验科学,语言学研究所依赖的是观察说话者凭借大脑的语言直觉认为是合乎语法的语言事实。形式语法学家感兴趣的不是社会成员通过商量后制定的语言规约系统,而是隶属人脑的认知系统并导致语言直觉产生的 I-语言。因此,语言事实不被视为纯粹的社会行为,而被视为人类的心智能力,是人脑固有的语言属性和人的后天语言经验相互作用的产物。

具体说来,语言学家研究的 I-语言是专司语言知识及使用的语言器官处于稳定状态时所体现的一种生成程序系统,是语言计算的规则系统。语言的生成系统与语言使用系统(含"发音-知觉的语音式"和"概念-意念的逻辑式"两种系统)接口整合,进而生成无以计数的语言表达的外在形式,即话语行为系统,被称为 I-语言。具备 I-语言能力的人,意味着具备了创造性地使用语言的能力。

人类的语言器官有一个初始状态,经由语言经验刺激达到稳定状态。在这一语言器官的成长过程中,儿童基于由人类物种遗传基因决定的生物禀性,从语言经验中选择了可及性 I-语言。决定这种选择的规则构成了全人类共有的普遍语法。普遍语法理论是一部可以充分描述和解释人类 I-语言因缘及结构的语言学理论,因而发现普遍语法原则成了语言学最具挑战性的理论问题。

基于人类生物禀性的普遍语法不属社会科学,而属自然科学,所以对 I-语言知识系统的研究应该归属在自然科学研究范畴内,采用的研究方法通常为观察归纳法和演绎推导法,通常以演绎推导法为主。观察归纳法有助于语言学家充分描述 I-语言系统,而演绎推导法却能够使语言学家充分解释 I-语言系统。

通常儿童能够在很短的时间内习得十分复杂的语法系统,能够理解并创造无限量的句子,这表明人类的语言器官是以最简约的方式生成句子的。研究 I-语言系统的语法理论应该以"简约"为原则,这要求语法研究的主要方法应该是演绎。语法理论的本质应该是句子推导,而不是句子描述。

2. 传统语法

传统语法以古拉丁语和古希腊语为其传统,始于古希腊和古罗马,在中世纪得到进一步的发展,盛行于 18 世纪末并长期统治欧洲语法研究和语言教学的语法理论。它重书面语,轻口头语,试图以一个标准来规范语言和纯化语言,所以又被称之为"规定性语法"。它常被学校采用,故又被称之为"学校语法"。然而,从广义上讲,传统语法还包括19世纪末兴起的学术性传统语法。在由学校语法发展到学术性传统语法的过程中,传统语法也由规定主义发展为描写主义,并试图如实描写语言变化和语言的实际运用情况。

美国语言学家哈仕(W. Harsh)归纳道:"简单地说,传统语法是按照意义和说话人的意向(如陈述、疑问、祈使、感叹等范畴)来解释句子的一种语法体系"。其基本方法是划分词类和明确句子成分的功能。

语言学家克里斯特尔(David Crystal)曾说:"'传统语法'这个词,如果说还表示任何意义的话,则它是力图总结一种思想状态、一系列方法和原则,这些方法和原则多年来表现为多种组合形式和强调侧面,与思想领域的很多学派有关。

(1)亚里士多德和柏拉图的句子结构思想

关于词的形式(发音)与意义的关系问题,古希腊哲学家分成两派。一派是以柏拉图为代表的自然派(the Naturalists),认为词的形式(发音)与意义之间有一种本质的、必然的自然联系。一派是以亚里士多德为代表的习惯派(the Conventionalists),认为词的形式(发音)与意义不是同一的东西,两者之间没有必然的联系。某个词的意义用一定的语音形式来表现,这是在长期的语言交际过程中固定下来的,是社会约定俗成的,也可以说是语言领域中的"一种社会契约"(a kind of linguistic social contract)。在语言形式分析上,柏拉图在西方第一个提出了划分词类的思想。他从意义出发将词划分为主词和述词两类。主词大致相当于现在的名词,述词大体相当于现在的动词。作为学生的亚里士多德在继承老师的主词和述词划分的基础上,提出了第三个词类:连词。

第一,亚里士多德的连词概念不同于现今我们所说的连词,它包括不属于主词和述词的所有词类(即现今的连词、介词、代词、冠词等),也就是没有曲折变化的那些词。

第二,他开始注意到名词的格的变化和动词的时态变化。

第三,他第一个把词解释为最小的有意义的语言单位。此外,他还讨论了句子的语法结构与句子的客观真实性之间的关系,对后来的生成语义学和蒙塔古语法有一定的影响。

(2)斯多噶学派有关词类的思想

作为一个哲学派别,斯多噶学派十分注意语言的本质问题的探讨。他们认为语言的外部形式表达了有关人类本质的内在实质。有人据此认为这便是转换生成语法中的表层结构和深层结构的最初萌芽。

第七章 教育信息化背景下高校英语基本知识教学的理论建构

斯多噶学派在名词、动词和连词的基础上,增加了冠词,将词类扩充到四类。同时,他们还把名词细分为普通名词和专有名词,并解决了名词的格的问题。名词的格分为主格、宾格、与格、属格和呼格。然而,公元前1世纪,一位亚历山大里亚(Alexandria)学者狄俄尼修斯·特拉克斯(Dionysus Thrax)撰写了第一部系统的希腊语法《语法术》才真正地确立了语法的系统性。该书研究的对象是规范的文学语言。作者在分析作品的词汇时讨论了8个词类,即名词、动词、分词、代词、介词、冠词、副词和连词。他对每一类词都有详细的定义,并附有足够多的例句。在词类划分上,他既采用了形式标准(即词尾和词与词之间的相对位置),又使用了意义标准。这种形式和意义的双重标准的划分法一直沿袭到至今。他的8个词类的划分也为后世所沿用。尤其值得一提的是,他"以词法为先导来建立语法"是后世语法书编撰的一个模式,也是传统语法的一大特点。

(3)中世纪经院学派有关意义的实质的思想

在"黑暗时代"的欧洲中世纪,语法分为两种,即教学语法和哲学意味很浓的经院语法(scholastic grammar)。这一时期,教学语法中唯一有意义的改革是将形容词从名词中分离出来,代替分词作为一个独立的词类。

(4)17世纪唯理主义和经验主义的有关语言和思维的关系的思想

在文艺复兴时期末期的17世纪发生了以笛卡尔(Rene Decartes)为代表的唯理主义(rationalism)和以洛克(John Lock)为代表的经验主义(empiricism)之间的著名的哲学论战。

笛卡尔认为,人的一些能力和观念是由于遗传而与生俱来的,尽管人的知识、技能等大都来自经验。譬如,人们能学会语言和创造性地使用语言,完全是由于人脑中具有某种天生的、内在的抽象机制。此观点与现今乔姆斯基(N. Chomsky)所阐释的语言能力非常接近。

以洛克为代表的经验主义者则认为,人类的一切知识和技能,包括语言,都是后天获得的,是由于环境不断刺激而形成的,此观点在后来的结构主义语言学那里有所继承。唯理语法学家的代表人物当属法国的阿尔诺(Antoine Amauld)和兰斯洛(Claude Lancelot)。他们合著有《唯理普遍语法》。唯理语法学家认为,语言的功能是传达思想,任何自然语言都是人类思维的内部机制的外部表现。由于人类思维的共同性和语言形式的多样性,他们提出了语言具有外部形式和内部形式的思想。语言的外部形式就是像句子这种可以观察到的外部语法形式。外部形式里面则存在着某种抽象的、基本的、全人类共同的观念,这就是语言的内部形式。

同一观念在不同的语言中,甚至在同一语言中,有多种不同的外部表达形式,这便是唯理语法的核心,也是20世纪转换—生成语法学家的灵感来源(殷钟崃、周光亚)。可以说,转换—生成语法理论是来源于唯理语法的。事实上,转换—生成语法对传统语法是有继承关系的。

(5)18世纪有关英语语言正确性的思想

在称为"理性时代"(the Age of Reason)的18世纪,语言研究的显著特征是追求所谓秩序和规则,因为秩序和规则是所谓"理性"的体现。在这一时期产生了使英语标准化、净化和固定化的所谓"三化"倾向。标准化是指语言规定出若干规则使之成为所谓正确用法的标准;净化即是消除语言的不规范现象,以改变混乱状态;固定化是指把语言按所谓理想形式永远固定下来。

1755年,塞缪尔·约翰逊(Samuel Johnson)编撰的《英语词典》(*A Dictionary of the English Language*)为英语的规范化和标准化作出了重要贡献。塞缪尔·约翰逊首次把英语单词的拼写形式规范化,并对每一个单词的词义进行了详尽注释,同时引用大量经典作品中的例句加以说明,该词典具有较高的使用价值。

尽管塞缪尔·约翰逊在很大程度上解决了英语词汇规范化的问题,但英语句子结构还需要进行标准化、净化和固定化。因而,编写英语语法便成了18世纪后半叶英语规范化运动的主要内容。这一阶段出版的语法著作主要有如下几部。

罗伯特·洛思(Robert Lowth)的《英语语法简介》(*A Short Introduction to English Grammar*, 1962),被称为规定主义传统语法的经典,对后世影响极大。

詹姆士·布坎南(James Buchanan)的《大英语法》。

林德利·默里(Lindley Murray)将罗伯特·洛恩的语法作了改写,以适应教学需要,便有了有名的《各年级适用的英语语法》。此书同罗伯特·洛思的《英语语法简介》一并构成了英语学校语法的基础,其影响悠久,直至今日的英语语法教学也还未摆脱其框架的束缚。

约瑟夫·普里斯特(Joseph Priestley)的《英语语法入门》是18世纪唯一一本有影响的描写主义的语法著作。

(6)19世纪比较语言学的有关语言历史的思想

历史比较语法在19世纪蓬勃兴起,语言学家的兴趣为追溯语言的源头和确定语言间的亲缘关系所吸引。历史比较语法学家认为,由于多种多样的人类语言分别采用自己的独特方式,因而,对每一种语言都必须以自己的方法进行分析。他们试图让人们知道语言变化是不可避免的,而

第七章 教育信息化背景下高校英语基本知识教学的理论建构

语言学家则应该把自己的工作目标定为记录语言的发展和现状。他们认为语法唯一可以信赖的基础是实际用法,而在实际用法中,口语是最活跃的,理应受到语法学家的高度重视。

为了研究口语,语音开始受到广泛重视,在语言变化中,语音是最活跃的因素,因此,历史比较语法学家十分重视对语音进行系统的、科学的描写。在这一时期的英语历史语法研究的学者有:威廉·惠特尼(William D. Whitney)的《英语语法精要》;亨利·斯威特(Henry Sweet)的《新英语语法》;亨里克·波茨玛(Henrik Poutsma)的《现代近期英语语法》;乔治·柯姆(George Curme)的《英语语法》;奥托·叶斯柏森(Otto Jespersen)的《按历史原则编写的现代英语语法》。以上这些语法著作的作者在深刻了解英语发展史以及其方言状况的基础上,参照印欧语、日耳曼语、古英语和中古英语来描述,企图阐明语言是怎样发展的,语言又将怎样向前发展。

(7)奥托·叶斯柏森与英语语法

奥托·叶斯柏森(Jen Otto Henry Jespersen, 1860—1943)是世界公认的杰出语言学家。在19世纪最后20年和20世纪前40年,他活跃于广阔的学术领域,主要有语言学、语言进化、语言史、语法哲学、英语语音学、英语语法学、语言习得、外语教学,以及人工语言。他留下了大量论著,主要包括《语言》《语言进化》《语法哲学》《按历史原则编写的现代英语语法》《英语的发展和结构》《分析语法》等。

在语言理论上,叶斯柏森继承了洪堡特的学术传统,又预示了乔姆斯基转换生成语法。然而,在语言功能方面他和韩礼德又有许多共同之处。所以,很难简单地把他的语法说成是形式语法或是功能语法。格里森把叶氏语法称为"重视结构功能的功能语法",而莱昂斯则把叶氏看成是"老派语法学家的杰出代表,站在传统语法与现代语法之间"。

叶斯柏森强调形式和实际用法,强调语音在决定语法范畴中的重要性,认为"语法应该首先解决语音的问题,其次才能着手书面的问题"。这正是结构主义语法的基本观点。

叶斯柏森对转换生成语法的启示主要体现在他强调语言的创造性及从外部(形式)或从内部(意义)来观察语言现象的方法上。这种外部表现形式和内部意义的区分颇像转换生成语法中的表层结构和深层结构的区别。

或许是受到达尔文的生物进化论的影响,叶斯柏森提出了语言进化论,认为语言同人类一样,是从复杂、紊乱的原始形式朝着有规律的、合乎逻辑的和更有效的方向发展。他承袭了洪堡特的观点,认为"语言的本质是人的活动是一个人让别人了解自己的活动,是另一个人了解前一个人思想的活动"。这清楚地说明语言是人与人之间的交际活动。叶斯柏森的这一观点与韩礼德的"语言最好视为一种活动:具体地说,是人们在社会上的一种活动"的语言观相同。

叶斯柏森编撰的语法巨著《按历史原则编写的现代英语语法》几乎囊括了英语语法的各个方面。全书共有七卷,其中第一卷专讲音素和拼写,第七卷讲形态学,其他五卷都是讲语法。他在此书中独创了不少自己的术语。譬如,用"形态学"(morphology)代替了传统术语"词法"(accidence)。他主张对语法现象的描述有必要从外部(形式)和内部(意义)这两个相对的角度进行考察。他将前一部分称为形态学,将后一部分叫作语法,这两部分合起来加上语音学就构成完整的语法概念。叶斯柏森的这种语法体系的划分法为以后的语法学家所仿效,形态学也成了语法学中的一个重要的分支学科。

二、高校英语语法教学的现状

(一)教师层面

1. 语法教学弃而不教或边缘化

高校英语教学一直都在不断变革,教学内容随之不断改变,而随着2004年教育《高校英语课程教学要求》的颁布,高校英语语法教学内容退出了高校英语教材,高校英语语法教学也从高校英语教学中退出,最终导致高校英语语法弃而不教或边缘化。这具体体现在两个方面,首先教材中没有了语法内容,教师便失去了教授语法的依据和大纲,学生也将无法系统地获取语法知识;其次可使安排不合理,高校英语教学中多是精读课与泛读课,没有相应的语法课,即使教师讲解语法知识,也是零星的和碎片化的。实际上,语法对于英语语言的学习是至关重要的,语法贯穿于英语学习的始终,对英语综合能力的提升起着重要所用,所以教师不应忽视语法教学,而应积极开展语法教学,丰富学生的语法知识,提高学生的语法能力,为学生的英语综合应用能力打好基础。

2. 教学方式单一

英语语法知识繁多,学习起来十分枯燥,因此很多学生都与语法学习缺乏兴趣。想要改善这种现状,就需要教师创新教学方法,增添语法教学的乐趣,激发学生学习的积极性。但是,当前的高校英语语法教学并不乐

第七章 教育信息化背景下高校英语基本知识教学的理论建构

观,教师依旧采用陈旧的方式展开,占据课堂的主体,这样学生处于被动的学习,不仅与教育理念不符,也不利于学生的学习,很难发挥学生的主观能动性。

(二)学生层面

1. 语法意识薄弱

大学生在中学阶段已经进行了很长时间的语法学习,普遍感到枯燥乏味,因此他们认为到了大学阶段就没有必要重点学习语法了。实际上,尽管到大学阶段,语法依然是英语学习的重要内容,因为不掌握丰富和准确的语法,是不可能准确、流利地进行交际的。

2. 缺乏有效的学习方法

大多数学生的语法学习的效率非常低,其中一部分学生是因为掌握的学习方法不正确,从而使得语法知识的掌握较为松散,不能成为一个系统。在语法学习中,学生往往比较被动,通常是遇到新的问题之后才会回去学习语法知识,而当他们学习完一篇文章之后,又把语法学习抛之脑后,这样的学习是很难提升学生的语法能力的。

三、高校英语语法教学的原则

(一)实践性原则

传统的高校英语语法教学只重视知识传授,不重视技能培养,忽视语法的交际功能。《高校英语教学指南》注重学生能力的培养。教师要明确英语语法教学只是培养语言实践能力的桥梁,其目的是更好地培养学生听、说、读、写语言实践能力,进而达到用英语进行交际。因此,语法教学必须突出其实践性原则。

(二)交际性原则

在高校英语语法教学中,教师应遵循交际性原则,即恰当地运用多媒体设计课堂教学,创设合理的语言交际环境,使语言交际环境符合实际环境,从而帮助学生更好地掌握语法知识,提升交际能力。提高学生成绩并不是语法教学的最终目的,与语法知识的使用才是语法教学的本质,所以语法教学应结合实际生活,培养学生的语法思维,提升学生的听说读写能力,提高学生的语言交际能力。

(三)文化性原则

语法作为语言的内部规律,与文化有着密切的联系,即蕴含和反映着丰富的文化信息。对此,在高校英语语法教学中,教师应重视文化因素对学生语法学习的影响,并有意识地进行文化教学,创设英语语言环境,从而丰富学生的文化知识,切实提高学生的语法能力和语言交际能力。

(四)综合性原则

在互联网背景下,高校英语语法教学要求采用恰当的教学手段,进行综合性教学,具体而言包含如下几点。

第一,将归纳与演绎两种教学法相结合。因为这两种教学方法各有各的特色,教师在高校英语语法教学中,将二者结合起来,以归纳为主要教学法,以演绎为辅助教学法,这样才能真正地提升高校英语语法教学的质量。

第二,将隐性与显性两种教学法相结合。在高校英语语法教学中,隐性教学法要求避免对所学的语法规则进行直接的谈论,而是通过运用情境,让学生对语言加以体验,从语言的交际运用中,对语法规则进行归纳。相对而言,显性教学法要求在语法教学中对所学的语法规则进行直接的谈论,也直接显现语法教学的目的。从学生的心理、生理特点出发,教师应该避免反复的机械讲解与记忆,而应该让学生在语境中进行感知,让他们不断熟悉语法项目,同时要为学生创设一些有趣的情境,让学生不断模仿与巩固。最后,在学生理解了语法项目并会运用的基础上,教师对语法规则加以归纳。也就是说,高校英语语法教学应该以隐性教学为主要教学方式,并辅以显性教学,这样才能激发学生的语法学习兴趣,帮助学生增强自身的语法意识。

第三,将语法教学置于听、说、读、写教学之中。学生的这四项技能都与语法有着紧密的关系,语法教学也是为这些技能的教学服务的,因此在高校英语语法教学中,教师应该将其与四项技能的教学结合起来,这样才能使语法真正地为交际服务。

四、教育信息化背景下高校英语语法教学的优势

语法教学与英语技能教学有着紧密的联系,但是传统的语法教学存

第七章　教育信息化背景下高校英语基本知识教学的理论建构

在明显的问题,如语法教材比较落后、语法教学方法比较传统。在教学中,教师往往是根据教材进行讲解,然后通过教材中的练习让学生进行巩固。但是,在实际的口笔头交际中,难免会出现各种语法问题。并且,在日常考试中,存在较多的单选题,这也不利于学生掌握语言运用。

与传统的高校英语语法教学相比,教育信息化背景下的高校语法教学有着明显的优势。

第一,具有形象性。信息技术在高校英语语法教学中的应用,对传统依赖教材的局面造成了冲击,使枯燥的语法教学变得更为有趣、直观。

第二,具有多样性。信息技术在高校英语教学中的应用,使教学形式更为多元化,不仅有课堂内容的组织,还有课外内容的组织。同时,高校语法教学活动的设计也更为多元化,有助于将学生的听、说、读、写等功能调动起来。

第三,具有逼真性。信息技术为高校英语语法教学提供了更为真实的语境,通过图片、视频等,可以不断提升学生的学习效果。

第四,互动性。信息技术让高校英语语法教学从课堂转向课堂 + 课外,实现了远程的学习与交流。

五、教育信息化背景下高校英语语法教学的方法

(一)进行文化对比,认知英汉语法差异

文化对于语法教学影响深远,因此教师可以采用文化对比的方法展开教学,让学生不断对英汉语法的差异有所熟悉,培养他们的跨文化交际意识与能力。

众所周知,我国学生是在母语环境下来学习的,因此不知不觉地会形成母语思维方式,这对于英语学习而言是非常不利的,甚至在组织语言时也掺加了汉语的成分。基于这样的情境,英语教师就需要从学生的学习规律出发展开对比教学,使学生不断认识到英汉语法的差异,这样便能在发挥汉语学习正迁移的前提下,使学生掌握具体的英语语法知识。

(二)创设语境,激发学生感官

在高校英语语法教学中,教师可采用情境教学法开展教学,情境教学法有着包含语法规则和知识的真实环境,可以充分调动学生不同的感觉器官,激发学生学习的兴趣,可以让学生在接近真实的情境中确实参与到

学习中,使学生系统地掌握语法知识。语法教学通过情境化实现了认知与情感的联合,颠覆了过去只讲述语法规则的陈旧方法,学生有了使用语言的空间。而且通过情境化教学,课堂氛围更加活跃,师生关系更加和谐,学生的语法能力和交际能力会得到显著提升。具体而言,情境教学的教学途径包含以下几个。

1. 融入音乐,创设情境

青少年通常对音乐有着强烈的兴趣,因此在语法教学中,教师可将音乐与语法教学相融合,营造轻松愉悦的气氛,在聆听中学,在欢唱中学。例如,在讲授现在进行时这一语法时,教师可以让学生先欣赏歌曲,并让学生持有该曲的歌词,然后找出歌词中含有现在进行时的句子。这样既能激发学生的学习兴趣,分散学习的难点,又能使学生在不知不觉中学到知识。

2. 角色扮演,感受情境

在高校英语语法课堂教学中,教师还可以组织学生进行角色扮演,让学生身临其境地学习语法知识。学生可以通过自己扮演的角色,体验相应情境下人物的言行举止、思想情感,深化所学知识,提高学生的人文素养。

3. 运用媒体,展示情境

在语法课堂教学中,有些教学情境因条件的限制无法创设,但随着多媒体技术的发展及其在教学中的运用,这一缺陷被弥补了。多媒体教学素材丰富多样,包含图像、图形、文本、动画以及声音等,将对话的时空体现得生动和形象,图像和文字都得到了充分的体现,课堂范围不再沉闷死板,学生的感官得到了调动,加深了学生的印象,提高了学生参与课堂教学的积极性,教学和学习效率也得到了显著的提升。

4. 设计游戏,领悟情境

设置符合学生心理和生理特征的语法教学游戏,可以激发学生的学习积极性,让学生积极参与其中。而且生动活泼的游戏可以调动学生的多种感官,使学生原本觉得困难的语法结构也变得简单许多,从而使学生在潜移默化中掌握语法知识。

(三)利用翻转课堂,完善课前与课堂教学

翻转课堂也是随着信息技术的发展而产生的一种新型教学模式,将该教学模式运用于高校英语语法教学,可有效调动学生学习语法的兴趣,

第七章　教育信息化背景下高校英语基本知识教学的理论建构

促进学生的自主学习能力,提高学生的独立思考能力,进而培养学生的语法能力。翻转课堂这种教学模式不再以教师为中心,而是以学生为中心,教师只是起到辅助作用,学生是教学环节的重点,师生之间处于相互互动的状态。翻转课堂语法教学模式流程如图7-1所示。

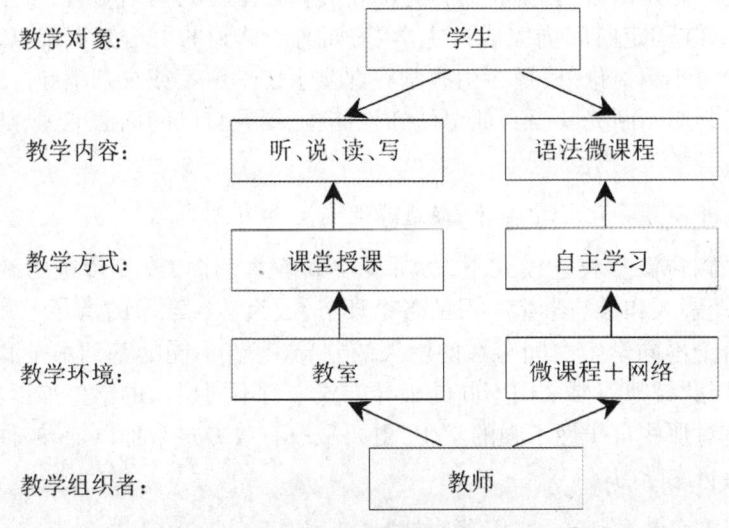

教学对象:	学生
教学内容:	听、说、读、写 ／ 语法微课程
教学方式:	课堂授课 ／ 自主学习
教学环境:	教室 ／ 微课程+网络
教学组织者:	教师

图7-1　翻转课堂语法教学模式的流程[①]

(资料来源:曾春花,2015)

1. 提升微课制作水平,借鉴网络教育资源

相较于传统的语法教学模式,翻转课堂最大的特点在于以视频微课代替了"黑板+粉笔"的教学方式。但已经习惯了传统教学模式的英语教师来说,很难在短时间内适应视频微课这种新式,因此教师首先要熟练掌握微课的制作技术,灵活运用各种制作软件;其次要重视视频微课内容的整合与加工,在内容选择上要重视微课课本语法知识,并借鉴网络上优质的教育资源制作短小精致、内容丰富的数字化课程资源。

2. 拓宽师生互动渠道,确保语法教学效果

制作视频微课是翻转课堂语法教学的前提,后期的检查、实施和监督是更加重要的部分,因此师生之间应保持多维互动。首先,教师要指导学生观看视频微课,并对学生的学习内容和时间进行计划,把握学生学习的进度;其次,教师要利社交软件建立QQ群和微信群等,加强与学生线上

---

① 曾春花.网络多媒体辅助下的英语语法教学探究[J].福建广播电视大学学报,2015(4):45-47.

线下的互动,对学生在自主学习中遇到的问题进行解答,促进师生和生生之间的讨论,实现英语语法知识的消化和吸收。

3. 关注语法难点,提升教师答疑解惑的能力

基于翻转课堂,教师将制作好的视频微课上传到网络平台,学生自行下载,并在固定时间内完成自主学习,而对于遇到的语法知识难点,除了课堂学习小组讨论外,更多由教师在课堂上统一解答或个别辅导。对此,英语教师应不断充实自身的语法知识储备,提升自己的语法能力,从而更好地解答学生的疑难问题。

4. 开展差异化教学辅导,促进学生自主学习

在翻转课堂教学模式下,教师要更新教学理念,改变传统的教学模式,主动融入和参与学生学习的各个环节,成为学生学习的指导者和监督者。由于不同学生之间存在的巨大的差异,有着不同的基础水平和认知结构,因此教师需要采用不同的辅导方式来对不同层次的学生加以辅导,特别是对那些自律性不强的学生,更要采取有效方式来加以辅导,促进他们进行自主学习。

5. 重视教学评价,建立激励机制

翻转课堂语法教学重在学生的自主学习,为了掌握学生自主学习的频率以及参与程度,确保翻转课堂教学的效果,对学生进行考核评价就显得十分必要,而且这种考核要贯穿于课堂教学的全过程,并且评价形式要多样化,包括学生自我评价、小组评价、教师评价等多种考核评价形式。这种全方位的考核评价机制有利于教师掌握学生对语法教学的参与度和配合度,便于教师了解学生对语法知识的掌握程度,而且对学生有着正向的激励作用。

第八章 教育信息化背景下高校英语文化知识教学的理论建构

当前的高校英语教学除了要教授语言知识、语言技能外,还需要引入文化知识。通过信息技术的引入,将文化知识尽可能地输入与输出,从而不断塑造学生的文化价值观,培养学生的文化意识,使学生逐渐具备文化思辨能力。基于此,本章首先对文化及文化知识展开分析,进而探讨教育信息化背景下高校英语文化知识教学的原则与具体策略。

第一节 文化知识教学内涵解析

一、文化知识教学的内涵

走进中国的英语课堂,"Good morning, teacher." 这句话是常见的问候语。对于这句话,如果从语音、语法的角度来说是没有毛病的,但是在英美人看来这是一个错误的句子。

为什么会出现这种情况,这主要是源自于我国的外语教学中过于注重语言形式,而忽视了语言在实际生活中的运用,或者只是将语言作为一种交际的工具,而忽视了语言背后的文化。那么如何才能改变这一情况呢?

外语教学的任务在于培养具备不同文化背景的人们之间能够顺畅进行交际的人才。因此,外语教学不应该仅被视作一种语言教学,还应该被视作一种文化知识教学。随着当前社会科技的发展,很多交叉学科不断涌现出来,科学技术文化、人文文化等之间会相互融合与渗透,这都加剧了各国之间文化的交流与合作。这一切要求要不断加强外语专业人才的培养力度,拓宽学生的知识面,提升学生的外语素质与能力。基于此,《高等学校英语专业英语教学大纲》中就明确将英语专业课程划分为三类,即英语专业技能、英语专业知识以及相关专业知识,并在教学中明确英语专业人才不应局限在听、说、读、写、译上,还应该让学生具备较高的文化素养。

在以培养跨文化交际人才的外语教学中,教师除了要教授给学生语言知识外,还需要引入相应的文化知识教学,这样才能不断提升学生的跨文化交际能力。美国外语教学协会指出,交际能力应该包含五个层面:听、说、读、写四种语言运用能力以及文化素养。可见,要想培养出不同文化背景下的人们能够展开交际的人才,外语教学就不应该局限在语言体系本身,还应该培养他们的语言语用能力,应该以文化知识作为起点,以文化意识作为桥梁,以文化理解作为归宿,从而不断提升他们的文化能力。

那么,在实际的教学工作中,应该怎么做呢?我们应该如何将语言教学与文化知识教学贯通起来呢?笔者认为可以从如下几点着眼。

首先,作为外语教学工作者,应该明确认识语言与文化之间的关系,并努力提升自身的文化修养。只有对二者的关系有明确的认识,才能提升教师的文化修养,才能在教学中将正确的知识信息传达给学生,进而帮助学生展开成功的交际。

其次,要妥善处理好语言与文化、语言能力与交际能力、外语教学与其他学科之间的关系。如前所述,语言是文化的一种表现形式,如果对文化不了解,那么是很难学好语言的。

最后,随着科技的不断发展,一些边缘学科不断涌现,这为外语教学提供了新的选题与方法。作为外语教学工作者,应该勇敢接受挑战,并将这些成果在教学中得以运用。

当今社会国与国之间的交往日益频繁,在这种情况下,用文化语言观对外语教学进行指导是非常重要的。我们不仅应深入探究语言与文化,还应该使其理论化与系统化。在外语教学中,应该努力构建文化习得意识,使文化规范的教学与语言技能培养紧密结合、同步展开,这样才能让学生在语言学习中习得文化规范,提升自身的语言能力与文化能力。

二、文化知识教学的现状

在英语文化知识教学中,应该将文化自信融入进去,从而更好地培养出顺应时代要求的英语人才。但是,在现实情况下还存在着很多问题。

第八章　教育信息化背景下高校英语文化知识教学的理论建构

（一）课程目标迷失

任何课程都需要在教学目标与教育目标的指引下展开，前者主要侧重学科的特定传递，后者主要侧重推进人的全面进步与发展。对于文化课程来说，教学目标与教育目标都非常重要，并且二者有着极其密切的关系。

当前，文化课程逐渐发展成一种"符号表征"，发展为一种"文本"，正式由于这种"文本"的存在，可以从中解读出很多意义，如个性意义、审美意义等。

但是，无论是传统语言学提倡语法，结构语言学提倡形式分析，还是交际语言学提倡语言技能，其中的文化课程都局限在词汇、语法层面，缺乏挖掘教育价值。在现实中，提高学生的人文素养并未放在关键的位置，也并没有划分出具体的目标。英语文化知识教学的目标并不在于用语言对世界加以认识，而是通过语言来创造，这样导致当前的英语文化知识教学缺乏人文精神，这也是高校英语文化知识教学出现问题的重要层面。

（二）传统文化教育缺乏资源与平台

近几年，国家对传统文化并未给予过多的重视，甚至一些高校开设的其他文化课程中也是如此，从某种程度而言，学生在大学里获得的关于传统文化的内容还不如在高中阶段获得的。

当今处于全球化时代，随着资本主义国家意识形态的不断渗透，加上文化多元化与价值观选择的多元化，导致一些学生丧失了学习中国传统文化的方向，对西方文化与其他异质文化进行盲目的追求，这一定程度上否定了中国的传统文化。

（三）多元文化激荡冲击下的传统文化不自信

在教育信息化背景下，学生能够从多个渠道获取信息。如果社会上出现一些热点信息，学生往往会第一时间看到，甚至可能这些信息被反复放大，导致学生对一些不良现象予以关注，这就冲击与破坏了自身的自信意识。在全球化背景下，不同类型的文化在不断传播，这些都会对我国的传统文化造成冲击。

（四）英语文化课程内容遮蔽

在教育信息化背景下，国与国之间的跨文化交际更为频繁，并且彼此之间互为参照。但是，作为英语文化课程内容的反映，英语文化教材中存在很多的"中国文化失语"现象，学生仍旧沉溺于英美文化，并且对英美文化过度认同与重视，因此很难平等地对待中国文化，导致出现了严重的"哑巴英语"。

三、文化知识教学的模式

（一）"交际—结构—跨文化"模式

文化知识教学的常见模式就是"交际—结构—跨文化"模式，这一模式与中国人的英语教学习惯相符合。在英语教学中，中国的大多数学生都是以汉语思维展开的。这种认知与思维方式与英语学习的规律不相符。心理学家指出，事物之间的差异越大，那么就越能对人类的记忆进行刺激。"交际—结构—跨文化"模式能够从英语学习的全过程出发，展开认知层面的刺激。在教学的各个阶段，都对学生的目的语思维模式产生影响。

1. 交际体验

交际体验即让学生掌握一定的交际能力，通过运用英语展开交际。交际能力是人们为了对环境进行平衡而实施的一种自我调节机制。通过这种交际体验，能够不断提升学生的交际能力。在交际过程中，交际双方需要建立在一定的语言交际环境的基础上，不断熟悉和了解交际双方的背景知识，从而将交际双方的交际技能发挥出来。我国的英语教学需要为学生营造能够进行交际体验的环境，这样才能形成一种双向的互动与交际模式。

2. 结构学习

结构学习将语言技巧作为目标，将语言结构作为教学的中心与重点内容，从而利用英语展开教学。语言具有系统性，语言教与学中应该对这种系统性予以利用，找到教与学中的规律，实施结构性学习方式。

结构学习要对如下几点予以关注。

第八章 教育信息化背景下高校英语文化知识教学的理论建构

第一,对学生的英语结构运用能力进行培养。

第二,对学生的词汇选择与创造力进行培养。

第三,对学生组词成句、组句成篇能力进行培养。

第四,对学生在不同语境下的交际能力进行培养。

3.跨文化意识

跨文化意识是将对文化知识的了解与熟知作为目标,对文化习俗非常重视,因为利用英语为学生讲解文化习俗方面的知识。要想具备英语文化知识,学生不仅要对英语国家的历史与文化活动有所了解,还需要对相关文学作品进行研读,同时还要了解相关国家的风俗与习惯,从而形成对西方文化学习的热情与兴趣。久而久之,英语教学就成为一种对文化的探索教学,从而激发学生的学习兴趣,提升学生的学习效果。

这一模式要求在整个教学中需要对中西方文化进行对比,从而培养学生的跨文化意识。

(二)"文化因素互动"模式

考虑英语文化知识教学中存在多种问题,很多专家、学者从不同的视角提出了不同的解决方案,但是总体上都不能让人满意。文化的双向传递指的是在英语教学中,以中西方文化作为中心,以对文化的学习来促进语言的学习,从而建构学生的中西方文化知识结构,培养他们的跨文化交际能力。

文化因素互动目的是克服因英语教学中单向西方文化输入产生的问题,尤其是"中国文化失语"现象的出现,而是用中西方文化的双向输入;克服零散的点的输入,而是用系统的文化输入;克服片面的流行文化的输入,而是以文化精髓与文化底蕴进行输入;克服被动的文化输入,而是采用主动的文化建构输入。在英语教学中实施文化因素互动模式,有利于对学生的文化知识结构进行优化,培养学生的文化能力与意识,提高学生的跨文化交际能力,使学生能够在适应全球化发展的同时,对本土优秀文化进行弘扬,保证中西方文化的平等对话。

当前,多数英语文化知识教学将西方文化作为教授的内容,多以西方文化作为教学重点与资源,但是未将中国文化传播纳入教学之中,因此主张采用文化双中心原则。虽然当前基于全球化背景,文化研究多是以西方范式作为主导,但是我们也不能忽视本土文化。很多中国学者呼吁应该进行中西方文化的平等对话,而要想实现平等对话,主体必然是中国人,并且是懂得如何进行平等对话的中国人。中国的大学是培养中国人才的摇篮,中国的高校英语教育应该承担责任,在英语文化知识教学中坚持文化双中心原则,将中国文化知识教学与西方文化知识教学相结合,实现二者的并重,这样才能真正地做到知己知彼,才能避免出现"中国文化失语"的现象。

第二节 教育信息化背景下高校英语文化知识教学的原则

一、主体意识强化原则

基于全球化的浪潮,西方国家凭借自身的话语权,采用经济、文化等手段推行其生活方式或意识形态,对包括中国在内的其他文化产生了冲击,导致文化输入、输出出现了严重的失衡情况,也对其他民族的文化造成了严重的腐蚀。

对此,在实施文化知识教学中,教师必须引导学生对跨文化交际过程中的平等主体意识加以强化,减少学生对西方文化的盲从,增强学生对中国优秀传统文化的认知与了解,主动对中国传统的文化进行整理与挖掘,吸取文化中的精髓,将中国传统的优秀文化底蕴凸显出来,强调中国优秀传统文化在当今世界的价值。

在文化知识教学中,教师要引导学生遵循"和而不同"的原则,既要对其他文化有清晰了解,又要既保持自身文化的特点,让学生能够向世界展现中国优秀文化的精髓。

在文化知识教学中,教师要不断培养学生自信的气度与广阔的胸怀,让学生学会在平等竞争中,与其他国家互通有无,以多种形式将中国的传统优秀文化传播出去,不仅对西方文化霸权主义的侵蚀加以抵制,还能确保中国文化在世界文化中的地位和格局,从而促进世界文化的多元发展。

二、内容系统化原则

文化的内容非常丰富,其所包含的因素至今还没有一个定论,因此在实施文化知识教学时,教师不能一股脑地将所有文化内容纳入自己所讲授的内容之中。因此,我国的教育主管部门应该组织文化领域的专家、学者,从价值性、客观性、多元性等多个层面出发,对中国优秀传统文化的教学内容体系进行确立,具体包含中国的基本国情文化、社会主义核心价值观、民族文化、节日文化、生活文化等。

三、策略有效性原则

在实施文化知识教学时,教师应该采取有效的策略。具体来说,可以从如下两项入手。

第一,教师要用宽容、平等的心态对中西方文化进行对比,通过对比来鉴别。这一策略就是将中国文化与其他文化进行比照,从而将中国文化与其他文化的异同揭示出来,避免将那些仅属于某一特定社会的习俗与价值当作人类普遍的行为规范与信仰。

在运用这一策略教学时,教师应该对跨文化交际中存在的现实问题进行着眼,以同时对比作为重点,不会考虑褒贬,克服那些片面的文化定型,避免用表面形式对丰富的文化内涵进行取代。也就是说,教师应该引导学生透过现象看本质,通过理性、客观的态度,对不同文化的异同加以分析。

另一方面,教师要为学生提供充足的空间与机会,让学生感受到中国传统文化的魅力。通过体验,可以将课堂环境与社会环境结合起来,加强文化与社会、学生与社会等之间的关联性,使学生在英语教学情境下不断体验与感悟,从而帮助学生形成文化理解力、文化认知力。

第三节 教育信息化背景下高校英语文化知识教学的策略

一、中西文化对比策略

(一)高校英语文化知识教学中的语言差异

1. 汉语重形象思维,英语重抽象思维

人类的抽象思维和形象思维是密切联系、互相渗透的。抽象思维讲究秩序,其思维具有系统化、组织化、形式化的特点,其严密的逻辑推理表现在语言上重形合、讲形式,求结构上的严谨;而形象思维重悟性,即不凭借严谨的形式来做分析,表现在语言上重意合。由于文化传统的不同,不同的民族形成了侧重点不同的思维习惯。思维方式是沟通文化与语言的桥梁。思维方式与文化密切相关,是文化心理诸特征的集中表现,又对文化心理诸要素产生制约作用。同时,思维方式又与语言密切相关,是语言生成和发展的深层机制,语言又促使思维方式得以固化和发展。

汉字起源于象形文字,直接从原始图画发展而来,从最初就具有直观性,其意义以字形与物象的相似为理据。

汉语中有丰富的量词,量词也是汉语形象化的体现。世间万物,千姿百态,形状各异,汉语中形形色色的量词形象生动,准确鲜明,对事物的姿态一一进行描述,如一朵花、一面镜子、一匹马、一盏灯、一堵墙等。而英语只突出被描述的客体和数量,因而与以上汉语相对应的英文是:a flower, a mirror, a horse, a lamp, a wall。汉语里量词的大量存在是与中国人擅长形象思维分不开的,一把雨伞、一面旗、两尾金鱼、三艘船,这些量词与该名词的形象有关。英语虽然也有量词,但是数量上远没有汉语多,也没有汉语量词形象生动,并且同一个量词往往可以配上许多不同的名词,例如英语中: a piece of news, two pieces of paper, a piece of land, a piece of furniture, a piece of information,同一个量词 piece 翻译成汉语却是:一则新闻,两张纸,一块土地,一件家具,一条信息,对应五个不同的量词。

汉英这种思维差异不仅体现在字形上,还在两种语言的语法中有所反映。逻辑严密的英语语法反映出英美民族偏重抽象理性的思维特点。例如,英语"The child himself bought a book."可转换为"The child bought a book himself."(这孩子自己买了一本书);"He arrived after 4 weeks."可转换为"He arrived 4 weeks after."(四个星期后他才到);"I don't know whether he is well or not."可转换为"I don't know whether or not he is well."(我不知道他的身体究竟如何);"After dining at the Jones's, I met him at my tailor's."可改变词序"I met him at my tailor's after dining at the Jones's."(在琼斯家吃了饭,我在裁缝店遇见了他)等。而汉语的词序则是不可改变的,先吃饭,后到裁缝店,然后才遇见他,词序表达必须按生活实际的时间顺序来安排时间顺序。

汉语偏重经验感性的思维特点产生于汉民族的传统文化。汉民族文化重视实际生活经验,所以人们常说"嘴上无毛,办事不牢""老将出马,一个顶俩"。这种文化观念的思维定式反映在语言上,就是重经验直觉,带有较浓厚的感性色彩,词句的表达与理解,不太注重语法上的严密思考,而倾向于凭经验进行意合获取,这种特点在古汉语里表现突出。古汉语文章竖行从左至右书写,无标点符号,不分段落,一气呵成。难怪有西方人说:"汉人读书不断点头称是,而西方人读书不断摇头示疑。"此话尽管带有几分讽刺,但说明了英汉语言的不同特点。

第八章 教育信息化背景下高校英语文化知识教学的理论建构

汉语的词序具有临摹现实的经验感性的思维特点。汉语词语前置或后置反映出生活经验的时间顺序。在叙述动作、事件时，往往按事情发生的自然顺序排列句子，先发生的事件或事物在先，后发生的就在后。例如：

他从上海（1）坐火车（2）经南京（3）来到济南（4）。

He came to Ji'nan (4) from Shanghai (1) through Nanjing (3) by train (2).

Usher 直挺地躺在沙发（1）上，我一进去（2），他就站起来（3），热情地向我打招呼（4）。

Upon my entrance (2), Usher rose (3) from a sofa on which he had been lying (1) at full length, and greeted (4) me with a vivacious warmth.

从以上例句不难发现，在叙述动作、事件时，汉语往往按时间顺序的先后和事理推移的方法，一件一件事交代清楚，呈现一种时间顺序的流水图式。英语则是靠语法的逻辑性来体现事件发生的顺序。

2. 汉语重整体思维，英语重个体思维

英语单词在意义上具有一定的特指性，意义相关的词在词形上毫无相关之处。而汉字的意义通常极为广泛，例如，在汉语中只需一个"车"字即可代表英语中的 bus（公共汽车），car（小汽车），taxi（出租车），minibus（面包车）及 lorry（卡车）所指的任何一种交通工具。又如，汉语中"笔"可意指各种可以用来书写的用具，而英语中则对每种书写用具都有特定的称谓，如 pen（钢笔），ballpen（圆珠笔），pencil（铅笔）等。

英汉构词的这种思维差异在表示星期的这组词上体现得尤为明显：汉语中表示一周内第几天的词是用星期加上数字表示（周末"星期日"除外），如"星期一、星期二、星期五"等；在英语里这些只是一个个词形上毫无联系的词，如 Monday, Tuesday, Friday, 从英语单词的词形看不出单词间的任何顺序关系和具体联系。

汉英思维上的这种差异也体现在时间和地点词语的排序及语篇的篇章结构上。在表达时间概念时，汉语顺序按年、月、日、时、分、秒这样一个从大到小的顺序排列。例如，2008 年 3 月 10 日 12 时 30 分 20 秒。英语的顺序正好相反，按秒、分、时、日、月、年这样一个从小到大的顺序排列。例如下面这个句子："At eleven minutes past 1 a. m. on the 16th of October 1946, Ribbon Trop mounted the gallows in the execution chamber of the Nuremberg Prison. 对应的汉语翻译是"1946 年 10 月 16 日凌晨 1 点 11 分，里宾·特洛普走上纽伦堡监狱死刑室的绞架"。

（二）高校英语文化知识教学中的文化差异

观念是人们经过学习在头脑中形成的对事物、现象的主观印象。观念是通过对感官资料进行选择、组织并加以诠释的方式来认识世界的过程。

"Perception is the process of selecting, organizing and interpreting sensory data in a way that enables us to make sense of our world."（Gamble & Gamble,1996）这个过程包括识别（identification）、阐释（interpretation）和评估（evaluation）三个阶段。

人们的已有经验对识别的结果会产生影响，而文化对阐释与评估会产生影响。"Perception is often affected by culture. The same principle causes people from different cultures to interpret the same event in different ways."（Adler &Rodman, 1994）例如，来自不同国家或者民族的人对个人信用的解释是不同的。对美国人来说，个人信用的主要指标是独立与能力，坦诚与直率、强势与自信、理性与果敢等会赢得尊重。而对中国人和日本人来说，个人信用的主要指标是社会地位，沉稳与含蓄、顺从与谦卑、仁爱与机敏等会赢得尊重。

思想观念往往是由社会教育（包括家庭教育和学校教育）逐步形成的人生观和价值观，属于意识形态的范畴。观念的产生与人们所生活的社会环境关系密切。人们观念的形成主要受到家庭环境和社会环境的影响，因此，主要包括家庭观念（包括婚恋观念、亲情关系、家族观念等）和社会观念（包括时间观念、自我认同观念等）。

1. 宗教观念

世界上现存的主要有三大宗教，即基督教、伊斯兰教和佛教。基督教（包括天主教、东正教和新教）主要集中分布在欧洲、美洲和大洋洲的一些国家，其信徒被称为基督徒。据统计，在这些国家里，有80%以上的人是基督徒。基督教以"平等、博爱"为教义。伊斯兰教主要集中在东南亚、中亚、中东、非洲地区。信奉伊斯兰教的人被称为穆斯林（Muslim）。伊斯兰教以"顺从、和平"为教义。佛教主要集中在东亚地区，信仰佛教的人被称为佛教徒（俗称"和尚"）。佛教以"善、缘"为教义。宗教观念影响人们的许多行为。

2. 家庭亲情观念

不同国家和不同民族的亲情观念不同。

第八章　教育信息化背景下高校英语文化知识教学的理论建构

受儒家思想影响的传统中国家庭,以血缘为纽带、以伦理为本位是家庭关系的突出特点。在中国封建社会里,由"父为子纲"确立的长幼秩序,由"夫为妻纲"确立的夫妇关系,由"三从四德"所确立的男女地位等,对建立、调节与维护中国传统家庭关系起到了重要作用。

在中国传统宗族制的影响下,中国人形成了很强的家族观念。

受基督教影响的西方家庭,以"自我"为本位是家庭关系的突出特点。"奉上帝、疏亲友"的理念使得西方人家庭观念淡薄,血缘亲情让位于对上帝的崇敬。就亲属称谓来说,在中国文化中,亲属称谓是以父系血亲称谓为主干,以母系和妻系的姻亲称谓为补充的严谨而复杂的称谓系统,突出"长幼有序,内外有分"的特色。而在西方语言中,没有姻亲与血亲的区分,是以姓名称谓为主干,以血亲称谓为补充的简单而直接的亲属称谓体系。

3. 婚恋观念

在古代中国,结婚的目的是为家庭而非爱情。《礼记·昏义》说:"昏礼者,将合两姓之好,上以事宗庙,而下以继后世也。"当然,在现今的中国社会中,这种传统受到了西方文化的巨大冲击,爱情已经成为婚姻的基础。但是受传统的影响,结婚的目的仍然是一个复杂的多面体,各种因素依然存在。

在西方社会里,结婚的基础是爱情和两情相悦。人们结婚的目的有两个:一是完全因爱而结婚,追求真爱是绝大多数人结婚的最重要目的;二是寻找长久的异性生活伴侣,以获得生理和心理需要的满足。在他们看来,没有爱情的婚姻是不道德的婚姻,低质量的婚姻。据美国著名的公众意见专家路易斯·哈里斯统计,"83%的美国男女认为,爱情乃是男人和女人结婚的第一位的、必不可少的动力。更有90%的美国人相信,维持美满婚姻的首要条件也是爱情。"(蔡琪,孙有中,2000)

(1) 择偶标准

传统的中国人最重要的择偶标准是身家清白和门当户对。人们认为身家清白才可以相互忠诚,孝敬长辈,家庭和睦。而门当户对是中国传统社会的家长替子女择偶特别讲究的条件,是为了维护家族的名誉和利益。

现今中国青年男女的择偶标准虽然有所不同,但是受到这一原则的影响而仍然会考虑"经济条件、家庭背景、学历层次和外在相貌等因素"。(于琨奇,花菊香,1999)

"西方人的择偶标准,最主要是两个人的互相契合(compatibility),其余的条件像家庭背景、教育程度等因素则可以不在考虑之列。"(郁龙

· 177 ·

余,1992)西方童话中王子与灰姑娘的浪漫爱情故事也在西方现实生活中存在,如英国的查尔斯王子之所以最终选择出身、相貌普通得不能再普通的卡米拉作为自己的爱人,正是因为两人有着契合的性格和共同的爱好。

（2）婚姻中的夫妻关系

在传统的中国婚姻中,夫妻关系是丈夫处于主导地位,而妻子处于从属地位。有"男主外、女主内"的分工。丈夫是一家之主,是全家的顶梁柱,承担着家庭生活的主要经济责任；妻子的任务是管理家务,侍奉公婆,相夫教子,"男子无妻家无主,女人无夫房无梁。"（于琨奇,花菊香,1999）

在现代的中国社会里,男女在婚姻中的地位差距大大缩小。女性走出家门参加工作,在经济上保持相对的独立性。但受传统的影响,有些女性在婚姻中仍需要或愿意做全职太太,在不同程度上依附于自己的丈夫。

在西方社会里,平等观念在夫妻关系中处于核心地位,且夫妻关系是一种平等的地位关系。"Husband and wife should be equal partners."自工业革命以来,妇女的地位得到明显的提高,妇女开始投身到家庭以外的诸多领域,参加工作、参与交往。妻子和丈夫均可参加工作,共同承担家庭的经济责任,家务事由夫妻双方共同商定、共同承担。

4. 性观念

性几乎在所有的国家和民族里都是禁忌,但是忌讳的程度不同,这主要源于人们在性观念上存在差异。在中西文化中,性观念存在明显的差异性。

5. 社会观念

社会观念是在一定的社会群体范围内长期形成并需要其群体成员共同遵循的观念。这种观念往往被作为群体范围内人们交际的言语和行为的评判标准,从而影响到群体内的每一个成员。这些观念主要包括时间观念、自我认同观念等。

（1）时间观念

不同文化群体的时间观念存在差异。中国的文化传统比较强调大局观,主张凡事从大处着眼,其叙事的顺序、时间与地点的表述、姓与名的排列等,往往由大到小,由整体到局部。而英美文化则比较强调个体因素,看问题的角度往往由小到大,由个体到整体。

多向时间制的中国人支配时间比较随意,灵活性强,且重点是关注过去,因此中国人往往具有由远而近、由大而小、由先而后的聚拢型归纳式思维方式。在西方世界中人们的时间观念很强,其时间的概念是直线式

第八章 教育信息化背景下高校英语文化知识教学的理论建构

的,即将过去、现在和将来分得很清楚,且重点关注的是将来,因此西方人往往具有由近而远、由小而大、由后而先的发散型演绎式思维方式。例如,中国人记录时间的顺序是"年、月、日",而西方人记录时间的顺序是"日、月、年"或者是"月、日、年"。

霍尔根据人们利用时间的不同方式,提出一元时间制(mono-chronic time system,亦译为"单向时间制")和多元时间制(poly-chronic time system,亦译为"多向时间制")两大系统。

一元时间制的特征:长计划,短安排,一次只做一件事,已定日程不轻易改变。一元时间制是工业化的必然产物,一般分布在工业化程度较高的地区。富有效率,但有时显得过于呆板,缺少灵活性。

多元时间制的特征:没有严格的计划性,一次可做多件事,讲究水到渠成。多元时间制是传统农业社会的产物,一般分布在工业化程度较低的地区,虽有人情味,容易对人、对事进行变通(比如走后门),但也给人们带来不少烦恼。

中国人对待时间具有相当的随意性。对由此产生的诸如不打招呼就登门拜访、约会时迟到、交通工具晚点、报纸不按时投递、公共场所的钟表不准等持宽容态度。

德语中有一句话,"准时就是帝王的礼貌。"所以德国人对于约会是非常守时的。德国人的守时也是出了名的。在德国,人人都携带一个小记事本。在本子上记着一个月之内的工作安排。提前计划是德国人生活的一个显著特点,就连家庭主妇出门买菜的内容都要事先计划好写在小本子上,在超市采购也按照事先设想好的线路进行。

德国人对约会有不少规定。首先,一般都得在一周前将邀请、约会的时间、地点、内容告诉对方,以便对方早作安排。其次,对于与别人约好了的时间,一般是不会变更的,除非实在有特殊原因。最后,赴会的人一般都必须准时赴约,由于交通堵塞等特殊原因迟到的,通常需要及时通知对方。

德国人都会科学而合理地安排时间,以提高效率。比如,德国人开会,事先都会安排好具体时间及开会议程,一般主持人在会议开始时就告知大家会议所需要的时间,并且在计划和规定的时间内完成相关事项,绝不拖延。

例如,在电视剧《大染坊》中有一个情节:宏钳染厂的老板雇了几个德国技工,这几个技工每天早晨八点准时来上班,到下午五点准时下班。有一次,在一个夏天的下午,老板看见这几个技工五点下班,但天上的太阳还很高,于是就问他们:"怎么这么早就下班了?太阳还没下山呢!"

老板得到的回答:"下班的时间到了,已经五点了。"老板告诉他们,在中国,人们的工作习惯是要等到天黑才能下班。后来有一天暴雨将至,天色暗沉下来,于是几个技工便收拾工具要下班。老板看见就问他们原因,得到的回答:"你上次说,天黑了下班,现在天黑了,所以我们下班了。"老板无奈地笑了笑。

(2)自我认同观念

自我认同观念是由自我身份认同、自我价值取向和自我价值的实现三大要素构成的对自我的理解、态度和塑造的观念体系。东西方人的自我认同观念存在很大差异。

在中国传统文化中形成了"重名分、讲人伦"的伦理观念,而西方社会形成了"人为本、名为用"的价值观。这些差异具体体现在立身、处世等方面。

中国的传统文化长期受儒家修身、齐家、治国、平天下的道德价值观影响,形成了"万般皆下品,唯有读书高"的社会价值取向。受先秦时代"满招损,谦受益"的哲学思想的影响,汉民族具有含蓄深沉、崇尚谦虚的传统观念。

第一,中国人受传统思想的影响而形成了"卑己尊人"的礼让观念。"夫礼者,自卑而尊人。"(《礼记》)

首先是"厚礼"。"非礼勿言。"(《论语》)"礼者,贵贱有等,长幼有差,贫富轻重皆有称者也。"(《荀子·富国》)

其次是"重德"。儒家的仁学思想将个体人格的自我修养作为行仁义的先决条件,即"内圣"。佛教和道教崇尚"虚静""修身养性""谦虚自律"等。

最后是"谦恭"。"谦谦君子,卑以自牧也。"(《周易·象》)"满招损,谦受益。"(《尚书·大禹谟》)

中国人受这些传统礼教的影响,常常是通过"贬低自己、抬高别人"的办法来让对方肯定自我,赢得尊重,被西方学者称为无我文化。

第二,中国人受传统思想的影响而形成了"他人取向的自我是义务本位"的观念。

在中国传统文化中,个人是群体的分子,是所属社会关系的派生物。人们的群体利益优先于个人利益,个人利益依附于群体利益并通过群体利益来体现。自我的主体性、独立性、人格、地位常常被忽略或者剥夺,而以繁重的义务和责任的形式来体现。因此,中国人在处世方面首先考虑的是别人的感受和反应,注重顾全面子的"礼多人不怪""君子和而不同"的交际原则,通常以牺牲自身利益或者委屈自己为代价来迎合他人的心

第八章 教育信息化背景下高校英语文化知识教学的理论建构

态和方式进行交际。

在人际交往中,中国人信奉"人情一线牵,日后好见面""礼尚往来""多个朋友多条路,大树底下好乘凉"的教条,努力将自我融入某个强势群体中,以免被"边缘化"。林语堂说人情、面子、命运是支配中国人生活的三大女神。

相比之下,以商业活动为经济基础的西方文化受功利主义伦理观影响,认为思想观念和现实世界之间存在着直接联系,形成了"个性张扬、求利至上"的社会价值取向。

第一,在西方社会里,受平等理念的影响形成了"自我中心、自我展示、自我实现"的观念。因而,在西方人的自我观念中,谦虚是一种病态,自卑是没有自信的表现,尊重来源于自信与平等。在英语中,只有一个单词永远是大写的,那就是"I"。

平等观念为人们普遍接受。杜鲁门当选美国总统后,有人向其母表示祝贺:"你有这样的儿子一定十分自豪。"杜鲁门的母亲回答:"是的,不过我还有一个儿子同样值得骄傲,他现在正在地里挖土豆。"

第二,在西方文化中,人们受"独立、人权"思想的影响形成了"自我中心的权利本位"观念。这一观念体现为自我取向,即以自我为中心的交际心态和准则。

在人际交往中体现为办事不讲情面,崇尚公平竞争,吃饭AA制,社交称谓以平等的姓名称谓为主等。例如,在美国的社会交往中,除教授、医生等少数职业外,不论职业、阶层、贵贱,一般都采用平等的姓名称谓。

观念是人们用以支配行为的主观意识。人类的行为都是受行为执行者的观念支配的,观念直接影响到行为的结果。文化的价值体系对跨文化交际产生重要的影响。

二、跨文化交际教学策略

跨文化交际这一现象并不是近期才出现的,而是自古就有。随着人类不断进步,跨文化交际的内容、形式等也在不断改变。在当今时代,跨文化交际的手段和内容变得更为丰富。通过跨文化交际,国与国之间可以相互交流,这种交往的过程是十分复杂的过程。

虽然交流的时空距离在不断缩小,但是人们的心理距离、文化距离并没有随之缩小。由于受文化取向、价值观念等的影响,文化差异导致了一些冲突和矛盾的出现,不同文化背景下的人们的交流面临着严峻的障碍。为了解决这些障碍,对跨文化交际进行研究是十分必要的。

"跨文化交际"一词是由著名学者霍尔(Hall)提出的,常用 cross-cultural communication 或者 Intercultural communication 这两个意思相近的词来表达,即指代的是一些长期旅居国外的美国人与当地人之间展开的交际。但是,随着跨文化交际的深入,其定义变得更为广泛,指的是不同文化背景下的人们之间展开的交际活动。

现如今,很多人将跨文化交际定义为来自不同背景的人们之间,通过语言来实现信息的交流与共享的过程。

(一)高校英语跨文化交际教学的因素

1. 心理因素对跨文化交际的影响

心理因素指运动、变化着的心理过程,例如人的感觉、知觉和情绪等,它们往往被称为事物发展变化的"内因"。广义地讲,人的心理因素包括所有心理活动的运动、变化过程。具体来讲,人的心理因素主要有两种:积极心理因素与消极心理因素,它们是相互排斥的。积极的心理因素对跨文化交际起着促进作用。在当今经济全球化条件下,跨文化交际日益频繁,其本身的作用也日益重要。不同文化背景下的人们在交际中只有具备相应的心理意识,才能使得跨文化交际顺利进行。

消极的心理因素对跨文化交际具有阻碍作用。跨文化交际过程中,潜在的障碍主要来自于交际团体和个体间的心理取向。定式、民族中心主义、偏见、寻求相似性、普遍性假设等因素都会影响交际的顺利进行。只有交际主体提高对文化差异的认识,以尊重、平等、开放、包容的心态进行交际,才能获得跨文化交际的成功。普遍性假设也是跨文化交际的阻碍性因素之一。有些人认为自己与另一文化的人们有很多相似性,并以自己怎样看待事物为基础,去假设自己也知道别人的思维方式。这种假设会导致沟通障碍,甚至引发冲突。

2. 环境对跨文化交际的影响

人们在社会化的过程中学会了在什么样的场景下说什么样的话、怎么说、不说什么,等等。行为的场合具有一种约束力,人们对具体场合中什么是恰当的行为存在共识。在跨文化交际中,对于某一个具体环境,不同的文化会有不同的反应。如中国学生上课的教室环境要求与美国教室的要求完全不同。社会环境被人们所塑造,但是又反过来影响人们的生活方式、价值观、思维方式等,所以对跨文化交际来说也有至关重要的影响。

第八章　教育信息化背景下高校英语文化知识教学的理论建构

3. 思维方式对跨文化交际的影响

语言是以特定的民族形式来表达思想的交际工具。思维通过语言来存在和交流,语言又与该民族的思维方式和水平相适应。不同的文化背景造成不同的思维方式,其理解方式也大相径庭,因而在跨文化交际中就存在或多或少的障碍。

美国学者罗伯特·卡普兰通过对来自不同文化的学生作文进行分析发现：英语的篇章组织和发展模式是直线型,而东方语言则是螺旋型。前者表达和理解直截了当,由 A 即可推出 B;后者则拐弯抹角,借助于中转站 C 方可到达。就拒绝而言,前者直接一句"I'm sorry but..."便了事;后者却会罗列一堆理由,摆出许多联系并不紧密的缘由,但终究未将"不"说出口,得靠听者意会。具有特定语言思维轨迹的人,习惯用一种特定的方式理解事物、分析事物。因此当西方人在用其固定的严密的逻辑思维推导汉语词句可能的意思时,思维方式障碍将不可避免地遇到,其主要表现在两个方面：

（1）用线性思维方式理解汉语词句的含义

所谓的"线型"思维,其主要特点是用一元一维直线思维处理各种问题,又称"直线思维方式"。多元问题一元化、复杂问题简单化;将问题的性质都看成非此即彼,凡事必须做出明确的"是""非"判断,非黑即白。这就难以避免主观性、绝对化和片面性。

（2）用主观性思维方式解释汉语词语的含义

主观性思维是使外部现实适应和服从自己头脑中的固有模式的思维习惯倾向。换言之,则是将外部事物强行融入自己的头脑模式,不管其正确与否。

例如"韬光养晦"一词,美国国防部对"韬光养晦"所用英文为"hide our capabilities and bide our time",意即"掩盖自己的能力,等待时机东山再起"。此后数年美国政府均采用同样的英文表述。另外还有一些英文书籍或文章译为"hide one's ability and pretend to be weak"或"conceal one's true intention"或"hide one's ambitions and disguise its claws"以上解读显然是没有正确地把握词语的真正含义。

诸如"韬光养晦"之类的包含着中国传统辩证思维的句词民谚,单纯用线性思维和主观思维是无法理解的。中西语言思维的差异致使对文本的理解有了沟壑。而线性思维方式与主观思维方式二者本无绝对区分。因此,当以线性思维看问题时就易陷入主观臆断当中;而主观思维反过来又促使线性思维直板、单一、片面的理解。对语言文化内涵的把握决不可只限于从它产生的文化背景中了解它的一般所指,更重要的还在于能够从产生它的特定文化背景中去把握它所负载的、超出一般所指的特殊意义。

(二)高校英语跨文化交际教学的要素

跨文化交际的过程是一个信息编码与解码的过程。这一过程是非常复杂的,同时会受到多种因素的影响和制约。其主要包含两大因素,一是言语交际因素,另外一个是非言语交际因素。下面就来分析和探讨这两大因素。

1. 言语交际

语言是人们进行交际的重要因素之一。语言跨越了人们的心理、社会等层面,与之相关的领域也很多。对语言进行研究不仅是语言学的任务,也是心理学、社会学等学科的任务和内容。因此,语言与交际关系的研究具有明显的跨学科性。

人具有很多特征,如可以制作工具、可以直立行走、具有灵巧的双手等,但是最能够将人的本质特征反映出来的是人的语言。人之外的动物也可以通过各种符号来进行信息的传递,如海豚、蜜蜂等都可以传递信息,但是他们所传递的信息只能表达简单的意义,他们的"语言"是不具备语法规则的,也不具有语用的规则。

人们往往通过语言对外部世界进行认识与理解。语言具有分类的功能,通过分类,人们可以对事物有清晰的了解与把握。人们的词汇量越丰富,他们对外部世界的认识就越清晰、越精细。

(1)言语交际的过程

人们在进行言语交际的过程中,往往会存在一个信息取舍的过程。下面通过图8-1来表达言语交际的具体过程。

在图8-1中,A代表的是人们生活的无限世界,B代表的是人类的听觉、视觉、嗅觉、味觉、触觉这五种感官所能触碰到的部分,如眼睛可以触碰到光线的刺激,耳朵可以听到16~20000赫兹声波。

C代表的是五感可以碰触的范围中个人想说、需要注意的部分。D代表的是个人注意的部分中用语言能够传达出来的部分,这里也具有一定的抽象性。E代表的是对方获取的信息,到了下面的第V阶段,是D和E的重叠,在重叠的部分,1是指代能够传递过去的部分,2与3是某些问题的部分,其中2是指代不能传递过去的部分,3是指代发话人虽然并未说出,但是听话人自己增加了意义。在跨文化交际过程中,由于不同人的

第八章 教育信息化背景下高校英语文化知识教学的理论建构

世界观、价值观不同,因此完全有可能形成Ⅵ的状况。

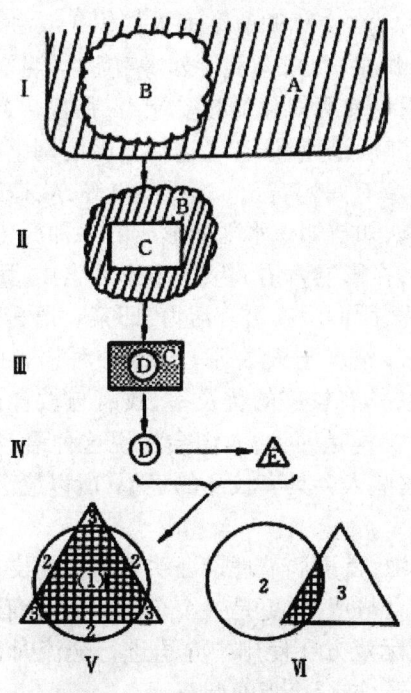

图 8-1 言语交际的过程[①]

总之,从图8-1中不难看出,从 A 到 E 下降的同时,形状的大小也在缩小,这就预示着信息量也在逐渐变小。这里面就融入了抽象的意义。在阶段Ⅰ中,人的身体如同一个过滤器;在阶段Ⅱ中,人的思维、精神等如同一个过滤器;到了阶段Ⅲ,语言就充当了过滤器。

(2)言语交际的内容

在对跨文化交际影响的多个因素中,语言作为文化的重要表现,是跨文化交际的一大障碍。从萨丕尔—沃尔夫(Sapir-Whorf)假设中不难发现,语言是人们对社会现实进行理解的向导,对人们的感知和思维有着重要的影响。无论是何种语言,都有其独特的语音、词汇、语法、语言风格等。对一门外语进行学习,对其语言习惯与交际行为的了解有着十分重要的意义。

①言语调节。语言并不是一个简单的交流工具,语言不仅是文化的载体,它还是个人和群体特征的表现与象征。一般来说,能否说该群体的语言是判断这个人是否属于该群体的标志。

[①] 陈俊森,樊葳葳,钟华.跨文化交际与外语教学[M].武汉:华中科技大学出版社,2006:3.

语言具有的这种个人身份与凝聚力预示着言语调节的必然性。所谓言语调节,又可以称为"交际调节",即人们出于某种动机,对自己的语言与非语言行为进行调整,以求与交际对象建构所期望的社会距离。一般而言,发话人为了适应交际对象的接受能力,往往会迎合交际对象的需要与特点,对自己的停顿、语速、语音等进行稍微的调整。

常见的言语调节有妈妈言语、教师言语等,就是妈妈、教师等为了适应孩子或者学生的认知与知识水平而形成的一种简化语言。

需要指出的是,在影响言语调节的多个因素中,民族语言活力有着非常重要的影响作用。所谓民族语言活力,即某一语言的社会经济地位,以及说这种语言的分布情况与人数等。如果一种语言的活力大,那么对社会的影响力也较大,具有较广的普及率,政府与教育机构也会大力支持,人们也会更加青睐。这是因为,人们会将说这种语言的人与语言本身的活力相关联,认为这些人会具有较高的声望,所以愿意被这样的群体接受与认同。

在跨文化交际中,言语调节理论证明了跨文化交际与其他交际一样,不仅是为了交流信息与意义,更是一个个人身份协商与社会交往的过程。来自不同文化的交际双方在使用中介语进行交流时,还需要注意彼此的文化身份与语言水平,进行恰当的调节。

②交际风格。在言语交际中,交际风格是非常重要的层面。著名学者威廉·古迪孔斯特和斯特拉·廷图米(William Gudykunst & Stella Ting-Toomey)论述了四种不同的交际风格,即直接与间接的交际风格、详尽与简洁的交际风格、以个人为中心与以语境为中心的交际风格、情感型与工具型的交际风格。

第一,在表达意图、意思、欲望等的时候,有人会开门见山,有人却拐弯抹角;有人直截了当,有人却委婉含蓄。美国文化更注重精确,美国英语的运用在很大程度上与这一点相符。从词汇程度上来说,美国人尝使用 certainly, absolutely 等这样意义明确的词汇。从语法、句法上来说,英语句子一般要求主谓宾齐全,结构要求完整,并且使用很多现实语法规则与虚拟语法规则。从篇章结构上来说,美国英语往往包含三部分:导言、主体与结论,每一段具有明确的中心思想,第一句往往是全段的主题句,使用连词进行连接,保证语义的连贯。与之相对的是中国、日本的语言,常用"可能""或许""大概"这些词,篇章结构较为松散,但是汉语中往往形散神不散,给人回味无穷的韵味。

英汉语言的差异,加上受个人主义与集体主义的影响,导致了英美人与中国人交际风格的差异。中国文化强调和谐性与一致性,因此在传达

第八章 教育信息化背景下高校英语文化知识教学的理论建构

情感与态度以及对他人进行评论与批评时,往往比较委婉,喜欢通过暗示的手法来传达,这样为了避免难堪。如果交际双方都是中国人,双方就会理解,但是如果交际对象为英美人,就会让对方感到误解。因此从英美人的价值观标准上来说,坦率表达思想是诚实的表现,他们习惯明确地告知对方自己的想法,因此直接与间接的交际风格会出现碰撞。

第二,不同的交际风格有量的区别,即在交流时应该是言简意赅,还是详细具体,或者是介于二者间的交际风格。威廉·古迪孔斯特和斯特拉·廷图米在对其他学者的研究结果进行研究的基础上指出,中东的很多国家都属于详尽的交际风格,北欧和美国基本上属于不多不少的交际风格,中国、日本等亚洲国家属于简洁的交际风格。这是因为,阿拉伯语言本身具有夸张的特点,这使得阿拉伯人在交际中往往会使用夸张的语言来表达思想和决心。例如,客人在表达吃饱的时候,往往会多次重复"不能再吃了",并夹杂着"向上帝发誓"的话语,而主人对"no"的理解也不是停留在表面,而是认为是同意。中国、日本作为简洁交际风格的代表,主要体现在对沉默、委婉的理解上。中国人认为"沉默是金",并认为说话的多少同地位有着密切的关系。一般来说,中国的父母、教师属于说教者,子女、学生属于听话者。美国文化中反对交际中的等级制,主张平等,因此子女与父母、学生与教师都享有平等的表达思想的机会。

第三,威廉·古迪孔斯特和斯特拉·廷图米提出了以个人为中心—以环境为中心的交际风格。以个人为中心的交际风格是采用一些语言手段,对个体身份加以强化;以环境为中心的交际风格是运用语言手段,对角色身份进行强化。这两种交际风格的差别在于,以环境为中心的交际风格是运用语言将社会等级顺序进行反映,将这种不对等的角色地位加以彰显;以个人为中心的交际风格是运用语言将平等的社会秩序加以反映,对对等的角色关系加以彰显。同样,在日语中,存在着很多的敬语和礼节,针对不同的交际对象、交际场合、角色关系等,会使用不同的词汇、举行,并且人际交往也非常正式。如果是在一个非正式的场合,日本人往往会觉得不自在,在他们看来,语言运用必然与交际双方的角色有着密切的关系。与中国、日本的文化存在鲜明对照的是英语,英美文化推崇直率、平等与非正式,因此他们在使用语言进行交际时往往使用那些非正式的称呼或者敬语,这种交际风格表达是美国文化对民主自由的推崇。

第四,中西方交际风格的差异还体现在情感型—工具型的区别上。情感型的交际风格是以信息接收者作为导向,要求接收者具备一定的本能,对信息发出者的意图要善于猜测与领会,要能够明白发话人的弦外之音。另外,发话人在信息发送的过程中,要观察交际对方的反应,及时地改变自己的发话方式与内容。因此,这样的言语交际基本上是发话人与听话人之间信息与交际关系的协商过程。相比之下,工具型的交际风格是以信息发出者作为导向,根据明确的言语交际来实现交际的目标,发话人明确地阐释自己的意图,听话人就很容易理解发话人的言外之意,因此与情感型的交际风格相比,听话人的负担要轻很多。可见,工具型的交际风格是一种较为实用的交际风格。

显然,上述几种交际风格是相互关联与渗透的,它们是基于不同的文化价值观建立起来的,其中影响力最大的是集体主义与个人主义的差异,其在社会的各个领域都得以贯穿,并从很大程度上决定中西方文化的不同。

2. 非言语交际

言语交际是通过语言来展开交际的,而非言语交际是通过非言语交际行为展开交际的。非言语交际是言语交际的一种辅助手法,是往往被人们忽视的手法。但是,非言语交际在英汉交际中起着十分重要的作用,甚至有助于实现言语交际无法实现的效果。非言语交际包含多个层面,如体态语、副语言、客体语言等。

对于非言语交际行为,中外学者下了不少的定义。

(1)将非言语交际定义为一种不运用语言展开的交际,这是一种笼统的定义。

(2)将非言语交际定义为不运用言辞来表达,并且被社会人们认可与熟知的一种行为,这是较为具体的定义。

对于非言语交际,一般来说主要包含如下几类。

(1)体态语

体态语又可以称为"身体语言",其由美国著名的心理学家伯得惠斯特尔(Birdwhistell)提出。在伯得惠斯特尔看来,他认为身体各部分的器官运动、自身的动作都可以将感情态度传达出去,这些身体机能所传达的意义往往是语言不能传达的。体态语包含身势、姿势等基本姿态,微笑、握手等基本礼节动作,眼神、面部动作等人体部分动作等。

所谓体态语,即传递交际信息的动作与表情。也可以理解为,除了正式的身体语言之外,人体任何一个部位都能传达情感的一种表现。由于人体可以做出很多复杂的动作与姿势,因此体态语的分类是非常复杂的。体态语包括眼睛动作、面部笑容、手势、腿部姿势、身体姿势等。

①眼睛动作。眼睛是人类重要的器官,其是表情达意的重要组成部分,如愤怒时往往"横眉立目",恋爱时往往"含情脉脉"等。在不同的情

第八章 教育信息化背景下高校英语文化知识教学的理论建构

况下,眼睛也发映出一个人不同的心态。当一个人眼神闪烁时,他往往是犹豫不决的;当一个人白别人一眼时,他往往是非常反感的;当一个人瞪着他人时,他往往是非常愤怒的等。

既然眼睛有这么大的功能,学会读懂眼语是非常重要的,同时要注意不要读错。例如,到他人家做客,最好不要左顾右盼,这样会让人觉得心不在焉,甚至心术不正。

需要指出的是,受民族与文化的影响,人们用眼睛来表达意思的习惯并不完全一样。

②面部笑容。笑在人的一生中非常重要。当人不小心撞到他人时,笑一笑会表达一种歉意;当向他人表达祝贺时,笑一笑更显得真挚;当与他人第一次见面,笑一笑会缩短彼此的距离。可见,笑是人类表情达意不可或缺的语言之一。

笑可以划分为多种,有大笑、狂笑、微笑、冷笑,也有轻蔑的笑、自嘲的笑、高兴的笑、阴险的笑等。

由于文化背景的差异,不同国家的人对笑的礼仪也存在差异。在大多数国家,笑代表一种友好,但是在沙特阿拉伯的某一少数民族,笑是一种不友好的表现,甚至是侮辱的表现,往往会受到惩罚。

③手势。手是人体的重要部分,在表达情意的层面作用非凡。大约在人类创造了有声语言,手势也就诞生了。手是人们传递情感的行之有效的工具之一。一般情况下,手势可以传达的意思有很多,高兴的时候可以手舞足蹈,紧张的时候可能手忙脚乱等。

当一个人挥动手臂时,往往是表达告别之意,当一个人挥动拳头时,往往是表达威胁之意。而握手这样一个日常生活中普遍的动作,也能够将一个人的个性表达出来。

第一种类型是大力士型,其在与他人握手时是非常用力的,这类人往往愿意用体力来标榜自己,性格比较鲁莽。

第二种类型是保守型,这类人在与他人握手时往往手臂伸的不长,这类人性格较为保守,遇到事情时往往容易犹豫。

第三种类型是懒散型,这类人与他人握手时,一般指头软弱无力,这类人的性格比较悲观懒散。

第四种类型是敷衍型,这类人与他人握手是为了例行公事,仅仅将手指头伸给对方,给人一种不可信赖的感觉,这类人做事往往比较草率。

还有一种是标准的握手方式,即与他人握手时应该把握好力度,自然坦诚,不流露出任何矫揉造作之嫌。

④腿部姿势。在舞会、晚会、客厅灯场合,人们往往会有抖腿、别腿等

腿部动作,这些动作虽然没有意义,但是他们在传达某种信息。因此,腿在人们的表情达意过程中有着非常重要的作用。

对腿的动作的了解是人们了解内心的一种有效途径。当你坐着等待他人到来时,往往腿部会不自觉地抖动,以表达紧张和焦虑之情。当心中想拒绝别人或者心中存在不安情绪时,往往会交叉双腿。

(2)副语言

一般来说,副语言又可以称为"伴随语言""类语言",其最初是由语言学家特拉格(Trager)提出的。他在对文化与交际的过程进行研究的过程中,他搜集整理了一大批心理学与语言学的素材,并进行了归纳与综合,提出了一些适用于不同情境的语音修饰成分。在特拉格看来,这些修饰成分可以自成系统,是伴随着正常交际的语言,因此被称为副语言。具体来说,其包含如下几点要素。

①音型(voice set),指的是发话人的语音物理特征与生理特征,这些特征使人们可以识别发话人的年龄、语气等。

②音质(voice quality),指的是发话人声音的背景特点,包含音域、音速、节奏等。例如,如果一个人说话吞吞吐吐,没有任何的音调改变,他说他喜欢某件东西其实意味着他并不喜欢。

③发声(vocalization),其包含哭声、笑声、伴随音、叹息声等。

上述三类是副语言的最初内涵,之后又产生了停顿、沉默与话轮转换等内容。

(3)客体语

所谓客体语,是指与人体相关的服装、相貌、气味等,这些东西在人际交往中也有着非常重要的作用。从交际角度而言,这些层面都可以传达非言语信息,都可以将一个人的特征或者文化特征彰显出来,因此非言语交际是一种非常重要的媒介手段。

①相貌。无论是西方文化还是中国文化,人们对于自己的相貌都非常看重。但是在各国文化中,相貌评判的标准也存在差异,有共性,也有个性。例如,汤加认为肥胖的人更美,缅甸人认为妇女脖子长更美,美国人认为苗条的女子更美,日本人认为娇小的人更美等。

②饰品。人们身上佩戴的饰品本身并没有什么意义,但是出现在不同的场合,就是一种媒介和象征。例如,戒指戴在食指上代表求婚,戴在中指上代表恋爱中,戴在无名指上代表已婚。这些作为一种约定俗成的代码,人们不可以弄错。

一般来说,佩戴耳环是妇女在交际场合的一种习惯。当然,少数的青年人也会佩戴耳环,以彰显时尚。佩戴一只耳环表示有大丈夫的气息,但

第八章　教育信息化背景下高校英语文化知识教学的理论建构

是佩戴两只耳环表明他是一个同性恋者。

（三）高校英语跨文化交际教学的现状

语言与文化有着密切的关系，因此在高校英语教学中融入文化有着非常重要的意义。在早期的高校英语教学中，跨文化交际教学的目的在于让学生理解目的语文化，因此教师教授的也多为目的语文化知识及其相关背景。随着研究的深入，跨文化交际教学的内容也发生了改变，将文化态度、文化观念等内容也容纳进去。这时跨文化交际教学的目标也相应发生改变。

1. 频繁的跨文化接触

随着人类社会不断进步与发展，人类的生活向着更加开放的方向发展，不同国家、不同民族可能因为生存的需要，或者是因为偶然，彼此之间不断交往，并且这种交往变得更加频繁。因此，跨文化交际产生。如果人与人之间的交往是早期的交往形式，以民族化作为特征，那么国家之间的交往就具有国际化或者地域化的特征，从而逐渐转向全球化。随着当今科技的迅猛发展，不同国家与民族之间的交往更加频繁与紧密，这也成了民族兴旺发达的一项重要内容。因此，这也促进了从文化视角研究教学的可能性。

2. 教学具有明显的功利性

基于传统教育体制与理念，我国的高校英语教学呈现了明显的功利性特色，即考试考什么，教学内容就教授什么。这种传统在初中、高中表现得及其明显。在实际的教学中，教师过分关注语言知识的传授，很少将文化知识纳入其中展开教学。

受这一思想的影响，不管是教师，还是学生，都将教学的目标看作通过考试，教师的教学主要是为了英语过级服务。当然不得不说，这有助于学生提升自身的应试技能，却让他们很难学习到文化背景知识。

3. 文化碰撞实战演练较少

我国学生都是在母语环境下学习英语的，这种学习效果显然不如在目的语环境中学习。也就是说，我国学生在学习英语时由于缺乏外语学习氛围与环境，很少与异域文化进行碰撞与接触，这就导致他们的实战操练机会很少。

例如，很多学生在学习西餐时都会学习"开胃菜"这个词，背诵了几遍就记住了"开胃菜"的单词与意义，但是对于其到底是什么，很多学生并不清楚。但是,如果学生是在目的语环境下,他们只要参加一次,就很容易了解与把握。显然,外语文化环境的缺乏导致学生的英语学习事倍功半。

4. 教学中侧重语言学立场

所谓高校英语教学的语言学立场即将外语作为一门语言知识来教授的教育策略。具体来说,高校英语教学的语言学立场主要教授给学生词汇、语法等语言知识与语言规则,忽视语言背后的其他内容的教授,外语教育中这种单一的语言学立场明显是具有局限性的。

(1) 割裂了语言与文化的内在关联性

众所周知,语言与文化关系密切,语言是文化的载体,文化是语言的灵魂。语言教育肩负着使不同文化得以传递、保存、发展的重要责任,因此英语教学是一种文化传播的过程与手段。

语言与文化具有同构性。从语言的形式构成来说,任何语言都是由语音、词汇、语法等要素构成的;从原因的形成来说,任何原因都是对特定价值观念、思维方式等的反映,每一种语言都与某一特定的文化相互对应,而修辞的运用、语言结构的选择、语言意义的生成等都会受到文化特性、文化价值观的规范与制约。因此,就本质上而言,语言的发展与传播反映的是文化思维方式、文化价值观念等的变革。就教育层面来说,语言学习的过程就是文化理解、文化传播的过程,也是促进学生思维方式与价值观念建构的过程。如果学生的语言学习离开了文化学习,那么学生学到的仅仅是语言符号,只能导致语言学习的符号化。

也有人认为,文化学习是源自于语言学习的。但是如果把文化的东西简单地视作形式化的语言符号,那么文化学习就走向纯粹的原因符号了。传统的外语教育只注重语言形式的学习与技能培养,人为地将语言教学与文化知识教学割裂开来。这样很多学生即便学到了语言知识,能够说一口流利的语言,但是也很容易出现语用错误。实际上,任何知识都是由三个部分组成的:符号表征、逻辑形式与意义,而逻辑形式与意义不仅在符号表征中呈现,还在语言知识特有的文化元素中呈现。如果将语言的符号知识与其隐含的文化元素割裂展开教学,便是割裂了语言知识与文化内涵之间的关系,这样的外语教育显然也会失去文化立场。

(2) 不利于渗透国际理解教育

与母语相比,英语教学为学生打开了另外一扇窗户,其能够引导学生了解另外一个民族的语言文字以及背后的文化与价值挂念等,进而提升学生的文化理解力。尤其在当前经济全球化背景下,英语教学需要确立

第八章　教育信息化背景下高校英语文化知识教学的理论建构

一种开放的思维方式,引导学生逐渐形成国际理解力,但是英语教学这种单一的语言学立场显然并未认识到文化的重要作用,很难让学生认识多元的世界,形成一个开放的思维。

(3)不利于提升学生文化选择力、文化判断力、文化理解力

我国社会就文化背景的构成来说,虽然不想西方国家社会具有那么大的差异,但是内部也会存在一些文化传统。基于这样的现实,如何开展与文化模式相适应的教学呢?随着我国改革开放的推进,国际合作办学不断发展,很多城市开办了国际学校,招收不同国籍、不同种族、不同文化背景的学生,这必然对多元文化教育提出更高的要求。教师如果对不同的文化模式不了解,就很难驾驭多元文化教育课题要求,很难提升学生的文化选择力、文化判断力、文化理解力。

(四)高校英语跨文化交际教学的任务

外语教育的文化立场作为外语教育的一种基本策略与思维方式,并不意味着在语言知识中简单嵌入文化因素,而是将语言知识与文化知识整合起来,更好地融为一体展开教学。显然,外语教育的文化立场的意蕴显现出来。

1. 实现外语教育的文化立场转向

外语学习不仅是一种语言学习,更是一种对多元文化认识与理解的过程。单一的语言学立场容易造成语言与文化的分离。众所周知,语言与文化是并存、共生的,二者是密不可分的关系,语言是突出部分与表现形式,是文化的载体与产物。世界上没有不反映文化内容的语言,也没有与语言无关的文化。语言本身就属于一种文化现象。一个民族的文化在其民族语言中隐藏,因此语言结构具有民族文化的通约性。如果不了解语言中的社会文化,那么就很难真正地理解语言。因此,就本质上说,语言教学与文化知识教学有着密不可分的关系,语言教学本身应该将文化内容纳入其中来讲授。而且,学生通过对文化知识的学习,能够了解不同的思维方式与风俗习惯,拓展他们语言学习的知识面,提高自身的文化修养。

2. 克服单一的语言知识教学的局限性

外语教学不仅是一种文化知识教学,更是跨文化视角下的文化回应性教学。所谓文化回应性教学,即要求在教学目标上培养学生尊重其他文化的态度与意识,帮助学生形成自身文化的自豪感与认同感,使学生能

够从不同视角出发对同样的事件和经验加以审视与理解,提升自身对文化差异的鉴赏力。外语学习其实属于一种跨文化学习。外语与母语有着不同的价值观、不同的文化背景,因此在外语教育中,教师需要他引导学生在了解语言符号知识的基础上,对不同的文化立场与文化背景进行认识和了解。同时,回归母语文化,对不同文化因素的差异性进行判断与理解,对人类共同的核心价值观进行识别,从而有助于培养学生形成尊重其他文化的态度,构建对自身文化的自豪感。

三、课程思政教学策略

(一)高校英语课程思政教学的意义

长期以来,高校英语教学中融入课程思政教学一直未得到应有的重视。在高校英语教学中,很多教师对于语法、词汇、结构等进行过多的讲解,学生学习的目的也多是进行必要的考试,进而顺利毕业,然后期待毕业后能找到适合自己的功能。这样的教学模式更多是教书功能的展现,而忽视了育人功能。简单来说,当前的高校英语教学过分注重知识的传授,但是忽视了让学生认识世界与中国发展的大势,也忽视了让学生树立共产主义远大理想与中国特色社会主义共同理想的信念。因此,在高校英语教学中,课程思政教学的融入有助于提升学生的思想素质与道德素质,有助于培养学生具备正确的价值观与人生观,使自己努力成为建设社会主义的接班人。

(二)高校英语课程思政教学的目标

高校英语课程的思政改革需要从如下几点着手。

1. 发扬中华文化精髓,培养大学生的文化自信

中华文化有着五千年的历史,到了今天,中华文化的价值理念一直为人类文明的进步提供重要启示。对中华优秀的传统文化进行研究与传承,有助于树立中华民族的文化自信。习近平总书记认为,没有高度的文化自信,没有文化的繁荣兴盛,就很难实现中华民族的伟大复兴。因此,高校英语课程的思政建设需要融入文化自信,从而让学生逐渐树立中华文化的自豪感。

第八章　教育信息化背景下高校英语文化知识教学的理论建构

2. 立足国际,胸怀理想

未来世界的竞争主要体现在国际人才上,能够从全球的角度对问题进行观察、处理等,是对未来国际人才的要求。随着世界一体化的推进,学生需要具备国际视野,这也是我国人才培养的一项重要目标。

当代大学生不仅需要具备爱国主义情操,还需要具备与国际接轨的能力,让自己逐渐成为具备多元价值观的公民。

3. 助推心理健康,构建完善人格

受功利主义的影响,传统的教育主要强调成绩,只有成绩好,学生才能树立自己的认同感,也能够得到教师、家长的认同。如果成绩不好,学生很容易产生抵触情绪,也比较容易出现挫败感。显然,自尊在学习中非常重要,有助于学生发挥主观能动性,只有具有明确的理想,才能够对自己的生活、学习安排处理得当,也能够处理好人际关系。课程思政教学就是要树立大学生的完善人格,从而帮助学生树立崇高理想,使大学生成为德才兼备的人才。

(三)高校英语课程思政教学的策略

1. 培养英语课程的文化品格

英语课程属于一个系统工程,其不仅包含教学内容、教学目标、教学要求,还包含对英语课程性质的理解与把握。传统的英语课程仅仅从英语学科出发来教授知识与技能,显然这样的教学目标是不够全面的,忽视了对学生综合素质的培养。而对英语课程的文化品格进行研究可以将英语课程追溯到语言与文化这一本质问题上进行剖析,从而将英语课程放在一个更为广阔的领域进行研究,也是对以往英语课程局限性的突破,可以直接深入英语课程的根本问题。

同时,随着英语课程与教学改革的深化,很多教师迫切要求一种新的理论来指导教学实践。而对英语课程进行文化语言学层面的研究,是更新教学观念、变更教学方法、建构教学新秩序的重要手段,有助于帮助教师走出应试教育的困境,具有实用性价值。也就是说,在英语课程与教学改革中把握英语教育文化的本质,才能在实践中调动学生的主观能动性,真正地实现教育目的。这就是对英语课程的文化品格进行分析的魅力所在。

关于"品格"这一词汇,《辞海》中有如下四层含义。

第一,指代物品的质量规格。

第二,指代文学艺术作品的格调、质量。

第三,指代一个人的性格、品格。

第四,指代一个人为官的品格。

对于这四点,最后一点可以忽略不谈,前三种可以将其泛指为品行、性格、质量。

在英语中,与"品格"对应的单词是 character,其中《牛津高阶词典》对这一词的解释为:品格、品质以及特点、特征等。

显然,"品格"一词用于人们对特定对象展开评价,多用于指代人的品性以及对事物特点的分析,是一种评价的标准。"品格"包含了品性、品质、品味等含义,由于研究目的差异,不同领域对其的研究侧重点也不同。但是,这里认为品格包含了风格,对于"风格",其含义是相对明确的,即特定的类型,风格是作品在整体上呈现的独特风貌,是人的内在特征在作品上的一种反映。可以这样说,风格是通过艺术品展现出来的相对稳定、较为内在的能够将时代、民族、艺术家等的精神气质、审美理想反映出来外在印记。风格的形成是民族、时代、艺术家的艺术走向成熟的标志。

对于上述对品格的分析可以这样认为,文化品格即指的是人或者事物在思维方式、价值观念等层面表现出来的气质、精神、特点与风格,其不仅是对人或者事物文化属性的规定,也是其价值取向的一个重要表现。

从中国知网关于"文化品格"进行搜索,其主要涉及两大研究范畴:一是对某个人或者群体所具备的个性特征展开分析,二是对某类事物或者活动本身在文化层面表现出的属性与特征进行研究。但是综合分析来看,文化品格重在描述事物或者活动主体所展现出来的文化特征与气质,并且这些文化特征与气质是事物以及活动主体的重要体现。因此,本书采用"文化品格"来对英语课程展开描述。

(1)英语课程中文化品格

无论是什么学科,一旦进入了学校教育领域,以一种课程的形式表现出来,其就不可避免地具备"文化品格",这是由课程的本质属性决定的。就这一意义而言,所有课程都与文化有着密切的关系。但是,由于课程不同,这种文化的存在样态也是会存在差异的。对于英语这么课程来说,学生学习英语不仅仅是为了学习英语知识,更是要理解其隐形的符号系统。对于母语学习者来说,母语课程会浸润在日常生活中,是一种自觉的行为,但是对于外语学习者来说,由于一些场合与场景的缺乏,导致其势必会是一种探寻的结果。因此,笔者认为英语课程的文化品格指的是英语课程作为一门语言教与学的课程,其自身所持有的文化气质、文化性格与

第八章 教育信息化背景下高校英语文化知识教学的理论建构

文化品行。当然,这主要受英语课程的性质与任务决定。

①从课程性质理解英语课程的文化品格。具体来说,英语课程的性质主要可以归纳为如下几点。

首先,英语课程的基础性。21世纪是一个世界各国相互融合的时代,地球已经成为一个村落,在这一村落中,英语是流行的语言,要想在这一村落中生存,英语是必须具备的手段。随着信息技术的发展,计算机网络使人们获取知识的方式发生了改变,21世纪的人才要求具备在网络上获取信息的能力,而英语成了国际网络上的交流工具。显然,掌握英语是新时代对人才的一大要求。我们处于一个多元文化的社会,而在这个社会中的人们需要学会与不同文化背景下的人们展开交流、和谐共处。英语课程为学生们打开了一扇了解他国文化的窗户,通过这一途径,学生可以接触不同的文化,了解不同文化背景下人们的生活方式,为进一步增进彼此之间的交流与合作奠定基础。显然,英语课程是学生开阔视野、培养智力、锻炼品质的一项重要课程。

其次,英语课程的交际性。实际上,不光是英语这门课程,其他课程也都具有交际性。但是由于受传统教育观念的影响,我国的英语课程过分注重词汇知识与语法知识的讲授,这种观念虽然有助于学生获取英语语言本体知识,但是随着对语言本质认识的深入,人们也认识到应该改变这种传统的课程观念,英语课程对于我国的学生来说是一门缺少真实环境运用的学习,基于这样的情况,一味地教授语言知识是远远不够的,这会让学生降低学习的兴趣,因此需要强化交际性,为学生创设各种交际环境,提升他们的交际能力。

最后,英语课程的人文性。英语作为一种语言,不仅是一种交际的工具,还是一种文化的彰显。学习语言更是为了学习语言背后的文化。因此,除了要注重英语课程的工具性,还需要注重其人文性,不可片面地强调其中的一方面,这样就会使英语课程发展不平衡。实际上,在英语学习的过程中,学生获取的不仅是语言知识,还有价值观念与思维方式的改变。通过英语学习,学生可以从不同角度对世界、对自我有客观的认识。因此,英语课程具有明显的人文性。人文性的凸显是英语课程在实践中需要关注的重要层面。在教学中,将文化知识教学与语言知识教学相结合,用文化对语言教学实践进行引领,是英语课程的题中之意。

②从课程任务理解英语课程的文化品格。英语课程的性质决定了英语课程的主要任务在于培养学生的综合运用能力。美国著名的语言学家巴赫曼(Bachiman)对语言能力的理论框架进行概括,具体如图8-2所示。

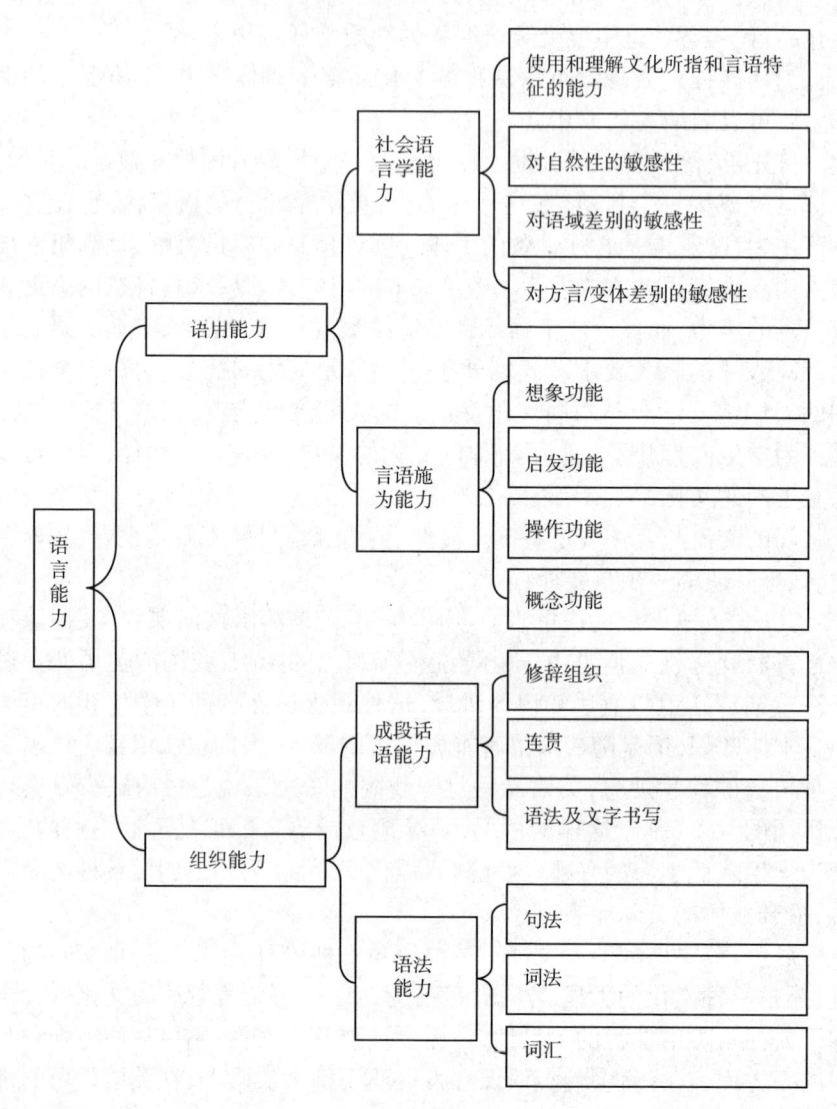

```
                              ┌── 使用和理解文化所指和言语特征的能力
                    ┌社会语言┤── 对自然性的敏感性
                    │  学能力 ├── 对语域差别的敏感性
            ┌语用能力┤        └── 对方言/变体差别的敏感性
            │        │        ┌── 想象功能
            │        │言语施为├── 启发功能
            │        └ 能力   ├── 操作功能
  语言能力──┤                 └── 概念功能
            │                  ┌── 修辞组织
            │        ┌成段话语├── 连贯
            │        │  能力   └── 语法及文字书写
            └组织能力┤        ┌── 句法
                     │语法能力├── 词法
                     └        └── 词汇
```

图 8-2　巴赫曼语言能力结构图[①]

在图 8-2 中,人类通过语言展开交流的过程是将所需要运用的一组知识,根据各自的地位与性质、作用与关系等进行组合排列,进而形成语言能力结构的各个要素。显然,巴赫曼研究的语言能力是那些能够在特定交际环境中可以被接受的言语功能,是那些常规的语言功能,并将这些言语按照话语需要以及一定的社会文化习俗要求,构成得体的言语的能力。显然,语言能力包含语言的功能、意义等要素以及这些要素之间的关

---

① 陈宏. 第二语言能力结构研究回顾[J]. 世界汉语教学, 1996(2): 74.

第八章　教育信息化背景下高校英语文化知识教学的理论建构

系。当然,巴赫曼的这一研究也说明了语言能力并不是各个成分之间的简单组合,而是一些相互关联的要素构成的有机整体。这对于英语课程的设置有着重要的意义。

长期以来,我国的英语教学大纲将对知识与技能的掌握作为课程目标与任务,这无形中就造成了英语课程过分重视知识与技能教学的倾向,从而忽视培养学生的语言运用能力。因此,语言知识不能直接与语言能力等同,而是要平衡语言知识与其他能力的关系。新的教学大纲除了要教授学生语言知识外,还需要教授给他们情感、态度与价值观,还需要让他们了解中西方文化的差异,拓宽视野,从而帮助学生形成健康的人生观。

2. 搭建优秀的传统文化交流平台

教师可以组织学生开展"我们的节日"等活动,对中国的传统节日文化进行丰富,使这些传统文化更富有生机。同时,加大宣传力度,如可以组织学生对学校的历史进行定期的学习,在学习校史的情况下,发挥传统文化的作用与意义。

教师可以运用多种文化资源,如图书馆、博物馆、遗址等,培养学生的民族认同感,并结合学校的多重优势,举办讲座,提升学生对中国文化的理解与认知,增强他们的爱国情操。

教师可以组织富有中国文化内涵的社团活动,通过这些活动,使学生的校园生活更加丰富多彩,也能够让学生在不知不觉间感受传统文化的魅力。

3. 充分发挥新老媒体的传播作用

在新时代条件下,教师要引导学生运用网络,综合书籍、期刊、网站、电台等多种媒体,对宣传形式加以创新,使中国传统文化的传播与弘扬与时代发展的特点相符合,使中国优秀的传统文化更具有生命力。具体来说,可以采用如下几种方式。

(1)创设有内涵的中国传统文化网站。

(2)在校园网中创设传统文化项目,或者可以运用微信平台,这样将文化融入生活之中。

(3)充分运用学校资源,将学校的人文传统发挥出来,开设名家讲堂。

4. 提升教师传播中国优秀传统文化的能力

由于当前很多教师的知识结构相对单一,对中国传统优秀文化掌握得并不充足,因此应该努力提升教师的能力。具体来说,主要可以从如下三点着手。

第一,教师应努力学习中国优秀的传统文化。高校也应该鼓励教师不断对知识结构加以完善,对中国文化的发展情况、历史渊源等有所了解,对中国优秀的传统文化形成全面的认识,尤其是对核心价值观的理解和把握。

第二,教师应该不断提升敏感性。高校应该为教师提供出国培训的机会,让英语教师真正地置于文化交际语境中学习。

第三,教师应该不断提升自身的综合能力,真正地做到以身立教,投入到教学之中,培养自身的人格魅力,对自身的品质进行培养,这样才能与学生展开有效的互动与沟通。教师还需要具备广泛的心理学知识,对现代教育技术予以掌握,对不同的内容采用与之相适应的教学手段,真正地实现因材施教。

四、多模态互动教学策略

从语言学习的特点出发,20世纪90年代,西方学者提出了多模态话语理论。这一理论指出,语言属于一种社会符号,音乐、绘画等非语言符号对语言意义的生成起着重要的影响作用。各种语言符号与非语言符号模态之间是相互独立也是相互影响的关系,共同生成语言意义。根据多模态语言理论,语言的输入、输出会受到多种符号模态的影响,因此在英语教学中,可以将多种符号模态融合起来,结合音乐、图像、网络等形式,对英语课堂进行丰富,调动学生学习的积极性与主动性,从而交互式地学习英语语言,达到对英语语言的充分记忆以及恰当应用的目的。

在大数据驱动下,教师采用多模态互动教学,可以充分运用网络多媒体等手段,创设各种语言学习情境,让学生真正体会到语言学习的乐趣,多渠道激发学生的听觉、视觉等感官,为学生提供全方位浸染式的环境,促进学生不断提升自身的语言技能。

多模态互动教学强调采用多种手段,具体来说是运用网络多媒体技术,开展角色扮演、图片展示等多种互动方式,调动学生学习的积极性,将听、说、读、写、译各项技能结合起来,激发他们学习的兴趣,对旧知识进行巩固,对新知识进行拓展。

(一)高校英语多模态互动教学的意义

在高校英语文化知识教学中,网络技术与大数据技术的作用日益凸显,可以说这些技术改变了教育的理念与方式。在大数据背景下,高校英语教学应该充分利用网络与多媒体技术,将多种符号模式如图像、语言、

第八章　教育信息化背景下高校英语文化知识教学的理论建构

网络等融入教学之中,利用多种模态将学生的各种感官激发出来,调动学生的学习积极性。

高校英语是多种学科中的一项重要的公共基础课,但是对于大部分学生来说,原有的英语课堂是非常枯燥的,导致他们的学习效果也不理想。当前,随着网络与大数据的出现,在一定程度上突破了教学的界限,采用音频、视频、微信等资源开展高校英语教学,这为高校英语教学注入了新的活力,也为学生增添了学习的自信心与动力。

在高校英语教学中,对网络资源的合理运用可以刺激各种感官,让学生参与到学习之中,更深层次地理解英语词汇、语法、语言学等知识。学生成为高校英语课堂的主人,主动积极地探索知识,才能学会知识。

另外,在传统的高校英语教学中,教师提供的信息是非常有限的,很难与学生的个性需要相符合,多模态化网络的融入,可以解决教师的这些问题,教师可以利用大数据资源,为学生创设真实的平台,让学生调动多方感官,自主、轻松地提升个人的语言能力。

互联网已成为教师教学的重要工具,充分利用互联网及多模态教学模式势必对高校英语教学产生巨大的影响和推动作用。

(二)高校英语多模态互动教学的基本原则

1. 客体适配原则

在高校英语教学中,师生分别处于教授与学习的主体地位,对应的客体则是教授与学习中使用到的工具,如多媒体、教材等。所谓的客体适配,即根据多模态互动教学的需要,提前选择能够对教学工作加以支持的材料。例如,在听力课堂上,教师需要提前下载一些听力材料,然后运用多媒体进行播放;在阅读课堂上,教师可以为学生推荐一些阅读性强的著作。

当然,日常的教材讲解,需要教师在备课时制作多模态 PPT。从教材内容出发,将其中涉及的重难点知识,在 PPT 上配合动画、图片等加以展示,这能够将教材这一客体的适配性发挥出来,并能够激发学生的学习积极性,提高教师教学的质量和效率。

2. 主体适配原则

如前所述,教师与学生处于教授与学习的主体地位。

就教学层面而言,教师在对多模态符号进行收集与整理的过程中,应该转换自己的身份与角度,尽量从学生的视角出发对多模态符号内容进行选择。例如,所选择的动画、图片等要与当代大学生的认知规律、兴趣爱好等相符合。这样才能使课堂更具有吸引力,进而便于教师展开教学工作。

就学习层面而言,学生需要在接收到PPT的模态符号之后,将自己的感官调动出来。例如,当教师在PPT上播放听力材料时,学生需要将自己的听觉感官调动起来;当教师在PPT上展示图片等内容时,学生需要将自己的视觉感官调动起来。

一般情况下,坚持主体适配原则,对于构建多模态的互动教学模式,提升师生之间的默契度非常有益。

3. 阶段适配原则

英语学习本身是一个循序渐进的过程,阶段不同,学生的水平与理解能力必然也不同。为了更好地将多模态互动教学的优势体现出来,教师在运用这一策略时,需要坚持阶段适配原则。

也就是说,教师要从实际出发,对模态组合的形式与教学模式进行不断的调整。例如,听力部分是高校英语四六级的重要测试内容,也是学生英语核心素养培养的一项重要内容。运用多模态互动教学模式展开听力教学时,第一阶段需要根据班级学生自身的水平,选择恰当的听力材料,不宜过难,也不宜过于简单。同时,教师需要提前检查一遍,尤其检查里面的信息是否全面,语速快慢是否适中,问题的设置是否合理等。第二阶段是在听力时,教师要时刻观察学生的注意力情况,是否出现眉头紧锁等情况,这样有助于教师对难度加以判断。第三阶段是从听力材料出发来讲解。阶段不同,这一教学模式实现了音频模态、口语模态、文字模态的多方组合。

(三)高校英语多模态互动教学的构建策略

高校英语多模态互动教学作为一种新型模式,充满着活力,在大数据背景下必将日趋完善。那么下面就来具体分析高校英语多模态互动教学的构建策略。

1. 充分利用多媒体资源

多媒体技术被引入高校英语教学中,是高校英语教学的一项重要变革。多模态教学强调将学生的各个感官调动起来,实现英语学习的目标。多媒体课件正是能够将文本、图片、音频、视频等相结合的资源,教师如果制作一个多媒体课件,需要精心的准备,需要从不同的教学内容与任务出发,搜集各种资料,进而进行整理与设计,制作出符合学生的真实的多媒体课件。

2. 建设多模态化英语网络空间

随着网络技术与大数据技术的不断发展,当前我们的"信息高速公路""论坛""校园网"等日益丰富,也被人们熟知,显然,网络时代与大数据时代已经到来。当前,各高校开始对自己的网络空间进行构建。网络空间教学指的是师生运用网络平台,展开师生交互活动。他们可以在网络平台上创设实名认证的空间页面,师生在空间平台上进行学习和互动交流。

2015年河南牧业经济学院创建了网络教学平台系统,这一系统是在 Sakai 教学平台的基础上研发的远程教学系统,该系统采用"引领式再现学习"的理念,通过课程空间、课程大纲与资源、论坛等形式,在师生也学习内容之间建构多元化的交互渠道,将学生的多个感官激发出来,为学生创设一个真实的虚拟课堂体验环境,从而有效地实施多模态互动教学。

实施英语网络空间教学之后,师生之间可以摆脱时空的限制与障碍,在即时问答、论坛等多个项目下展开有效的互动,这样不仅加深了教师对学生的了解,还能够使彼此的关系更为融洽。通过网络空间,教师可以批改学生的作业,学生也能够在规定时间内随时将自己的作业提交上去,实现作业的先交先改、及时反馈。这不仅节省了纸张,还为师生提供一个互动的平台。

当然,网络空间平台发挥作用的关键在于学生能够积极参与,学生需要登录到网络空间中完成作业、书写心得,也可以为其他伙伴分享自己的学习音频、视频等资料,这就让学生真正成为学习的主体。在网络空间平台上,学生将自己的感官调动起来,激发自己学习英语的兴趣,提升自己的学习效果,实现自己的有效学习目的,这也是多模态互动教学有效实施的体现。

第九章 教育信息化背景下高校英语教学评价的理论建构

随着信息技术的进步,高校英语教学有了更高的要求,而教学评价作为高校英语教学的一部分,需要不断改进教学评价的手段,以适应社会发展的需求。当前,高校英语教学存在的突出问题之一就是教学评价手段不完善,因此高校英语教学应该基于信息技术,改进教学评价体系,使教学评价更为多元化。本章就对教育信息化背景下高校英语教学评价的理论加以建构。

第一节 相关概念与理论基础解析

一、评价与测试、评估的区别

对于评价,很多人会联想到测试、评估,认为三者是同一概念。但是仔细分析,三者是存在一定的区别的。简单来说,测试为评价、评估提供依据,评估为评价提供依据,评价是对教学效果的综合评估。三者的关系如图9-1所示。

从图9-1中可知,评价与测试、评估关系非常密切,但是也不乏区别的存在。具体来说,可以从如下三点理解。

就目标而言,测试主要是为了满足教师、家长的需要,便于他们弄清楚自己学生/孩子的成绩。当今社会仍旧以测试为主,并且测试也为家长、教师、学生提供了很多信息。评估主要是为了教师与学生提供依据,如学生在学习中遇到什么问题、学生学习的效果如何等,便于教师提升自身的教学质量,也便于学生提升自身的学习效果。评价有助于行政部门对教学进行合理配置。显然,三者有着不同的作用。

第九章　教育信息化背景下高校英语教学评价的理论建构

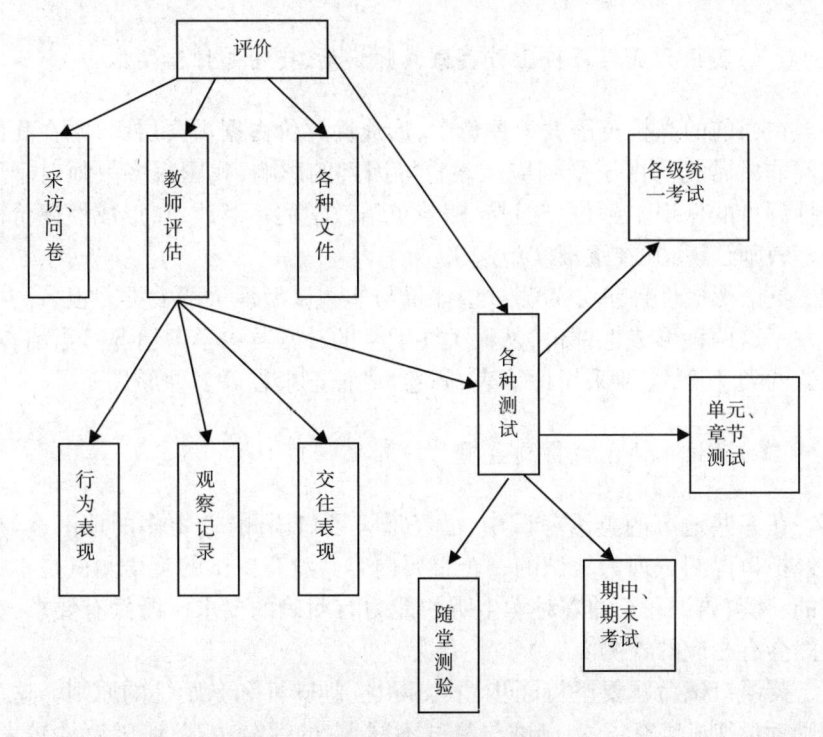

图 9-1　评价、评估与测试的关系[①]

就数据信息而言,测试主要收集的是学生试卷的信息,也是学生语言水平的反应,但是试卷无法评估学生的语言运用能力。评估可以划分为终结性评估与形成性评估两类,终结性评估简单来说就是测试,而形成性评估主要是学生学习的过程。评价往往是从测试、问卷、访谈等多个层面来的,属于一种综合性评估。

二、高校英语教学评价的深层内涵

在当前的高校英语教学中,评价问题一直是一个瓶颈问题。自从2001年教学改革的推进,英语教学评价成为热点问题之一,很多教师开始接受新的评价观念,凸显评价的发展性功能,并从评价内容、评价标准、评价方法等多个层面对其展开探究。就整体而言,高校英语教学评价呈现几点趋势。

[①] 黎茂昌,潘景丽.新课程小学英语教学理论与实践[M].成都:四川大学出版社,2011:185.

（一）英语形成性评价正被英语教师认识、接受并付诸实施

在当前的高校英语教学评价中，形成性评价占据重要层面，并在我国已经非常常见。由于受到应试教育等因素的影响，我国很多教师对于形成性评价的认识不到位。但是，随着英语教学的不断改革，形成性评价被很多教师认识，并在逐渐实施起来。

英语形成性评价分为测试型评价与非测试型评价两大类。很多高校开发了这两种形成性评价，从而关注学生的日常英语学习情况。当前，对于这两类评价，主要采用评价表、问卷、成长记录袋等多种形式。

（二）英语口语测试得到重视

在一些地区的英语考试中，已经增设了口语测试，更多的地区、学校已经把口语测试列为考试的一个重要内容。没有口试的英语测试是不完整的。《英语课程标准》对学生听的能力有明确的要求。既然有要求，就必然会有相应的检测。

英语口试命题要坚持同步性、交际性、趣味性和激励性的原则。这里激励性原则非常重要。口试与笔试不同，它的评分主观性、随意性较大，要想取得绝对准确的结果是很难的。因此，在高考、中考以外的口语测试中我们不要过分强调甄别性，而要突出激励性。这就是以鼓励学生运用英语为出发点，在一定行政区域内推行的口试不强求各校之间的成绩可比性。把测试学生口语能力与考查学生的学习态度及学习潜质结合起来，使学生对口试一点也不望而生畏。通过口试调动学生的学习积极性是最大的收获，我们寻求的合理的相对准确的评分标准也会在这种和谐的气氛中得到认同。

（三）学业考试命题改革全面启动

自从高校英语课程改革依赖，各地对于学业考试命题都非常注重。其主要呈现了如下几点走向。

第一，将纯知识的考试比例降低。
第二，注重语言运用能力的考查。
第三，强调考试题目与实际生活紧密关联。
第四，在设计试卷的时候应该体现人文关怀。

第九章 教育信息化背景下高校英语教学评价的理论建构

(四)课堂教学评价关注点发生变化

英语课堂教学过程是一个师生进步与发展的过程。在课堂教学评价中,过程与学生应该是两个关键词。而在传统的课堂教学评价中,人们对于教师的教过分关注,注重课堂知识是否传达,甚至通过考试成绩来评判教师的课堂教学效果。但是,在课程改革下,各地开始探寻新的评价标准,甚至出台了一些基本的方案,以推进课堂教学。一般来说,在新理念下,高校英语课程评价需要注意如下几个层面。

第一,高校英语教学目标需要与课程改革三维目标相符。
第二,高校英语教学方法的选择需要与学生的发展相符。
第三,高校英语教学中评价应该体现学生的主体性特点。
第四,高校英语课堂教学中是否应用了恰当的评价手段。

(五)英语教学管理的评价已经起步

目前,国内对英语教学管理的评价论述不多。已经有不少英语教研员英语教师开始关注英语教学管理的评价问题。学校对英语教学的管理在很大程度上制约着学校英语教学水平的发展。多年来,我们只关注课堂教学评价、学业评价,而忽视了对管理者管理英语教学的方式、水平等进行评价,这是我们在讨论英语教学评价时必须面对的问题。这些年来,我们把英语教学管理评价作为英语教学评价的内容之一进行研究,并有所心得。这里所说的英语教学管理包括英语课程设置、英语校本教研、英语校本课程、英语教研组工作、英语模块教学等。例如,对英语校本课程的开设,就从课程开设的原则、开发类型与过程、课程特点及课程管理几方面进行评价。

三、高校英语教学评价的指标

(一)评价指标设计的原则

指标就是能反映评价目标某一本质属性的具体的可测的行为化的评价准则。对英语课堂教学的评价指标设计必须能反映外语教育目标的本质要求。高校英语课堂教学评价的指标设计应采取行为化测量法,即通过学生英语语言行为表现推测内在结构的思想方法。所有指标都是外显的行为,评价就是从外显行为推测其内部结构。这类评价指标设计应遵循以下几个原则。

（1）有效性原则：所设计的指标能反映目标的本质要求，目标的本质要求能在指标系统中找到。

（2）可测性原则：不能测量的不叫指标，可用经典量度。

（3）要素性原则：抓住主要因素就行了，不要面面俱到。

（二）教学评价的指标要素

1. 三定二中心

"三定"指教师根据材料的内容与特点，先定下本课的达标层次位置。再定各目标层次所用的时间，然后又根据课堂评价的内容再对本节课进行定性分析。定位、定量、定性主要解决教学设计的科学性问题。

"二中心"指的是创造以学生主体活动为中心的课堂和确定以培养能力为中心的教学任务。"二中心"可真正实现"教适应学"，而过程又为学生提供了主体发展的时间和空间。

2. 知识再现

英语教学受考试题型的影响，选择题被大量地应用在日常的训练中，其弊端是仅仅提供了辨认正确答案的过程，只处于智慧技能的低级阶段，与现代英语教学目标相距甚远。因此，课堂训练一定要突破这个阶段，设计各类活动，让学生得以再现以往所学知识，并生成自己的语言运用于实践中去，使学生获得信息编码的训练，达到长时记忆的目的。为此，过程教学要求教师尽量不要在日常的训练中采用选择题，否则学生只能获得低水平的训练，而要特设语境让学生组织自己的语言做事情。

3. 全员参与

公开课上，许多外语课堂活动设计精良，但遗憾的是活动面仅局限于小部分人。在一般的英语课堂上还有相当多的教师习惯于以个别提问为主的方式。教师的工作方式、公平态度、组织策略等都影响到学生学习状态，过程教学要求教师既要懂得活动设计，又要善于组织活动，如能采用两两对话、两两检查、小组讨论、小组编故事或对话、全班辩论、角色扮演、信息沟通（文字和图片），效果特别明显，在5分钟内全班几十个学生同时受益。全员参与是组织课堂活动的重要策略。

4. 目标层次活动定位

各层次活动设计各有要求，设计与目标层次相适应的课堂活动体现

第九章　教育信息化背景下高校英语教学评价的理论建构

了科学性。目标分层多指把一节课分为各目标层次,但也可把一篇课文的教学分成几个侧重的层次,即在定量时根据进度侧重某几个层次,决不是一节课只一个层次,原则是每节课至少保证达到第三层次的要求,下节课则侧重第四层次。另外,也可采用一条主线串层次的策略。

5. 优化配置各类活动

外语课活动多,但在很多课堂上出现了活动多而乱,层次梯度不够或梯度不同的活动出现的顺序颠倒,这时合理配置就显得尤为重要。要做到合理配置必须遵循以下几项原则:活动层次梯度明显、梯度要符合认知规律和语言发展规律、全体学生都有机会参与、活动形式多样、及时根据反馈调整活动时间。

四、高校英语教学评价的意义

英语课堂教学评价不仅是质量检验员,起检测和监理作用,更是教育保健员,保证教学健康有序发展。就英语教学而言,由于外语教学是实践性很强的一门学科,对外语教与学的评价一般采取"行为化测量",即通过外显行为推测内在结构的思维方法。英语课堂教学评价的作用必须有助于学生积极开口表达,真正提高英语语言运用能力。

(一)甄别英语课堂教学活动的质量

1. 语言知识与交际能力

交际能力包括如下几点。
(1)语言能力(语言形式结构系统本身的操作能力)。
(2)语篇能力(语言形式结构置于语篇中运用的能力)。
(3)语用能力(语言形式结构置于情境中运用的能力)。

明确交际能力的构成,我们对英语教学的终极目标的定位就准确。语言的知识和结构是语言交际能力发展的基础,但决不是终极目标,英语课堂教学应着眼于设计促进能力发展的教学活动。活动就是教师为学生设计能运用所学知识完成任务的情境,这就是英语教育要求的以培养语用能力为核心的价值所在。

2. 单纯语言练习与信息处理活动

如果把语言当作一套知识或是一套结构,学的、练的、考的就是操作形式结构的技能,语言练习仅仅孤立地操练只有意思(meaning)而没有意义(sense)的句子、语法和词汇。如果把语言当作一种信息能力,是处理人与人交往信息的思维能力,是把知识和技能包容进去的综合体,就一定要把语言当作工具来练习,学的、练的、考的应是获取、选择、加工、传递、表达信息。信息处理活动强调对认知机能的调动,强调主动性、创造性、强调通过交际运用而学习,注意力不放在语言形式上,而是放在信息上,即放在如何达到交际目的上。

3. 以过程为重心

相对于以结果为重心,运用是一个过程,而不是一个结果,教学重心自然就应落在过程而非结果上了。为学生提供语言学习和运用的过程,在过程中既关注"学什么",更关注"如何学"和"如何用",即如何听、说、读、写。重视"如何",而不仅仅是"什么",则要求教师善于观察、提问,了解和分析过程,并注意发挥活动之间的连接和关系的作用,即扩展、深入、发挥、引申、了结。

给学生读一篇课文,不只是为了学这篇课文是什么,更不只是为了学这篇课文的语言点、语法和词汇,而是为了学会如何读。不能泛泛地只给 Read the flowing text 的指令,而要给具体的要求,即预测大意、略读求取主要意思、寻求具体和隐含信息、揣摩观点和态度、联系经验理解意义、比较论点或信息、作认知的推论、综合、分析、判断、结论等。

以过程为重心自然就会以学生为主体,为每一个孩子提供发展的空间和时间,教学高潮落在每一个孩子身上。

4. 做事教学

当前的英语课程倡导体验、实践、参与、合作与交流的"做中学"的任务型教学理念,将英语学习完全渗透在完成任务的活动中,展现"自信与思考、合作与交流、实践与创新"的课堂生命价值。尊重师生课堂生命价值恰恰是英语教学升华为英语教育的高要求。

任务型语言教学(task based language teaching)是诸多交际教学途径中的一种,它的理念是"Learn a language by using it." 任务型语言教学思想仍然是在交际语言教学思想的理论框架之内,它是功能中的一个个需要完成的事情。学习者不仅可以通过完成各种任务发展交际的能力,而且能在用语言做事情的过程中,自然地把注意力放在信息交流上,而不只是放在语言形式上。

第九章 教育信息化背景下高校英语教学评价的理论建构

（二）提升课程建设能力

理性的英语教学评价能积极促进教师提高教学能力,特别是提升教学活动设计的能力。

1. 提高活动设计能力

课堂活动设计是教师有效解决理论付诸实践的载体,是教师驾驭课程的能力体现,这种能力能自觉关注学生的创新精神和实践能力的培养,有利于提升课堂教学境界。当前国内外教育改革业已聚焦下列两个观点。

（1）教师事关重大。

（2）改革最终发生在课堂上。

以课堂活动为载体的研究,是对这些观点的回应。机械训练还是感悟体验？告诉事实还是主动观察？怎样在"变式"训练中形成能力？怎样设计"铺垫"引导探究？以专业引领与行为跟进为关键的课堂活动设计对于有效解决理论向实践、向课堂的转移问题,确是一种有价值的选择。

（1）设计原则

活动设计应遵循以下原则：以信息意义为焦点原则,活动层次与认知层次相匹配原则,活动面和活动频率原则,激活原则,交际原则,分享原则,发挥专长原则,统一和个别关注原则,激励后进原则,自主性、探究性、合作性原则,集体与个体反馈原则。

（2）任务分析与设计

在设计任务时,必须考虑语言知识的目标、语言能力目标、学生实际,把教材中的语言点与任务活动结合起来,以任务为核心计划教学步骤。设计的活动注重语言行为表现并能让学生体验成功。

（3）具体步骤

Presentation stage：创造情境,产生需要,介绍语言知识和形式,学生理解语言知识的意义。教师不仅要提供过程,还要示范。

Practice stage：提供练习,组织语码,如造句、复述、模拟交际等。教师给予一定的帮助。

Production stage：在具体情境中说或写,组织信息交流。教师给予很少帮助,直至完全让学生自由交际。

语言输出,是组织信息、加工信息、展示信息的过程,是语言运用的主要渠道。输入的目的是输出,只有打开通道,才能实现语言内化,只有运用,才能扩大积极词汇,才能提高语用能力,如图9-2所示。

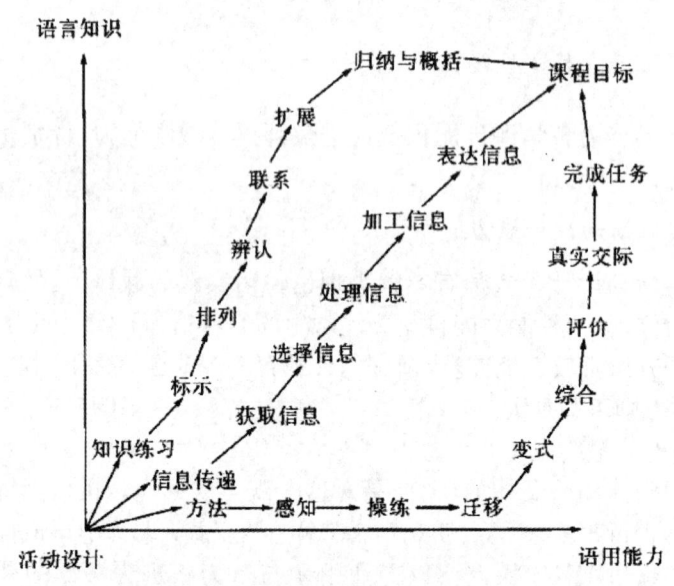

图 9-2 语言输出与语言运用[1]

2. 促进语言教学目标达成

互联网背景下的"三维"目标赋予英语学科的价值是培养学生英语语言运用能力,把握住这个重点是目标达成的前提,这是目标达成的关键。

What to teach.—课程标准—稳定

How to teach.—教授方法—灵活

What to learn.—课程资源—载体

How to learn.—感悟内化—活动

目标达成的基本方法就是重交际,通过做各种与生活息息相关的活动来介绍和把握语言,学习就是获取信息、组织信息、利用信息、创造信息、传递信息、展示信息。不仅重视学习结果,更看重学习过程,既看练习层次,又看目标的升华。目标达成要追求知识学习向能力发展的恰当路径,课堂教学活动设计是载体,而所有活动又以突出互动性、主动性、创造性、信息化、民主化、情感化为支持。

3. 加强语言技能训练

语言技能训练以教师的课堂角色转变为重要前提,而教师教学行为的转变又以学生学习方式的转变为逻辑起点。一词一句地讲解和一句一

---

[1] 禹明,郑秉捷,肖坤.中学英语教学评价[M].成都:四川教育出版社,2008:16.

第九章 教育信息化背景下高校英语教学评价的理论建构

句地分析剥夺了学生读的机会。一定要给学生提供机会、保证条件、创造环境,为学生提供感悟、操练、产出、实践、交流、合作的过程。给学生当交际助手和为学生配交际助手,对学生学习起指导和负责作用,是教师在语言技能训练中应把握的策略。

第二节 教育信息化背景下高校英语教学评价体系的构建

一、教育信息化背景下高校英语教学评价体系构建的意义

作为一种教育评价手段,网络评价是运用互联网对学生的知识能力以及教师的教学质量与目标展开评价,这样的评价具有导向性,其属于评价体系中的一种方式,也是一种创新的评价手段。

随着互联网技术的进步与发展,利用互联网展开教学评价已经成为评价体系的重要一部分,其不仅是信息技术教育体系中的一项重要内容,也是现代教育评价体系中的一个重要方面。

基于互联网的环境,教师、学生以及其他管理人员可以在不同地点出现,并呈现出一种松散型的组织结构。如果采用常见的方式,显然难度大、成本也较高,也无法收集到有效的信息,这就要求采用一种全新的收集方式,对学生的信息进行收集,以弥补传统评价方法的不足,以与当前的教学发展相适应,这就是所谓的网络评价。网络评价通过其自身广泛的传播性、交互性,以及数据收集的方便性,参与到了当前的大学英语教学中。

网络评价体系具有整体性的特点,其对教学内容、教学目标的整体性展开评价,而并不是将教学目标进行划分。在进行网络评价中,评价主体可以通过网络获取自己的学习效果。

同时,网络评价也具有主体性,其强调一种自我价值的判断,这显然在传统的评价手段中是不存在的。考试强调的是客观评价,但是网络评价更多体现的是一种自律手段,是从被动评价转向主动评价的过程。网络评价可以将人的兴趣与潜能激发出来,从而不断提高人的素质。

此外,网络评价也具有能动性,网络评价创造出的不是一种单一的评价手段,其评价的主体、客体以及网络环境构成了评价框架,共同将主体的能动性激发出发,使网络评价成为一种能够创造、激发的手段与工具。

网络评价体系不仅评价的是网络课程的各个环节,其优势还在于从各种实际情况出发,对各种阶段、各方面的信息加以收集,展开形成性评

价、终结性评价,对同类系统中信息收集的不充分加以弥补,随着系统不断完善,应用性能不断提高,其应用范围也在不断扩大。

二、教育信息化背景下高校英语教学评价体系构建的原则

(一)发展性原则

1. 用发展的观点看待学生

树立符合学生认知规律的"发展观"。从受教育者的认知发展规律出发,用发展的观点看待学生,用发展的观点衡量和要求学生,所有的教育教学活动都是为了学生的健康发展。

用发展的观点对待每一个孩子,就必须关注学生的进步,就必须研究学生心理。我们一定要承认学习外语的个体差异,在外语学习上连性别都有差别,作为外语教师决不能把这些正常的现象当作智商问题,应该认识到这主要是情商的问题。那么,我们应该态度好一点,多一点笑容,多一分宽容,特别是对待学习暂时有困难的学生,不埋怨,不让其在骂声中成长,要让他们在学习活动中有安全感和成就感。放松心理是刺激语言发展的关键,了解这些,教师找到对策是不难的。

2. 关注学生心理的发展

教学是心理活动和心理发展统一的过程,教学群体的社会活动是个体心理活动,又是心理活动和心理发展统一的过程。苏联心理学家鲁宾斯坦认为在人的活动中形成的精神发展,人的能力在完成自己的活动中被发展着。活动使主体与客体、主观与客观、内部与外部相互作用、相互转化,学生的知识、能力、情感、思维方式等不是由教师赠送的,而是学生靠自己的活动、自己的劳动获得的。

3. 强调学生课堂表达行为

围绕每个单元的教学内容确定学生的课堂行为,以学生学习行为的充分表达作为教师教学行为转变的逻辑起点,"行为结构"旨在为学生学习提供从知识到技能形成的"过程"。我们开展的一系列教学质效评估活动重在评估学生的课堂作为,促进其转变学习方式。倡导对以技能训练为目的的"教学行为结构"恰好为学生提供了语言表达的平台。

第九章　教育信息化背景下高校英语教学评价的理论建构

（二）人本性原则

树立以学生为主体，以"学"为中心的"主体观"。学生是教育教学的主体，而且是具有能动性的主体，学生在学习过程中是信息加工的主体，只有抓住"学"这个中心，才能完成"教是为了学""学会是为了会学"的转化过程。

树立符合社会发展需要的"人才观"。培养符合社会发展需求的合格人才是教育的根本目的。应树立以符合社会发展需要，符合学生个性发展，并使二者形成最佳结合的人才观。个性（personality）一词，是指个人独特的性格和行为品质的总和。从研究个性的角度来探寻学生英语学习方式的变革是推进英语教育质量适应多元化社会发展的根本出路。从促进学生学方式的变革中闯出英语教学的新路子是面对未来，主动、系统的回应。发展和完善人的个性已成为全球性的教育追求，倡导"以人为本"的英语教育更突出了新时代教育个性化的特点。素质教育的内涵之一是非均衡地发展，一味追求每个人素质均衡发展不仅违背教育规律，而且也不可能有效地促进学生健康成长，更不可能培养出有个性、有创造力、多样化的人才。我们的教育必须尊重个性的存在，英语教育的特殊性决定了促进英语学习方式的变革必须顺应个性发展的特点。

1. 创设"需要"的环境

突出工具性就要创设需要用语言做事情的环境，让学生在使用语言的环境中感到需要掌握哪些词汇和语言结构才能完成任务。需要产生动机，有需要就会主动。教师在语言教学中应有意设置一定程度的障碍，如要完成某个功能，我还需要什么？如何获得？让学生把学习每一个语言内容都看成是为了某种表达和展示的需要，一旦突破障碍，获得成功，便其乐无穷。

语言学习的需要与个性品质、人格品质都有很大关系。应根据不同学习者的潜质给予不同需要的感悟，设置不同的障碍，提供不同的舞台，特别在学生语言活动中给予个性化的指导和关怀。把需要与学生主体性发展结合起来是教师教学水平发展的一个较高境界。

2. 捕捉良好的学习状态

学生学习英语时，对语言材料的理解反映了个体的综合素质。不同的学生有不同的理解，不可能只有唯一的标准，个性化的语言表达特点尤为明显。为此，在课堂上，要捕捉和保持学生良好的学习状态必须从关注个体开始,教师一定要利用各种反馈来确定学生个体的状况,并调整好自己的教学。但反馈值必须由反馈面和反馈质来确定,不能只以几个优生的回答来确定,也不能以低质量的检测来确定。

3. 统一之中的个别指导

学生群体中的智力差异并不大,这给统一要求奠定了基础,但智能类型却能直接影响个体的发展。在大班教学的现实中,教师面临的问题就是统一要求和个别指导的矛盾。分层教学力图解决这一问题,但仅以学业成绩来分层次是否科学确是一个问题,如能研究学生属于哪种智能类型;在语言学习中,某种类型适合从什么方面找到最佳切入点;或可以从哪些方面让该种类型的人最易获得成功感,这样可能会找到治本的出路。在统一之中给予不同个性的个别关注和指导,在语言实践中让每个人有事做,都有获得成功的机会,特别是对自信心不足的人,教师应给予独特的关怀,把成功的体验让给这些孩子。可能教师会辛苦一些,但消除厌学心理,使每个孩子都得到发展是教师的成功。

4. 公平对待每一名学生

英语课上常常可以发现,许多课堂活动设计精良,但遗憾的是活动面仅局限于小部分人。在英语课堂上还有相当多的教师习惯于以个别提问为主的方式,举手的优秀学生可能获得多次机会,不举手的恰恰是有困难的,而他们可能就没有机会。即便是小组活动,个性不同的学生获得的机会时间也不同。这时教师的组织非常重要,教师的工作方式、公平态度、组织策略等都影响到学生的学习状态。

公平就要求教师既要懂得活动设计,又要善于组织活动,如采用两两对话、两两检查、小组讨论、小组编故事或对话、全班辩论、角色扮演、信息沟(文字和图片),效果特别明显,在有限时间内全班几十个学生同时受益。这种形式互动面大,再加上高频率就能为每一个孩子提供学习语言的环境,教师在学生活动中如再针对不同个性的潜质,充分发挥其作用,效果就更好。

(三)多元化原则

评价的多样性包括评价主体的多元化、评价方式的多元化、评价内容的多元化、学生的多元化与学习出口的统一化。

1. 评价主体的多元化

采用内部评价与外部评价相结合的方式,评价主体主要是学校、教

第九章　教育信息化背景下高校英语教学评价的理论建构

师、学生、家长,同时也包括教育行政部门及其相关机构。按照评价主体构成,教育行政部门对学校英语课程实施进行评价,学校对授课教师教学情况进行评价,教师对学生学习情况进行评价。对学生的评价重点放在学生的自我的纵向比较上,把学生的学习态度和进步作为评价的主要标准,真正体现"以生为本"的评价理念。

2. 评价方式的多样化

终结性评价和过程性评价是现在普遍采用的方式,需要指出的是这两种方法应结合起来使用。终结性评价不能只看考试分数,必须由过去单一的考试成绩评价改为多元评价,即参考学生学习表现、作业情况、课堂行为表达、课外活动参与情况、个性发展等多种因素进行综合评价。评价方式的多样化还可以更加开放,除了纸笔、等级的评价方式,学生可以采取各种自己喜欢的形式反映自己的学习成果。

3. 评价内容的多元化

对学生外语听、说、读、写技能的评价,是仅仅在课堂还是可以更宽泛?这的确是新时期英语教育工作者不能回避的新问题。中国英语教育多年追求的一种社会氛围已经形成。过去大学英语专业的学生才能看到的原版电影,现在可任意欣赏,广播、报纸、戏剧、各类英语活动渗透到社会生活的方方面面。而我们今天的教学单一化已经适应不了社会的发展,也脱离了学生生活实际,形成了极不相称的反差。如果说英语教学不能只停留在教知识、记结构、背单词的低级阶段,那么,教学评价是否也要改革,以适应社会发展的要求?社会越进步,越迫使我们改进方法,追求新的变革可能是中学外语教学评价必须思考的新问题。

4. 学生的多元化与学习出口的统一化

学生的多元化是指学习能力、学习风格、思维品质、发展水平、经验积累等方面的差异,就学习外语而言,学生的多元化还表现在家庭背景和文化背景的差异、社会经济差异、方言差异等方面。这些差异对学习英语的影响在学生身上一定会产生不同的反映,而我们的英语教学的唯一出口表现形式就是考试,鲜活的语言在考试中变异,富有个性的语言在考试中变成了统一的试题。为了追求更为有效的教学效果,英语教师必须了解学生存在差异的表现形式,并将这些因素纳入教学评价的考虑范畴。

(四)科学性原则

1. 语言测试

测试评价是中学英语课堂教学的重要手段,也是学校英语教学质量监控的有效的必不可少的教学环节。而英语语言测试评价又最体现科学性。现在英语测试的水平比以前有很大的提高,主要表现在知识立意向能力立意转变的本质内涵得到了充分的表达。试题以"信息或意义"的表达为测试目的,测试以语篇层次为侧重,试题的情境对语言的制约来自交际情境,答题的过程是学生在不同情境中与自然、环境、人物等不同角色互动的对话过程,考核的焦点在于是否达到交际目的。外语测试对学生获取信息、选择信息、加工信息、创造信息、表达信息、传递信息的能力的展示提供了有效载体。

(1)外语考试考什么

一般人似乎认为课本里讲什么就应该教什么,也就应该考什么。测试对语言知识是重视的,但它看中的是会不会在具体的语境下灵活运用语言知识,重视在真实的情境中考查英语语用能力,通过语篇考查听、说(间接口语)、读、写的技能,通过语言运用考核语言交际能力和最普通的交际行为所必须的对外国文化的了解程度。

考查语篇能力贯穿在整个测试中,考听力是在对话和短文中进行的;阅读与完形填空的考核是以短文的形式出现的,写作考查学生的分析、综合、评价的高级技能,考查学生的阅读理解能力,考查分析语篇的结构的能力,整体把握篇章的思想脉搏、主旨大意,单项填空也是两句或三句构成的一个语境或情境。高考如此,中考也是如此。

(2)情境提供语言运用的载体

情境决定要表达的意思,要表达的意思决定要说的话的形式,从"交际情境"确定"要表达的意思"再到选择"要用的语言形式",这就是实际运用语言的正常心理过程。听、说、读、写的每一个行为,都以接受、加工、传递信息为目的,这是情境带来的自然制约,是真正的语言"运用"。

而课堂上"造句"的心理过程就完全不同。学生先想着 study 这个词,然后再想一个可以出现这个词的句子。学生从"要用的语言形式"确定"要表达的意思",由于是人为地"外加制约",在脱离"交际情境"的情况下,写出来的句子即使语法不错,但心理过程完全违反了实际运用语言的心理过程。这种缺乏交际情境的练习还不能说是"运用"。传统的从语言形式出发的试题,根据要考的词汇和语法去设计试题。很多试题是命

第九章 教育信息化背景下高校英语教学评价的理论建构

题人先决定要用的形式,然后由形式决定要表达的意思,至于交际情境有没有无所谓。这种造句式考试的心理过程完全违反了实际运用语言的心理过程。

2. 教案设计

(1) 备课重点

评价的科学性原则要求教案设计必须以设计学生语言操练的活动为主。落实"三维目标"的第一环节就是备课。在日常的外语教学过程中,许多英语课未达到课程标准和教材设计的要求,主要问题是学生语言行为表达不充分,语言运用能力不强。造成这种现象的主要原因是:教师重自己的"教"轻学生的"学",重"内容目标"轻"行为目标",重"知识目标"轻"技能目标",在时间比例分配、学生训练面与频率、操练到交际的练习层次上都无法达到课程标准的要求。按照"英语教学行为结构"指引,可以使备课从教师过分注重自己的"教"转变为自觉关注学生如何"学",这就是备课的重点。

(2) 设计活动

英国心理学家 Caleb Gattegno 曾说过:"Tell me and I forget. Teach me and I rermember. Involve me and I learn." 一堂成功的外语课就是要看教师是否让学生置身于运用语言环境中去。"教学行为结构"要求教师准备一池水,并把每个学生"拉下水"。让学生在语言表达活动中学习,"用语言做事情"是语言交际的真谛所在。

(3) 教学反思的参照

按照以上的备课规划和活动设计,课堂教学反思有了明确的科学参照。教学反思是教师与互联网教学共同成长的有效途径,实现理性的自我评价是质量监控体系的重要内容。反思主要是看是否促进了学生积极主动地发展。在互联网背景下,课堂教学反思主要从以下几方面的转变来衡量教学。

关注内容目标→关注行为目标

看教师如何说→看学生如何作为

教教材→用教材

关注优秀生→关注全体

个别提问→交际互动、小组讨论、两两对话

互动频率→互动面

第三节 教育信息化背景下高校英语教学评价方法的创新

一、自主评价

(一)要结合具体任务

自我评价要结合具体的任务进行,如针对听力、口语、阅读、写作方面的某一具体任务的完成情况来进行自我评价。比如,在写作课教学中,为了让学生进行循序渐进的训练,教师可以让学生进行 contolled writing。具体实施步骤为让学生用某章的重点词组来造句,慢慢发展成一段文章(充分发挥自己的想象力),互批造句(利用批改符号),把错句加以改正,给自己一个评价。这样做目的是提高学生用英语思维、活用单词、短语、句型的能力,为进一步写作打下良好的基础。此项活动每周可以进行一次。教师指导学生对第一稿进行自评、他评、修改,即可以得到一篇比较好的短文,虽然仍有点小错。这么一个自我评价的过程下来,使学生短文写作能力得到一定的提升。当然,作文中存在着些许错误,可让学生讨论并改正,这也是自我评价的一种形式。当找出错误后,教师应有针对性地进行评解,纠正错误。几乎每单元都可以采用这种方法。活动结束后,学生可以根据互批和教师批改进行自我反思和评价,把自身存在的知识缺陷及时弥补,达到成句、成篇的写作目的。

(二)要制订反思内容

反思内容最好以表格形式呈现,并且要结合具体的任务来设计。可采用自我反思表的形式,如表 9-1 所示。

表 9-1 关于听力的自我反思表[①]

学生姓名_____	填表日期_____

本人认真回顾了从____月____日到____月____日早自习时间的听力情况,我共听了____次,我的收获不少。

1. 在听力习惯和能力方面,我的进步主要体现在:

[①] 王哲.互联网环境时代背景下的初中英语教育形态[M].哈尔滨:黑龙江教育出版社,2013:213.

第九章　教育信息化背景下高校英语教学评价的理论建构

续表

2. 我觉得取得以上进步的原因主要是：
3. 在听力过程，我还有需要改进或克服的问题（听的习惯、语音、语调、句型、非智力因素等）：
4. 老师、同学或家长的建议：
5. 我想说的话：

（三）给自己打分

学生对自己应该有个评价，可以用优、良、中差进行等级评价。当然，也可以考虑按照一定比例进入终结性评价，只是这不是教师个人所能决定的，需要全校教师、学生、家长的综合参与和民主讨论后做出决定。

在教与学的过程中，学生不仅是被评价的对象，而且是评价的参与者。自我客观评价可以提高学生学习的主动性和积极性，促进学生对自己学习进行反思，并帮助学生掌握评估技术，增加教师的评估信息。这一点是确信无疑的。难的是教师在教学实践中如何实施学生的自我评价。有效地让学生进行自我评价，实际上完善了教师的评价工作。而完善的内容比起让教师来做，能更加有效地促进学生的学业发展。

二、成长记录评价

要实行学生学业成绩与成长记录相结合的综合评价方式，一些教师感到困惑的是在操作中所出现的问题。例如，在英语教学中该如何建立和使用成长记录？使用的效果怎样？成长记录，是根据教育教学目标，有意识地将学生的相关作品及其他有关证据收集起来，通过合理的分析与解释，反映学生在学习与发展过程中的优势与不足，反映学生在达到目标过程中付出的努力与进步，并通过学生的自我反思激励学生取得更高的成就的一种记录方式。成长记录的基本成分是学生作品，学生作品的收集是有目的的，教师要重视学生在成长记录创建和使用过程中的参与，尤其是学生的自主评价和反思。

（一）成长记录的建立

成长记录作为一种典型的质性评价方式，主要用于教师的课堂评价实践。英语学科的成长记录可以按照听、说、读、写分门别类，根据教学需要来设计。阅读和写作是英语学习过程中最需要量的积累和结构训练的。下面以阅读和写作为例,提供两个案例,如表 9-2、表 9-3 所示。[①]

表 9-2 阅读成长记录

Name:_____	Class:_____	Date:_____
《_____》第___版,类别:____	字数:_____	Time spent in reading:_____(min)
The main idea of the passage		
The new words I have learnt		
The phrases I have learnt		
The good sentences I enjoy		
每周自我评价和反思 From_____ to_____		
Passages read in a week:_____	Reading speed:_____wpm	
Progress and reasons		
Disadvantages		
Suggestions to teacher		

表 9-3 写作成长记录

Name:	Class:	Date:	The number of compositions:____per week				
Types of writing(√)	应用文	记叙文	议论文	说明文	图表式	造句	
Approaches to solving the problems							
Teacher's comment							
Classmates' comment							
Self comment							

[①] 王哲.互联网环境时代背景下的初中英语教育形态[M].哈尔滨:黑龙江教育出版社,2013:214-216.

第九章　教育信息化背景下高校英语教学评价的理论建构

（二）成长记录的运用

1. 每名学生都要有记录

每名学生都需要有成长记录。不过不同学生应建立符合自己特点的成长记录，关注其英语薄弱面的学习过程，随时发现问题解决问题。建立成长记录可以按照知识模块，也可以按照内容专题，由教师和学生根据学习内容的特点来确定。

2. 成长记录电子化

成长记录需要搜集大量的文本资料和非文本资料。利用先进的设备（扫描仪等）把本来属于非文本的材料电子化、图像化，使查询、展示和反馈更方便，还可以节约大量的空间。一名学生一个电子文件夹，方便快捷。

3. 成长记录与学业成绩相结合

成长记录合理使用，能提高学业成绩。学生在学习过程中，如态度积极，对于教师的指导认真对待，能自主查漏补缺，有切实可行的学习计划和措施，并且对于学业中所出现的问题及时纠正，会有明显的进步。成长记录与学业成绩的结合主要体现在学分认定过程中。也就是说，学分认定要包括"纸笔测验＋平时作业＋课堂表现＋成长记录"。教师要关注学生的过程性学习，关注他们的每一次作业、每一篇作文、每一次测验，关注他们的每一点进步，给他们一个公平的学分。成长记录是对学生学习情况的有目的的收集，它能展示学生在一个或多个领域的努力、进步和成果。学生成长记录是评估学习努力程度、进步程度、学习过程及结果的依据，也是学生对自己学习过程反思的见证。在成长记录的创建与使用中，学生自我评价和自我反思是最重要的环节。

值得注意的是，建立学生成长记录需要师生双方长期的不懈坚持和努力，尤其是起始阶段，需要教师的引导和督促。也就是说，教师需要有意识地提醒学生明确搜集材料的目的，定期进行成长记录的更新，展开学生之间的交流，甚至争取家长的支持，以便相互借鉴、共同提高。相信随着时间的推移，成长记录会成为教与学的珍贵的第一手资料。

三、档案袋评价

档案袋是一种可以很好地满足学生个性化英语学习需求的自主评价辅导资源。档案袋内容条目应与《课标》的总体描述相符合，同时要考虑教学的阶段性目标与近期目标。下面仅从听、说、读、写四方面条目的制订来探讨档案袋评价在英语学习评价中的应用。

（1）指导学生在档案袋中做好学习记录。

听：

能否听懂教师的教学指令：_____

能否听懂同伴的交流语：_____

听音练习时间：_____分/天

听音材料所涉及的话题：_____

完成听音指令的比率：_____

说：

上课的发言次数：_____

教师的评语：_____

同学们的反映：_____

完成课堂活动情况：_____

在与同学完成任务中承担的角色、所起的作用：_____

你学习的话题：_____

你能用这些话题完成的任务：_____

读：

阅读量：_____字/天

阅读速度：_____字/分

阅读的准确率：_____

能否概括出段意：_____

生词积累数：_____

写：

自拟题写作情况（题目、词数、关键词）：_____

阶段反思：_____

（2）指导学生选择放入档案袋中的作品。

听：

你最喜欢的听音材料：_____

你最骄傲的听音结果：_____

说：

你最骄傲的课堂表现记录：_____

你得到的嘉奖证明：_____

读：

你最喜欢的作品：_____

第九章 教育信息化背景下高校英语教学评价的理论建构

你最感兴趣的作品：_____
你最骄傲的作品：_____
写：
修改前的作品：_____
修改后的作品：_____
最骄傲的作品：_____
最不满意的作品：_____
其他：_____

学生档案袋中记录的学生学习情况能帮助教师了解学生学习的整体概况，从而做出教育决策。档案袋的评价标准是与为学生们设定的目标直接相关的，是为了评价档案袋的目的是否与学生作品符合，将这个计划与当前学校使用的评估过程及方法结合起来。学习档案资料的收集可以穿插于教师使用的其他评价活动中，并且通过与其他评价活动的交互过程发挥作用。

四、跨文化评价

（一）跨文化评价的必要性

1. 传统教学评价落后于前沿理论

目前，我国教育体系已经进行了多方面的改革，取得了较大的成果，这导致传统教学评价已经落后于当前的教学系统，表现在重结果、轻过程；重定量、轻定性；重教师、轻学生。

（1）重结果、轻过程

在传统英语教学中，教师多使用终结性评价方式来评价学生，很少使用形成性评价方式。利用终结性评价，教师往往只重视对结果的评价，无法对学生学习过程中的情况进行把握。换言之，教师只有在期中、期末考试中才能了解学生掌握知识的情况，是否达到了学习目标，而对学生学习过程中的学习情况丝毫不知情。此外，期中、期末考试题目设计有限，教师并不能把一个学期所讲授的所有内容都放在考试题目中，因而所选择的考试题目或许存在片面性、偶然性，这对于学生的整体学习而言都是极其不利的。

（2）重定量、轻定性

在传统英语教学评价中，教师往往只重视定量评价学生，完全忽视了从定性层面来评价学生。虽然定量评价具有一定的优点，如可以准确反映评价对象的学习成果,并且方便对评价成果进行统计与分析,然而对于学生学习过程中并不能进行量化的内容,定量评价就无法进行合理评价,所以想要全方位对学生展开评价,就不能仅采用定量评价方式,而需要将定量评价与定性评价相结合来进行。然而,定性评价在高校英语教学中受到的重视程度依然不够,还需要教师在这方面为其努力改进才可以。

（3）重教师、轻学生

在传统教学与评价过程中,教师都是主体,是不可或缺的部分,教师对于学生而言,始终处于居高临下的地位,学生往往被动或者被忽略,这对于学生自主学习积极性的培养来说是十分不利的。

2. 传统教学评价难以适应时代发展

在我国英语教学的发展过程中,很长一段时间采用的都是应试教育方式,教学评价的目的很明确,即选拔人才,将考试作文评价教师教学成果以及学生学习成绩的重要方式。然而,时代在发展,社会在进步,全球化格局的形成将世界上的各个国家带入一个多元化的格局中,各国文化都进行着前所未有的交流与碰撞。另外,科学技术也飞速发展,将人类带入信息化时代。在这样的发展趋势下,我国应试教育的弊端也越来越明显。应试教育不合理的评价方式导致英语教学评价内容的不全面,仅重视学生学习中认知的发展情况而忽视智力的发展情况。

（二）跨文化评价的具体体现

评估反映的是高校英语教学的目标和内容,而文化评估必然反映的是高校英语文化教学的目标和内容。当前,文化评估是高校英语文化教学中的薄弱环节,也是最难解决的问题,其主要原因有两点：一是缺乏一套与真实文化能力相关,同时又能被观察与分析的教学目的；二是传统的高校英语教学中的评估的思想和方法过于陈旧,亟待更新。基于这些问题的存在,对高校英语文化教学中评估的内容进行分析显得尤为重要。

1. 评估文化意识

在高校英语教学中,培养学生的文化意识显得十分必要,因为这样有助于学生在跨文化交际实践中了解不同背景下人们的行为方式,对他国文化有所了解,并采用积极的心态对他国文化进行学习与认知。因此,高校英语教学评估的内容必然包含文化意识评估这一项。

2. 评估文化知识

在跨文化交际视角下,文化知识评估也是高校英语教学评估的一项重要内容,具体表现为如下两点。

其一,交际双方的社会文化知识。

其二,交际双方在交际过程中,需要运用到的对交际进程加以控制的社会文化规则等知识。

3. 评估文化技能

除了文化意识与文化知识,文化技能评估也是跨文化交际视角下高校英语教学评估的一项重要内容,具体包含如下两点。

其一,对两种文化进行理解与说明的技能。

其二,对新信息得以发现、并在交际中得以运用的技能。

第十章 教育信息化背景下高校英语教学教师与教材的理论建构

在教学体系中,教师、教材的作用是重大的。一直以来,人们都致力于提升教师教学能力,同时及时更新教材的内容,以适应社会发展的需求。教师专业发展受到多种因素的影响,而教材内容的更新也不是轻而易举就可以做到的。因此,本章就对教育信息化背景下高校英语教学教师与教材的理论建构进行分析。

第一节 教育信息化背景下高校英语教师的专业发展

一、教师专业发展的相关内涵解析

教师专业发展的内涵主要包括如下几个方面。

(一)强调教师是潜力无穷、持续发展的个体

美国学者伯克认为,"教师专业发展"这个概念的基本假设是:教师需要持续的发展。富兰和哈格里夫斯也曾指出,当我们要了解教师发展时,必须考虑的第一个因素就是,教师是一个"人"。一个教师虽然在身心上一般而言都要比学生成熟,但并不意味着它已经成为一个完全成熟的个体,不会再发展。一个教师在生理上都已趋近成熟,但在心智上任何教师都有无限发展的可能和空间。教师也是人,就和一般人一样,是发展着的个体。不仅学生是发展中的个体,教师也是一直在变化、发展的个体。总之,教师是发展中的个体这一点是"教师专业发展"这一名词所要表达的核心理念之一。

第十章 教育信息化背景下高校英语教学教师与教材的理论建构

（二）要求把教师视为专业人员

把教师视为专业人员时，并非表示目前的教师已经具有了专业水准与专业地位，而是表示着对教师朝着成为专业教育家努力的期许。就社会而言，只有把教师如此定位，才能充分激发教师的潜能，从而达到提升教育水准的目的；就教师个人而言，要想提高自己的专业地位，也必须自我期许，并以此作为努力的目标。因此，从这一意义上说，教师的专业发展是教师作为专业人员，在职业生涯中追求专业成长的过程。

（三）强调教师成为学习者、研究者和合作者

学习的特权和帮助他人学习的特权，乃是教师工作中最令人感到兴奋与刺激的部分。实际上，教师职业的专门化既是一种认识，更是一个奋斗的过程；既是一种职业资格的认定，更是一个终身学习，不断更新的自觉追求。

比"教师是学习者"这个观念更具有积极意义的乃是"教师即研究者"这个观念。"教师即研究者"这一观念把教师视为积极的研究者，强调教师自发的学习和研究，而不是把教师视为"被发展"或"有待补救"的个体，因而极受教师发展研究者的青睐，并被纳入教师专业发展概念之中，成为教师专业发展概念的重要构成要素。

不仅如此，教师还应是一个教育合作者，善于和学生、同事、领导、社区、家长沟通与协作。其中，在今天的强调共同设计课程、协同合作实施教学的新的课程与教学改革的背景下，教师之间的协作显得尤为重要。而许多学校所具有的孤立、保守的特性则在一定程度上严重影响了教师之间的协作。教师处于整个教学专业的最基层，独立自主地处理其教学的事务，很少人能过问其行事的方式，教师与教师之间也很少相互干涉。然而，这种自主的代价就是不可避免的孤立性。

二、教育信息化背景下高校英语教师的能力要求

教师在教学中培养学生的语言能力和跨文化交际能力，就要向学生传授语言知识，发展学生的语言能力，提高学生的跨文化意识，培养学生的跨文化交际能力。而这也对教师的专业水平和教学能力提出了较高的要求，要求教师具备一定的跨文化教学能力，具体包含以下几个方面。

（一）教材评估、选择和使用能力

教师的教学要以教材为依据，因此教师要具备对教材评估、选择和使用的能力。具体而言，教师应从跨文化角度出发来评价和选择相应的教材，能够根据教学需要合理地选用其他教学材料，并保证教学材料的真实性，能够根据具体教学情况和学生学习情况对教材进行调整和改编，从而达到跨文化交际教学的目标。关于教材的选择和使用，上文已有所介绍，因此这里不再赘述。

（二）跨文化课堂教学能力

跨文化课堂教学是英语教学跨文化转型的重要途径，也是培养学生跨文化交际能力的重要环节，因此教师应具备有效开展跨文化课堂教学的能力。首先，教师应对学生进行分析，了解学生对目的语文化的态度，了解学生对目的语文化知识掌握的程度；能够针对具体的教学环境、不同的教学目标和基本教学原则选择教学内容、选择教学方法、设计教学活动。其次，在教学过程中，教师要客观地看待教学，将教学视为动态的过程，积极鼓励学生参与教学活动，确保师生、生生主动地交流。最后，具体到语言文化教学，教师应适应教学的素质要求，合理运用语言文化教学方法；帮助学生掌握文化知识，比较不同文化之间的差异，避免学生在跨文化交际中出现失误。

（三）课外学习与实践的组织和指导能力

课堂活动是课堂教学的延伸与补充，二者紧密相关、相辅相成。教师除了要在课堂上做学生的引导者和帮助者，也要做学生课外的文化学习的组织者和指导者，鼓励学生积极参与课外学习和实践，扩充接触知识的途径，扩大文化知识的积累。通过对学生课外学习与实践的组织和指导，教师要能够帮助学生丰富文化知识，提高文化能力，使学生可以与来自不同文化的人们顺利进行交际；教师要能够激发学生学习文化知识的兴趣和欲望，帮助学生梳理本族文化和他族文化之间的关系，使学生树立正确的价值意识。

（四）现代信息技术使用能力

在跨文化教学中，教师应充分利用现代信息技术来丰富学生的文化

第十章 教育信息化背景下高校英语教学教师与教材的理论建构

知识,提升学生的跨文化意识,培养学生的跨文化交际能力。教师应根据教学和学生的需要,合理运用现代化信息技术创设跨文化交际语境,为学生提供实践的机会,有效开展跨文化教学。

简单来讲,在瞬息万变的社会发展中,教师不仅要懂得语言文化知识和技能,还要紧跟时代发展的步伐,合理使用现代化信息技术,将信息技术与教学相结合,优化教学环境,提高教学效果。

总体而言,信息技术教学的开展有赖于教师的努力和负责,在教学过程中,教师首先要掌握信息技术知识和技能,然后精心指导学生丰富知识、进行学习实践。

三、教育信息化背景下高校英语教师专业发展的途径

(一)校本教研

建立学习型学校,是推进校本教研制度建设的基本前提和重要任务。学习型学校是指通过培养弥漫于整个学校组织的学习气氛、充分发挥学校成员的创造性的能力而建立起来的基础的组织。教师个人的自我反思、教师集体的同伴互助、专业研究人员的专业引领是开展校本研究和促进教师专业化成长的三种基本力量,缺一不可。

1. 正确实施校本教研

大力推动校本教研必须大胆创新,多策并举,全面推进校本教研的深入开展。

(1)创建学习型组织

努力创建学习型组织,实现教师角色转变,使之与新课程共同成长。建立教师研究课制度,搭建论坛、沙龙、研讨会、课改专栏、教师博客等一系列交流平台,引导教师敢于思辨,正面交锋,立足课堂,催生智慧,营造浓郁的研讨氛围,形成一个个智慧共生的"学习共同体"。

结合外语教学的特点,外语教师用英语组织和参与沙龙效果最好。每次一个备课组准备并负责组织,活动内容多样化,有话题辩论、教学法讨论、案例交流、点子帮助等。

(2)教学反思

积极倡导叙事研究,促进教师自我反思,形成自我构建,转变教学观念和行为。教师每个人都有体现自己失败与成功、反思与飞跃的教学反思等,记录了发生在课堂上的故事,这些凝聚自己教育智慧的表达,在教育叙事中提炼的经验,通过相互交流启迪,获得共同发展。

（3）专业引领

适时进行专业引领,给予科研指导、疑难咨询和教学示范,不断提升教师的理论修养。邀请专家学者来开讲座、参与课题研究、帮助总结经验、建立教学资源库。学校还应注重发挥骨干教师的专业引领作用,使校本教研获得多方智力支撑。

（4）文化研修

深入开展文化研修,让文化精神和价值追求照亮教师的心扉,使每位教师感受到先进教育理念的文化光辉。学校要关注教师的生存状态和精神追求,在构建共同愿景中重塑教师的职业价值观,实现教师生存状态的升华,提升教师职业生活的品位。

（5）课题研究

不断推动课题研究,解决本校突出问题,打造学校办学特色,持续提高教育教学质量。课题研究已经成为推进校本教研的重要抓手,成为提高教育质量和教学效益的重要手段,成为提高教师专业水平的重要途径,成为出名校、名教师和改变薄弱学校面貌的重要保证。

以更新观念为先导,以科研兴教为特征,以制度考核为保证,以专题研究为依托,以案例分析为切点,以成果转化为契机,在教育实践中大胆发现课题,积极开展研究。校本教研与课程改革、课题研究、教育实际紧密结合,就能产生积极的效益。

2. 校本教研层次架构

校本教研是一个多结构、多层次、多序列的复杂系统,个体的教师、学科、学校,由于受信息、资源、能力等各个方面的限制,很难将这一系统运转到极致。学校作为其中最基本的一个维度,是校本教研一切活动的出发点和最终归宿。应采取层级推进的办法,建立"自下而上"四级教研体系。

（1）自主研究

以教师个体为主体的"自主研究":倡导"教师人人都是研究者""问题即课题、教学即教研、成长即成果"等理念,鼓励教师在开放自我、与人互动基础之上走经验加反思的成长之路,形成实践—反思—再实践—再反思的良性循环。教师通过创新性的反思生成教学智慧,提升自己的专业水平。

（2）案例研究

以学科组为单位的"案例研究":构建教学成员共同体,加强以关注诱发学习活动动力为核心的集体备课;以焦点或问题为导向,关注课堂

第十章 教育信息化背景下高校英语教学教师与教材的理论建构

教学经验,促进教师专业知识和行为技能的发展;通过模拟或随堂听课,开展情境学习,体验课改先进教师的教学方法,从而提升学习者实施新课程和搞好校本教研的能力,促进专业发展。

(3)专题研究

以教研组为单位的"专题研究":针对本学科教学中的共性问题,结合学科特色围绕某个主题而展开,发挥群体资源优势,交流探究、合作互动,引导教师由经验型向研究型过渡,走上科研型教师的专业成长道路。

(4)课题研究

以学校为单位的"课题研究"不但可以更好地实施校长的改革理念,针对学校亟待解决的问题和追求的目标,以科研的态度和方法对学校发展进行科学规划,构建科研总课题和子课题,在宏观上给予科学、总体把握,而且可以在同伴互助、常规指导、示范观摩和经验交流等方面发挥重要作用,更好地整合全校的资源,形成雄厚的校本教研力量,有效地解决本校校本教研中普遍性的问题。同时可以更好地提炼、总结学校的成功经验,物化校本教研成果,推动工作不断向更高阶段发展,此外也更有利于吸收外界营养,吸纳智力支持,更好地实现专业引领。

(二)行动研究

近些年来,行动研究在我国高等院校开始得以重点发展,特别对教师教育形成了专业教育的主要途径。人们开始学习行动研究的基本原则、研究步骤,了解行动研究的做法,关注和尊重他人的调查。根据行动研究结果,人们可以阐明评估项目的可行性研究,提出改进教师专业发展活动的实施方案,最终达到教师持续专业发展的长远目标。当今行动研究不仅用于教师的专业教育,而且在教育管理和组织研究、社会工作和其他专业背景等均有所研究。

行动研究是被越来越多地从业人员采用的一种方法,这种方法能够监督人们的生活和环境。在国内,行动研究最初由北京师范大学王蔷教授进行研究并且取得了显著成果,其专著《英语教师行动研究——从理论到实践》的出版不但从理论上阐述了行动研究对英语教师发展的重要指导意义,而且从实践的角度介绍了教师如何在自己的课堂上开展行动研究。目前,在我国的教育教学和教师教育改革中,行动研究已经成为一个备受关注的课题,正逐步成为实现教师专业化发展的重要途径之一,我国广大教育工作者也逐渐地理解和接受并践行这一理论,尤其是对现阶段高校英语教师的发展方向产生了一定的影响。

我国学者普遍认同,行动研究是一种以教育实践工作者为主体进行的研究,以自己在实践中所发现的问题来进一步改进教育实践。

Calhoun E. F.(卡尔霍恩)提出了"行动研究循环"方法,具体包括选择一个领域或感兴趣的问题、收集数据、组织数据、分析和解释数据并采取行动(图 10-1)。

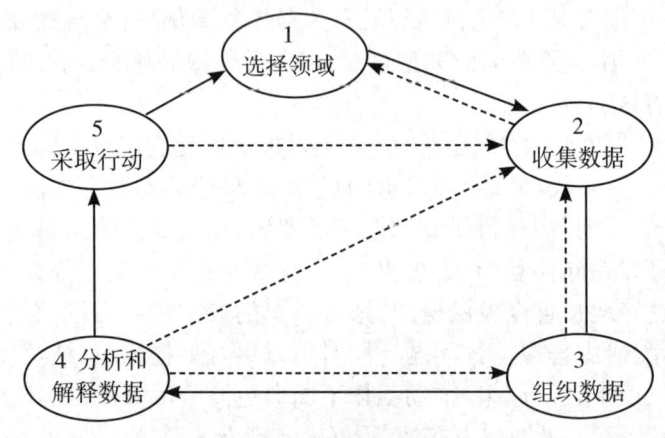

图 10-1 行动研究循环[①]

我们应该知道,行动研究有着不同的方法,但它是一种真正的科学探究的方法。尽管诸种定义表述各异,常常发生分歧,但有关行动研究所强调的精神却是一致的,即强调行动研究的重点是:如何做?谁来做?为什么?可能的结果是什么?同时,行动研究者则一致认为,行动研究是基于一定的原则的,是以解决现实中的具体问题为目标。

我们可以从以下几方面帮助教师自我发展。

(1)提高在教学环境下对教育与教学理论原理知识的认识。

(2)提高教师与教师,学生与教师,教师与管理人员合作的重要性的认识。

(3)通过教师发起的行动研究,开展课程。

(4)提倡教师进行反思性教学和自我评价。

(5)提高教师在行动研究中的角色意识。

以行动研究这一新的方式进行工作,可能会优于大多数教师之前的工作方式,这更符合教师发展的希望。教师们生活在他们的价值取向中,尽管可能仍然有很长的路要走。虽然教师们已经解决了一个个问题,但其他的问题可能已经出现.教师们需要注意,也许在解决一个问题的同

---

① 孔繁霞.行动研究与教师专业发展:高校英语教师方向[M].南京:东南大学出版社,2013:1.

第十章　教育信息化背景下高校英语教学教师与教材的理论建构

时,没有预料到的其他问题已经出现了。这是无止境的,也是自然发展的实践准则,更是进行行动研究的乐趣之处,因为问题是永远存在的。

第二节　教育信息化背景下高校英语教材的立体化建构

一、什么是英语教材

随着我国改革开放步伐的加快和中国加入 WTO,使用多年的这套教材反映出了"内容陈旧和忽视对学习者交际能力的培养"等问题。高校英语教材的发展呈现出一系列的特点。一方面,教材不断地系统化、层次化、精细化和考试化。高校英语教材的编写从最初全国理工科通用的高校英语教材,到各具特色的高校英语教材;从以大纲为主要依据的教材编写,到结合其他教育政策以及考试大纲的教材编写;从着重培养阅读能力的教材,到各种能力分层培养、各种能力同等重要的教材,这一系列发展变化与高校英语的发展、社会发展、学生英语水平的提高等是分不开的。另一方面,教材在内容、题材和体裁上发生了变化。经过几十年的发展,高校英语教材内容不断丰富,题材和体裁更加多样。逐渐地涵盖到社会生活的各个方面,在教材分层次、分能力训练的同时,也更加注重教材的体系性、整体性与一致性。

随着高校英语教学改革的推进,为了适应社会各界对大学生英语能力的要求,教育部颁布的《教学要求》对高校英语提出的教学目标为"培养学生的英语综合应用能力"。高校英语的改革导致高校英语教材的变化和教学系统的发展。《教学要求》对高校英语教材从编写到发行都产生了深远的影响。

二、高校英语教材的开发要求

英语教学的跨文化转型对英语教材开发提出了新的要求,不仅要求英语教材符合外语教材的基本特征、基本编写原则,而且要求教材中的文化知识内容、教材的建设等均符合跨文化交际能力培养的要求。

（一）把握基本特征与原则

在英语教学的跨文化转型背景下,英语教材作为教学的主要载体,应该能够满足教师的教学需求,更重要的是能够满足学生的不同需求,能够潜移默化地丰富学生的文化知识,培养学生的文化素养,锻炼学生的自主学习能力、语言应用能力和跨文化交际能力。可见,切实将教材的编写与学生跨文化交际能力、实践创新能力的培养相融合并落到实处十分重要。具体而言,新时代的英语教材应具备以下几个基本特征。

第一,教学内容和语言对时代发展相吻合,能够反映快速发展和变化的时代。

第二,要梳理好专业知识、学科知识和语言训练之间的关系,并处理好它们之间的关系。

第三,教材不能局限于知识的传授,要着眼于对学生思维能力、鉴赏批评能力、文化能力和创新能力的培养。

第四,教学内容要重点突出,具有针对性和实用性。

第五,教材要能够与多媒体、网络等先进的教育技术相结合,并能充分利用这些教学手段。

就编写原则而言,英语教材的编写应遵循系统性原则、交际原则、认知原则、文化原则和情感原则。具体而言,英语教材应系统地介绍英语的基础语言知识和基本语言技能;英语教材中材料的选择和练习的设计要具有可操作性和实践性;英语教材中语言材料的编排和练习的设计要充分考虑英语学习的基本规律;英语教材中语言材料的选取要体现主流文化。

(二)弄清英语教材中的文化内容

英语教学的跨文化转型对英语教材的文化内容提出了相应的要求。大部分的教材都十分关注和重视对学生语言能力的培养,却忽视了对学生文化意识和跨文化交际能力的培养。实际上,英语教材应能够培养学生的实际交际能力,能帮助学生在实际生活中进行交际,教材中的文化内容应满足学生跨文化交际能力发展的需要。具体而言,英语教材的文化内容应体现以下特征。

第一,英语教材中的文化内容应体现国际性和跨文化特征,除了要涵盖英语国家的文化知识,还要包括丰富的国际性文化知识。在经济全球化和文化全球化背景下,英语已经成为一门世界性语言被人们广泛使用,越来越多并非以英语为第一语言的人们开始学习和使用英语,并试图和不同对象进行交际,因此英语教材中不仅要包含英语国家的文化背景知识,还要包含其他非英语国家的文化背景知识,也就是国际文化知识。

第十章 教育信息化背景下高校英语教学教师与教材的理论建构

第二,英语教材的文化内容应覆盖面广,并且具有多样性,能够体现关于人本身、环境、生活方式、文化等方面的多样化知识,能够体现文化内容的核心,即价值观。

具体来讲,英语教材的文化内容应体现在以下几个方面。

首先,英语教材应具有真实意义,也就是说英语教材中应包含目的语国家的文学、艺术、音乐等内容。

其次,英语教材应具有社会意义,也就是说英语教材应反映目的语国家的习惯、家庭、娱乐等。

再次,英语教材应具有语义意义,也就是说英语教材应体现语言的概念系统。

最后,英语教材应具有社会语言意义,能够让学生了解社会地位、年龄等对语言的影响,并能够帮助学生熟悉不同的写作文体。

除此之外,英语教材应包含本民族文化知识,丰富学生的本民族语言和文化知识,帮助学生树立文化自信,使学生能够用英语传播本民族文化。

三、高校英语教材的选择和使用

(一)英语教材的选择

随着英语教学的跨文化转型,现在的英语教学已经将跨文化能力的培养提升到了与语言能力培养同等重要的地位,在选择英语教材时就应对此加以注意,并体现这一理念。英语教材的选择应充分考虑跨文化交际能力培养的需要,在选用教材之前,教师和管理者应深入分析教材的优缺点,对教材进行全面评估,进而选择最佳的教材。

具体而言,在选择英语教材时,要充分考虑学生的学习动机、学习兴趣和语言水平;考虑所涉及的文化内容的广度以及系统性,注重文化信息和主题的呈现形式,注重文化传播的过程;考虑教材运用的实践性和可操作性;注重文化意识和跨文化交际能力的培养。当选择原版教材时,就要注意教材要满足教学实际的需要,也要考虑学生的语言能力和需要。

(二)英语教材的使用

课堂上如何使用教材,即如何保证学生、教材、教师之间的交互质量,对学生的文化学习和跨文交际能力的培养起着重要的作用。

每一个教学环境都有其独特性,而且受多种因素的影响,如学生的学习动机、资源的可供性、课堂的动态性、教学大纲的限制等。为了更有效地开展教学,切实培养学生的跨文化交际能力,教师需要对教材进行必要的改编。具体而言,教师在使用教材过程中要具有一定的自主性、灵活性和创造性。教师在教学实践中以课本为主,同时辅助其他教学材料,也可以根据实际教学情况对教材进行必要的增减、改动和替代,科学、有效地使用教材。自主、灵活、创造性地使用教材具有显著的优势,即通过课本,教师可以获得课堂教学的通用框架,使教学有据可依;采用其他教学材料,可以弥补课本的不足;对教材进行必要的调整,能够有效满足学生的需要,也为多样性教学活动的开展和教学技术的运用提供了空间。

对此,教师除了要依据教学大纲、教学目标、学生需求使用核心教材,还要自主地、灵活地、有选择性地利用、整合其他各类教材内容和多媒体技术、网络资源、影视节目等课程资源,并且根据学生的实际情况和教学需要对这些资源进行改编、加工等,以激发学生的学习兴趣,为学生提供练习的机会,满足学生的学习需求。需要注意的是,教师在教材进行改编时,用首先对教材和教学环境有深入的了解,同时要充分考虑学生的实际情况,包括学生的学习动机、学习兴趣和学习风格等。

总体而言,教师在使用教材过程中,应不拘泥于课本,从实际情况出发,合理筛选、整合、利用教学资源,灵活、创造性地使用教材。

四、教育信息化背景下高校英语教材编写与设计

(一)高校英语纸质教材的编写

高校英语纸质教材的编写中往往会受多种因素的制约,要想保证高校英语教材与课程需要相符,在编写中需要坚持如下几点原则。

1. 思想性

所谓思想性,即要求高校英语纸质教材的编写要符合教学思想,其不仅将知识体系与能力体系囊括进去,还需要将思想体系包含其中。

语言是思想教育的载体与媒介,当然这也符合英语这门课程。这就要求高校英语教材的编写要做到思想性,通过高校英语教学,这种思想性能够变得更为充实与生动。一般来说,思想教育是高校英语教学中的德育,而这种德育也需要高校英语知识教学与技能教学的帮助。因此,必须处理好彼此之间的关系。

第十章 教育信息化背景下高校英语教学教师与教材的理论建构

2. 灵活性

高校英语纸质教材在编写过程中需要保持灵活性,即教学内容的灵活与教学方法的灵活。

从教学内容上说,高校英语纸质教材在编写中要给教师留有余地,允许教师在面对课程需要时改进内容,这样有助于教师的取舍。

从教学方法上说,高校英语纸质教材在编写中应该提供给教师多种方法,教师可以自主选择与取舍,不应该只为教师准备一两种方法,这样难以让不同的教师满足需求。

3. 科学性

高校英语纸质教材在编写过程中要坚持科学性,即要符合如下几点要求。

第一,在内容上要做到循序渐进,要符合教学大纲的要求。

第二,教材要与不同阶段学生的需求相符。

第三,纸质教材的内容、目标等要形成一套系统,体现教学大纲的要求。

4. 文化性

语言与文化密切相关,因此高校英语教材的编写中离不开文化内容。也就是说,在高校英语教材中,不仅涉及语言知识与技能,还需要涉及语言背后的文化,不断扩大学生的视野,加强学生对不同文化的理解和包容。

(二)高校英语电子教材的设计

除了传统的纸质教材,随着科技的发展,电子教材也进入了人们的视野。具体来说,在设计高校英语电子教材时,需要遵循如下几点原则。

1. 模态协作化

由于电子教材的设计多包含多模态形式,因此高校英语电子教材的开发需要考虑这一原则。具体来说,要注意现有的设备条件是否符合多模态;使用多模态能否产生正面效应,并且效应的大小如何;所使用的多模态形式是否能够强化与互补。

2. 个性化

高校英语电子教材的开发需要坚持个性化原则,即以学生的学习内容与特点为基础来组织教材,避免出现"一刀切"的情况。

3. 模块化

这里的模块化是指以阶段性目标为核心,根据此目标为学生提供相应的教材,并在此基础上设计完成目标的方法和措施,指导学生按步骤学习,从而达到目标实现的目的。

第十一章　教育信息化背景下高校英语生态教学与 ESP 教学的理论建构

进入 21 世纪,高校英语教学不断进行改革,人们认识到人类之所以进步,与生态有着密切的关系,当然高校英语教学也可以从生态层面进行研究,这与可持续发展的规律相符。就生态语言学来说,高校英语教学是一个完整的微观生态系统。另外,很多学者认识到,我国的高校英语教学应该进行战略性的调整,即从普通型教学转向专业型教学,而 ESP 教学自身的实用性、专业性恰好体现这一点。可见,高校英语教学中融入生态教学与 ESP 教学满足应用型人才培养的要求,是社会发展的一种必然趋势。基于此,本章就对教育信息化背景下高校英语生态教学与 ESP 教学的相关内容展开研究。

第一节　教育信息化背景下高校英语生态教学分析

一、生态课堂的内涵

生态课堂是从生态学的视角出发,对生态状态下的课堂加以研究的学科,其强调教师、学生、教学信息与组织、教学环境、教学评价等环节要实现和谐统一,是对师生关系、课程结构等进行的新型建构,是一种各个环节之间彼此联系与和谐共生的教学形态。

教育要以人为本,因此英语生态教学也应该这样。人的生命发展具有多元性,而学生个体的发展具有多样化,这包含他们身心和谐的发展、个人的求知欲、与他人和谐相处的能力等。但是,学生个体的发展不能牺牲他人,因为教育面向的是全体学生,因此要兼容并包,对其他学生要予以尊重。

二、英语生态教学的理念

无论对于教师还是学生而言,英语生态课堂都是一个全新的教育观念,需要每一位教师付诸自己的心血来经营和追求。构建一个完整的英语生态课程系统十分困难,包含创设课堂环境、和谐师生关系、加强课堂互动、构建多元评价机制等。

（一）创设和谐生态课堂环境

对于师生而言,课堂是他们演绎生命意义的舞台。创设一个和谐的课堂环境,是师生完整生命能够自由成长的基础与前提。生态课堂创设,不仅涉及物理环境的创设,还涉及文化环境与心理环境的创设。

1. 物理环境创设

英语生态教学中生态课堂的物理环境,是由自然环境和一些教学设备构成的,自然环境包含照明、光线、噪音等,教学设备包含教师布置、书桌布置等。这些在课堂教学互动中发挥着不同的生态意义与功能。

（1）适当的光线和照明

在课堂中,适当的照明与光线对于教师和学生都有重要作用,尤其是对学生的健康与心理等。例如,如果光线太弱,那么学生在学习中就会感到视觉疲劳,甚至产生厌倦心理；如果光线太强,那么学生就会受到过度的刺激,对健康产生影响。

（2）降低噪音

噪音会对人的生理机能产生影响,这是不容置疑的,而且会让人感觉到非常的不舒服,也会影响学生的心理,如使他们感到焦虑,记忆力下降,甚至思维变得迟钝等。在教室中,噪声大小与教室位置、班级学生密度有关,与位于城市的位置有关。也就是说,班级人数多,那么噪声就偏大；离城区越近,噪声就越大。

另外,学生对噪声的承受能力会因为个性、性别等产生差异。因此,要想够建一个英语生态课堂,在位置上要远离城市中心或者比较喧嚣的地方。其次,对于班级的规模也应该予以控制。一般来说,公共英语的班级较大,教师应该根据具体的情况,对不同形式的教学活动进行安排,从而减少噪音。

第十一章　教育信息化背景下高校英语生态教学与ESP教学的理论建构

（3）布置教室

作为课堂活动的场所,教室的教学设备、内部构架等都需要精心的设计与安排。教室内课桌的摆放以及墙壁等的布置整洁干净,会让师生感觉到精神上的舒适感与愉悦感。

形状不同的教室,其有着不同的优点。一般来说,梯形的教室适合讲座,长方形的教室适合课堂讲授,因为这样的教室便于安排座位;圆形的教室适合小组交流与讨论,这样座位的布置也是圆形的。

2. 文化环境创设

在英语生态课堂中,文化环境包含物质文化环境与精神文化环境两类。前者指的是符号化与物化的结果,属于一种表层的文化环境;后者指的是态度、情感等,属于一种深层的文化环境。

在英语生态课堂中,物质文化包含课本、教室、教学设备等这些硬性文化,或者可以称为显性文化,这些文化会对人的行为产生不知不觉的影响,因此在创设生态课堂文化时,能够调动各种物质文化的积极性,如班训、班报等,这样可以使课堂更富有气息等。

生态课堂中的精神文化环境包含学生个体的思想与个性发展、学生群体的精神风貌与其他学生之间的关系、师生关系等,这种文化是隐性的,属于一种软文化。对生态课堂中精神文化环境的创设需要将课堂中各个力量凝聚起来,形成具有特色、集体观念的生动课堂。

3. 心理环境创设

在英语传统课堂中,很多学生受学业压力的影响,存在一定的心理问题。因此,为了减轻学生的压力,教师需要考虑学生的健康情况,为学生创设一个自由、轻松的环境。

首先,家长要转变教育观念,对孩子的期待也要有一个限度,不能给孩子施加过多的压力,这样才能让孩子成为一个健全的人,而不仅仅是一名"好学生"。

其次,教师要做到以德育人、以理服人、以知教人,做到与学生和谐共处,平等相待。

最后,学校应该设立心理辅导课,发现学生的各种心理问题,并给予恰当的解决方法。

（二）确立民主平等师生关系

在英语生态课堂中,要保证师生关系的民主与平等,可以考虑从如下两点着手。

就教师层面来说,应该充分考虑学生的实际需求,对每一位学生的问题都要认真对待,发挥学生的主动性与积极性,尊重每一位学生的人格与个性发展,并多与每一位学生交流,真正地了解每一位学生的情况。

就学生层面来说,应该充分尊重教师,并接受教师的指导与帮助,在日常学习中也要积极地配合教师。

总之,师生之间应该建立一种平等对话的关系,彰显课堂的活力,彼此之间没有压力与猜疑,共同探讨与研究,学生可以畅所欲言,从而使课堂呈现一种和谐之美。

三、英语生态教学的模式

英语教学是植根于中国社会文化语言生态环境之下,学生需要将英语语言知识作为载体,英语教师充当引导者的身份,帮助学生在对英语语言文化了解与接受的基础上,对语言概念体系加以构建,从而培养学生语言与思维"天人合一"的思维方式,促进他们形成和谐、统一、动态的交往模式。

英语生态教学模式下的教学环境不仅涉及课堂教学环境,还包含学校环境、社会语言学习环境等,但是课堂教学环境占据主要位置。

英语生态教学是集合整体性、系统性、动态性、协调性为一体的一种教学模式,其从多个视角对教师、学生、语言、语言环境的作用进行分析和研究,并探讨了这些层面对语言习得的影响。因此,采用突现理论对语言生成进行整体的认识,采用多维时空的流变性对语言学习过程进行研究,采用符担性对语言学习与环境之间的关系加以探讨,这样才能对英语生态教学与研究有着全面的认识,也才能更好地指导英语生态教学。下面就从这几个层面入手进行分析。

(一)生态语言生成观——突现论

近些年,"突现"已经成为语言学研究、复杂性科学研究热点话题。美国圣菲研究所最著名的就是对复杂性科学的研究,在他们的研究中,他们提出:复杂性实际上就是一门与突现有关的科学。2006年12月,国际权威期刊《应用语言学》(*Applied Linguistics*)出版了一个突现理论专刊,这就意味着这一理论开始进入语言学研究的范畴。但是,当前对于"突现"的概念还没有一个明确的解释。

第十一章 教育信息化背景下高校英语生态教学与ESP教学的理论建构

语言是一个复杂性、动态的系统突现出的特征的集合,语言学习是特征突现的表现。语言这一系统在人与世界的交往互动中生态地形成,并且其是一个在不同集合、不同层次、不同时间相互影响、相互作用、相互适应的复杂系统。其中不同的集合包含网络、个体、团体等,不同层次包含人的大脑、身体、神经等,不同时间包含新生、进化、发育等。

那么,语言是如何实现突现的呢?著名学者迈克温尼(B.Mac Whinney)指出,对于语言突现这一问题,现在的描述还不够完善,但是不得不说的是突现论已经对很多语言现象进行了分析和描述。例如,人的发音过程主要依靠喉头、舌头等多个器官的协同作用,同时成人发音会对儿童产生影响等,因此音系结构就是对声道的生理制约而突现出来的。

史密斯(Smith)通过自己的研究证明,儿童学习新词是经过一段时间的学习之后,采用某种特殊的学习机制学到的。之后,斯密斯又进行了许多实验,其研究结果证实了,在语言学习的初期阶段,儿童遇到新词时往往是瞎猜来理解词义,等到他们具备了一定的语言知识之后,他们往往会理性猜测,当儿童的猜测能力逐渐突现之后,他们就能使用语言框架对词汇加以准确的猜测。

贝特和古德曼(E.Bates & J.C.Goodman)采用与史密斯同样的方式进行研究,他们发现儿童在对句法形式进行学习时,依然是在词汇学习过程中加以突现的,不过这一观点之后引起了质疑。

20世纪80年代,厄尔曼(J.L.Elman)和迈克温尼等学者提出语言学习突现论。这一理论提出,语言表达是人类大脑深入到社会的各个层面而发生突现产生的。当人类在语言材料中出现时,简单的学习机制就会从感知、肌肉运动再到人类对语言材料的认知系统中展开。这就可以使得复杂语言表达得以突现。

(二)生态语言学习过程观——多维时空的流变性

一般来说,空间包含长、宽、高三个维度,时间包含过去、现在和将来三个部分。对于空间维度,人们是非常熟悉和了解的,但是对于时间维度,还未引起人们的重视,因为人们常常使用自然时间对人文时间、心理时间进行遮蔽,实际上,无论是人文角度,还是心理角度,都能够体验到现在、过去和将来,也能够对三者的区别与联系加以确认。

如果离开了过去、现在和将来,那么时间流程和时间观念就没必要提及了。从人文时间中的历史时间来说,可以划分为古代、近代、现代、当代,有些人也将当代称为后现代,但是后现代并不是时间概念,而是一种价值取向。人文社会科学不仅涉及过去与现在,还会谈论到未来,如人类学、历史学等都是对人类文化、历史等的未来进行预测与预期,而新兴学科"未来学"更是以未来作为时间坐标。

就心理时间来说,现在往往与目前、当下、此刻等有着密切的关系,过去往往与回顾、回忆等心理活动有关;未来往往与期望、预测等心理活动有关。

普通语言学的研究一直都以时空语言研究为重点,但是自从索绪尔提出历时语言学与共时语言学之后,语言学对时空的理解都存在一定程度的偏差,因此有学者将时空观念引入语言学研究之中,便于人们从时间与空间视角对语言系统进行整体性理解。在时空观念之中,时间与空间被认为是概念的存在,而这一概念只能从语言系统整体性生态存在中获知与体现。

通过这一观念对语言加以认识,可以帮助人们追溯语言及其语言流变,进而将语言时空结构统摄下的语言特点揭示出来,以语言流变所展现的时空特征对其过程状态加以解析,从而理解与探析语言整体状态。

英语生态教学观从时空观的视角出发指出,语言学习在时间上的流变性较为明显,如现时语言学习模式必定是以前学习模式的复制与改造,同时对语言形成的经验与思维加以学习,构建以后语言学习的经验与思维。这样,以后的心智结构投射能力必然是与当前的经验与思维相关。

(三)生态语言学习者与环境关系观——符担性

著名心理学家心理学家吉布森(Gibson)在对环境与特定动物间的对应关系加以描述的时候,用 afford 一词作为例子进行分析。众所周知,afford 的含义是买得起、花费时间与金钱等,但是该词只能表达能力,而不能传达意愿。吉布森在对自然界中生物的知觉行为加以探索的过程中,发现动物与栖息环境的共存关系,当然这是从生态心理学角度出发考虑的,企图解释动物如何通过知觉判断供给他们生存的食物、环境与水源,并能够根据这种知觉判断采取一定的行动,实现真正的繁衍生息。

但是,对于环境与特定动物之间的特定关系,并没有专有的名词去阐释它,因此吉布森提出了"符担性"这一名词。之后,很多学者对符担性进行了研究和探讨。

故此,凡·里尔(V. Lier,2000)在他的一篇文章中指出,现代语言教学应该从对语言输入的强调转向对语言符担性的注重。因为从语言输入的理论考虑,语言仅被视作固定的语码,而学习仅仅被认为记忆的过程,

第十一章 教育信息化背景下高校英语生态教学与ESP教学的理论建构

从而将学习者对语言符担性的生态理解予以忽视。

韩礼德（M.A.K。Halliday）从语言习得视角出发指出，符担性的内涵即所谓的潜在意义。他指出，意义并不是在潜在行动中隐藏的，而是行动与行动者对环境的理解与感知的基础上突现出来的。

本书认为，可以这样定义符担性，即学习行为者从自身理解方式出发，对环境进行感觉，尤其是自然环境，其潜在意义在于使语言教学设计更为合理，使语言教学实施更具有针对性，使语言教学反馈更加及时，并为对学生的发展进行审视提供参照。

四、教育信息化背景下高校英语生态教学的操作程式

无论是普通的英语教学，还是英语教学生态模式，其都需要遵循基本的程式，即确定目标、选择内容、选用方法与设计评价。

（一）确定生态化英语教学目标

1. 语言知识目标的选定

一般来说，在语言教学中，语言知识的确定主要涉及两个部分：一是选定语言知识目标，二是选定文化知识目标。

通常而言，语言知识目标的确定应该从语言知识和文化知识两个方面入手。

（1）语言知识的目标

作为一种语言，英语也具有三种特征：符号性、稳定性与共有性。

语言具有符号性，指的是语言属于一个符号系统，是由音形义三个部分构成的。语言体系不同，其采用的符号体系也存在差异。从总体上说，语言不断发展，但是在发展的过程中也是一个相对稳定的系统，这就是语言的稳定性。所谓语言的共有性，即语言是一个民族的共有物，语言的音形义之间的联结是人为的，具有约定俗成性。

在选定语言知识目标时，首先就要求学生对那些约定俗成的符号有清楚的了解与把握，明确符号运作体系，了解各种语言规则，从而为语言的实际运用打下坚实的基础。

（2）文化知识的目标

文化知识的目标主要体现在如下几点上。

①帮助学生树立多元文化意识。

②发展学生的批判性思维。

③为学生创造学习异质文化的机会。

2. 学生发展目标的确定

语言是人们进行思维与交流的工具,语言的生成性与社会性区分了语言的符号系统与其他符号系统。语言具有社会性,要求每一位成员都能将语言视作一种任意符号,这就是语言的任意性,并能够用这一符号与其他人展开交际。语言具有生成性,即个体能够运用各种语言规则来产生无限的句子。从某一程度来说,语言的生成性代表了语言学习的生成过程即学生语言发展的过程,其涉及生理机制的发展与人的思维的发展。对于语言的社会性,更深层次地将个体人转向社会人的必然性体现出来。

因此,英语教学生态模式的第二个目标即是确定学生的发展目标。从本体意义上说,学生的发展目标即学生在学习语言的过程中,对自身的语言智能加以完善,并以语言作为载体促进自身的文化发展,从而促进自身的世界观、人生观的全面发展。

（1）学生语言智能发展

英语语言教学不仅让学生对英语语言、语法、文化有所了解,更重要地是促进学生语言能力的进步,即促进学生语言智能发展。

著名学者加德纳提出了语言智能、数理—逻辑智能这些概念,其中最重要的一种智能是语言智能,其指的是对词义、词序错误存在的一种敏感性。简单说,就是一个具备高语言智能的人能够使用语言对自己的意思进行传达,能够顺畅地与他人交流,能够很好地展开阅读与写作,具有庞大的词汇量,能够合理运用单词的一种手段与方式。

同时,具备高语言智能的人的说服能力也非常强,对于他们来讲,单词不仅用于传达意思,还可以用于绘画。一般来说,诗人就具备较高的语言智能,因为他们能够将语言牢牢抓住,从而用其来表达复杂的情感。多语言翻译家一般具有特殊的语言智能。小说家与记者的语言智能超强,那些从事广告文案、节目主持工作的人也是如此。政治家往往是用语言来影响受众,因此他们的语言智能也必然是非常强大的。

人类从出生就具有较高的语言智能,其位于我们大脑的一个称谓布罗卡区的一个特定区域,负责生成与语法规则相符的句子。如果这一区域受到损害,他们可能会理解某些单词或者句子,但是很难用这些单词来组合成句。语言智能的组合元素涉及阅读、创作、听力、写作等部分。无论在哪一个专业,都离不开语言智能。如果一个人的语言智能非常发达,那么他对语言的学习、掌握等就能成为他的优势区域。因此,如果能够以科学的方式对学生的语言智能进行培育,让他们能够发挥自身语言智能

第十一章 教育信息化背景下高校英语生态教学与ESP教学的理论建构

的潜力,那么就会出现很多的律师、演说家、作家等。

(2)学生文化观发展

随着英语教学不断进步与发展,英语教学生态模式认为英语教学不应该仅限于新课程标准中提到的"多维目标",而应该将语言教学推向"多元目标",即英语教育不仅囊括语言学习目标,还囊括社会文化目标等一些独立的目标。这些单独的目标也是非常重要的,并且这些目标不依附于其他目标,也不是其他目标的边缘地带。每一个目标都包含实质性的标准,不仅仅围绕语言运用来定义与辅助,还更加清晰地对英语教育功能进行定义,是对我国素质教育整体目标的有效落实,与我国当前的国情相符合。

英语教学生态模式下的"多元目标"主要包含五个部分,即对五个层面的重构。

第一,重构目标观。教师应该关注语言教学对于提升学生素质的重要作用,如帮助学生学会学习与生活,学会与他人展开交往,让学生具备批判性思维。

第二,重构情感观。这就是说在教学中应该设立社会文化目标,添加思维、情感、人际关系、生活态度等层面的内容。

第三,重构交流观。教师应该帮助学生认识到交流不仅限于与英语本族人展开交流,而应该与各国人展开交流。在交流过程中,学生要学会正确地表达自己、表达自己的文化,并对其他文化与思维方式有所了解与尊重。

第四,重构文化观。在实际的教学中,不应该仅仅将那些英语国家的流行文化视作主要内容,而是应该选择能够将社会进步文化的内容反映出来的那些内容,即这些文化内容不仅有英语国家的文化,还有其他国家的文化。

第五,重构知识观。在英语教学中,应该考虑学生的年龄特点与思维特点,对社会文化知识目标加以设计,具体来说就是要求课程设计者、教材编写者应该考虑学生的接受程度,设定分段的目标。

(二)选择生态化英语教学内容

1. 语言知识的确定

在英语教学生态教学模式下,英语教学内容的选择需要考虑具体的标准。

（1）整体性与关联性

作为交流英美文化与信息的重要载体,英语语言主要涉及社会科学、人文、自然科学等多方面的问题,因此从某种意义上说,英语课程是一项综合性课程。这就要求在教学中,教师应该将各种学科知识融入进去,展开整体性教学。

对于我国学生来说,英语是一门外语,学习一门外语与学习母语显然不同,学习外语需要基于对英异域文化理解的基础上,构建英语语言概念体系,培养学生全面发展的和谐、动态的互动交往活动。因此,英语语言知识的确定需要从客观规律出发,教材的编写、教学内容的选择应该基于国情,对国外先进的教学理念进行吸收,从考虑学生的认知特点,确定不同的教学内容。

另外,英语语言各个要素之间是相互关联的。在某种程度上,英语语言结构可以对某些功能进行表达,简单来说就是英语的某些功能需要依靠结构来体现。例如,学生学习语音知识可以提升他们的听说能力,学习语言学习策略可以提升他们语言表达的顺畅性,学习文化知识可以提升他们的语言表达能力。长期以来,我国的语言教学重视一点就忽视另一点,因此这就要求在英语教学生态模式下,应该将知识学习、文化学习、策略学习等方面联合起来。

（2）基础性与交际性

英语语言知识非常丰富,任何人甚至花费多年的时间与精力都很难掌握全部,因此对语言知识选择的首要标准就是基础性,应该选择那些学生必备的知识与技能,这样便于学生在以后的学习中进行提升。

但是,英语是一种交际工具,因此除了具备基础性外,还需要考虑学生的实际需要。因为英语语言并不是词汇、语法堆积而成的,而是基于一定的语境选择恰当的语言,是一种活的语言。因此,英语语言知识内容的确定需要考虑交际性。

（3）时代性与规范性

英语语言知识包含了很多文化内容,这些文化内容在不断进步与发展,因此在英语教学生态模式下,语言知识应该选择那些进步的、与时代相符的文化内容,这样才能对未来社会有重要意义。

语言并不是固定不变的,而是不断进步与发展的,社会的进步也会导致语言的变化。当然,在演变过程中,英语语言有其自身的规律,因此英语教学生态模式下的英语课程内容选择应该反映语言的最新变化,选择那些规范的语言表达,这样才能与时代语言规范的蓝本相符合。

第十一章　教育信息化背景下高校英语生态教学与ESP教学的理论建构

（4）趣味性与思想性

无论是英语语言学习,还是汉语语言学习,本身是一种枯燥的活动,尤其是英语语言学习是在汉语语言生态环境下学习的,就很容易让学生产生厌烦的情绪,因此在英语教学生态模式下,教师应该选择那些学生感兴趣的内容,并将本堂课的重点知识融入进去,这样让学生逐渐体会到学习英语语言的快乐,必然有助于提升他们学习的积极性。

除了趣味性,英语语言知识的思想性也非常重要。语言是社会文化的载体,因此必然会对人类的社会生活进行反映,是组成社会文化意识形态的重要方面。这就要求在教材中,应该将思想教育融入其中,让学生在学习知识的基础上学习他们的风土人情与文化习俗,但是要保持爱国主义与社会主义道德规范的熏陶。

2. 文化知识的挑选

作为一门外语课程,英语最大的功能就是促进自己与他人展开交际,并且是跨文化交际,所以在挑选文化知识时,应该把握一条主线,将本土文化与西方文化结合起来。这就要求教师要分析中西方文化差异并不断培养学生的跨文化能力。

五、教育信息化背景下高校英语生态教学的优化

（一）英语生态教学的优化原则

教育信息化背景下高校英语生态教学的优化需要按照一定的原则展开,从而明确优化目标。具体来说,需要坚持如下几项原则。

1. 稳定兼容原则

随着信息技术逐渐融入英语生态教学之中,必然会对一些教学环境产生干扰,进而影响系统内部各个教学要素的关系。这时候,本身兼容的各个要素之间也会因为新要素的引入呈现不和谐现象,这时候就要求教师、管理人员、学生等都需要进行一定程度的改变,从而促进信息技术与各个要素之间的融合与发展。就教学管理层面而言,要改变传统的管理模式,给予教师充分的知识,优化教学的环境,从而使信息技术与各个要素更好的融合与发展。就教师层面而言,教师要不断转变自身角色,不能仅作为分析者与讲解者。就学生层面而言,学生也应该发挥自身的主动性与积极性,从而主动探究知识。

可见,各个要素置于在自己的生态位上发挥应用的作用,才能实现兼

容,才能保证教学结构的稳定与平衡。

2. 制约促进原则

信息技术的介入使学生能够自主学习、个性学习。实际上,在教学中出现很明显的信息技术误用情况,如对信息技术的过度使用、滥用使用、低值使用等,这些误用对学生的个体发展是极其不利的,导致我国学生的自主学习能力与应用能力下降。信息技术的使用要考虑具体的教学目标,以学生为中心,运用恰当的方法,不可过度使用,也不能不使用,从而促进学生的发展,保证各个要素都能在各自的生态位上发挥作用,并且彼此之间相互依存。当然,功能的发挥需要设定在一定的范围内,不能随意扩大,也不能丧失他们的作用,要综合看待各个要素的功能,从全局出发进行把握,也不能失去微观意识。

总而言之,制约是为了更好地促进,促进又是合理制约的结果,这样英语生态教学才能更自然地进步与发展。

3. 可持续发展原则

可持续发展是21世纪教育的根本。1992年,巴西里约热内卢召开的联合国环境与发展大会上提出了《二十一世界议程》,其中明确应该面向可持续发展对教育进行重建,从而将这一理念融入教育之中。

英语系统是高等教育的一个生态系统,要求应该坚持可持续发展原则。而社会的可持续发展主要归结于人的可持续发展,因此英语生态教学的发展也必然依赖师生的这些教学主体的可持续发展。就学生而言,要想培养学生的可持续发展能力,教学的目标不仅在于知识的传授。

现代教育包含四大支柱:教会学生认知、做事、共同生活、生存。学生的能力也是随着这些理念逐渐发展起来的。英语教学改革的目的在于提升学生的英语学习可持续发展能力。这种能力指的是学生在以后的学习和生活中,应该不断完善自我,不断发展。

从学科性质上说,这种能力指的是学生自主学习与自觉学习的能力。教师应该对学生的个性特点予以尊重,发挥学生学习的积极性与主动性,培养他们的探索意识与自身潜能,完成教学实践。

从教师层面上来说,要想实现教育的国际化,教师也需要遵循可持续发展原则,即如果仅仅是一些传统的教学理念,显然不能满足当前教学的要求,因此教师应该考虑国际化的形式,努力拓展自己的视野,拓宽自己的知识领域,培养自身的学术能力与思辨能力。

但是需要指出的是,教师、学生与其他生态因子都是教学生态系统可

第十一章　教育信息化背景下高校英语生态教学与ESP教学的理论建构

持续发展的重要组成成分,因此这些因子之间不能损害各自的利益,任何一个因子的缺失都会影响其他因子的发展,影响稳定性与和谐性。

(二)英语生态教学的优化策略

教育信息化背景下高校英语生态教学系统的优化需要在坚持上述原则的基础上,结合各个生态因子之间的关系,采用恰当的优化策略。当然,这是一个复杂的过程,在这一过程中,需要以教师作为突破,因为教师在英语生态教学中的作用非常关键,教师教学的态度、理念等如果发生改变,那么就会影响具体的教学情况。因此,只有保证教师的生态化发展,才能保证教学的优化。具体来说,需要从如下几点做起。

1.促进教师的生态化发展

教师是国家大计,只有拥有好的教师,才能搞好教育。因此,要努力打造一支技术精湛、道德高尚的教师队伍,这是当前教育改革与发展的重要目标。

就教育生态学上而言,教育生态系统主要由教师、学生、环境等构成,在这一系统中,教师是一个完整的生态主体,其对整个生态系统起着非常重要的作用。教师与其他环境之间要多进行能量与物质上的转换,因此其生存、发展必然是周围环境相互作用的结果。同样,英语教师在整个生态教学系统中也发挥着巨大的功能,教师的行为、理念等会对学生、教学等其他因子产生巨大影响。当然,要促进教师的生态化发展,需要做到如下两点。

(1)优化教师的生态位

在教育生态系统中,各生物主体之间与环境间是直接、间接的关系,这种关系可能是竞争关系,也可能是共生关系,他们共同对系统中的资源进行消耗。在系统中,每一个生物主体的位置都是特定的,这就是所谓的生态位。在生态环境中,教师要服从学校中的各种要求与规则,从而保障生态系统的稳定,同时还需要不断发展自我,不断适应变化的环境。显然,教师几乎与系统中的各个部分都有着密不可分的联系,生态位在这之中起着中介的作用。

在英语生态教学中,教师需要明确自己的地位,以学生作为中心与出发点。在信息技术背景下,教师需要有强大的适应能力。可见,教师是信息技术与英语生态教学整合的关键层面,对英语生态教学的发展起着十分重要的作用,并且随着环境的改变而不断完善与发展。

（2）提高教师的专业素质

一名合格的英语教师需要具备如下素质。

第一，专业知识扎实，专业技能充足，即词汇、语法知识与听、说、读、写、译能力。

第二，人品修养较高，个人性格要好，要有好学、谦虚等品质。

第三，现代语言知识具有系统性，也就是英语教师要系统了解语言的本质与规律，并能够用语用知识对教学进行指导。

第四，外语习得理论知识要把握清楚，尤其是要了解外语习得与外语教学的特殊性质。

第五，掌握一定的教学法知识，将教学法的优劣把握清楚，并取长补短。

当然，进入21世纪，除了具备上述素质外，教师还需要具备信息技术知识，不断转变自己的观念，提升自己的专业素质，从而向生态化方向发展。从内部来说，教师需要培养自身的反思精神，从外部来说，教师需要创建外在生态学习网络，通过参与与分享，不但提升自己的科研意识与水平，实现英语知识结构的更新，促进个人生态的进步与发展。

2. 建立和谐的师生关系

英语生态教学系统是相互联系的整体，在这一整体中，师生之间通过不断的交互，构成一个整体。在英语生态教学中，师生无疑是最重要的关系，是一种和谐共生的关系，他们通过交流与对话达成一致，教师以特殊的方式对自己的灵魂进行塑造，学生在教师的心理留下印记。

美国人本主义心理学家逻辑思维指出师生关系的三个要素。

第一，真实，即真诚，要求师生之间在交往时应该坦诚相待，诚实表达自己的观点与看法，教师不能将自己的意愿强加给学生。

第二，接受，即教师要相信学生能够进行学习，接受学生遇到问题时的那种犹豫和恐惧，同时要接受学生的冷漠。

第三，移情性理解，即教师要对学生的内心世界、生活环境等有所了解与把握，从学生的角度看待问题，真心地为学生着想。

可见，师生之间的交往活动不能仅依靠教师的话语来实现，还要与学生紧密相连，如果没有学生的发展，教学的价值荡然无存。英语生态教学不仅是为了传输知识，还是师生之间情感的互动，而要想实现教学目标，这样的互动是分不开的。

英语生态教学属于一种人文教学，即培养素质与人格的过程。就语言学习层面来说，学是首要的任务，而不是教，因为学习的过程就是在教

第十一章　教育信息化背景下高校英语生态教学与ESP教学的理论建构

师的指导下传递情感与信息的过程。师生之间要建立和谐的关系,需要做到如下几点。

首先,师生之前的地位要平等。这是开展课堂教学的前提条件,也是英语生态课堂的基本特征与心理环境,能够保证课堂生态系统的平衡,激发学生学习的动力与积极性。在英语生态教学中,师生这两大教学主体是有思想、有感情的人,彼此作为独立的生态因子,应处于平等的地位。

其次,师生之间要不断增进交往,拉近彼此之间的距离。由于中国学生谦虚、不张扬的性格使得他们很少与教师展开交流,教师上课来下课走的情况更使得彼此之间交流甚少,师生之间比较淡漠,缺乏互相了解,这让教学活动很难真正地展开。既然学生的性格不能主动找教师,那么教师就需要多和学生接触,努力创造了解每一位学生的机会和时间,使学生对教师产生依赖感与信任感,或者他们可以通过邮件或者QQ、微信等进行交谈,这样避免了面对面的交谈,也使得学生减少一些尴尬。

3. 转变教学环境中的限制因子

教育生态学中的限制因子定律具有自身的特殊性。在教育生态学中,所有的生态因子都可能被认为是限制因子,如果某些生态因子的量比临界线低时,就可能出现限制作用,但是如果某些生态因子的量比临界线多时,也可能会产生限制作用。教育生态系统中的有机体不仅对限制因子的作用具有适应性的作用,而且能够采用恰当的方法,创造条件对限制因子进行转换,成为非限制因子。这一定律对于英语生态教学是非常适用的,即在英语生态教学之中,每一个生态因子都可以进行转换,限制因子也同样可以转换成非限制因子。

教学生态系统即将复杂人际关系包含在内的系统,是一个集合智力、非智力等因素的系统,也是一个复杂的信息管理系统。要想对英语生态教学过程中的失衡现象加以调节,不断提升英语生态教学的质量,就需要明确这些限制因子,并将它们找出来加以改善,只有找准这些因子,才能对其进行转化。当然,要想找到这些限制因子,首先就需要进行观察,要认识到这些限制因子的限制界限,以及这些限制因子是如何阻碍教学发展的。

就目前的英语生态教学而言,教师需要从当前形势出发,使用信息技术展开教学,当然使用信息技术并不是说过多使用信息技术,要把握好使用的度。实际上,信息技术就是一种限制因子,因为如果学生不能进行网络自主学习,也同样对其自身发展不利。

当然,只找到限制因子还不充足,还需要将这些限制因子转变成非限制因子,这样才能将这一复杂过程进行简化,发挥师生的主观能动作用,加强交流与合作,创造有利条件,消除限制因子的不利方面,推动英语生态教学健康、和谐的发展。

4. 构建开放和谐,多维互动的语言环境

在生态系统中,生物并不是孤立的成分,而是与其环境有着紧密的联系。环境对生物产生影响,生物也会对环境产生影响。受生物影响发生变化的环境又可以对环境产生反作用,二者是不断的协同进化的过程。因此,在英语生态教学中,要对自然、社会中的物质环境、人文环境展开分析和探讨。

课堂是教学的主体,是教师、学生与环境组成的基本系统。英语生态课堂的物质环境不仅对师生的身心健康产生影响,还会对学生自主学习能力的发展产生影响。因此,课堂良好的物质环境能够使课堂更有活力。英语生态教学的课堂可以被认为是一个小的自然生态系统,其不仅需要广阔的场地,还需要光线、温度等因素,还不能有噪声的影响。只有这些物理环境达到标准,才能实现彼此之间的协调。同样,教室内座位的编排也是非常重要的,因为在课堂这一系统中,需要时时刻刻的交互活动,这样才能保证课堂的动态性。

构建开放互动的语言环境,还需要为语言学习营造氛围。在英语生态课堂上,只有愉快、和谐的氛围才能让学生在学习的过程中得到解放,才能将自己生命的活力展现出来。在具体的教学过程中,教师应该考虑英语学习的特点,通过演讲、小组活动等为学生创设语言交际的情境。

语言学习并不是将知识机械地传输给学生,而是多种因素综合的结果和行为。用语言展开交际是语言学习的目的,其需要语言来参与其中,因此教师需要从教材出发,做到将教材中的教学情境真实化,这样才能让知识的教授更加生动。当然,在英语生态教学中,还需要为学生创设轻松的心理环境,这样有助于师生之间的交往,促进班级的和谐,教师要为学生营造一个有助于互动的班风,从而打造有助于多维互动的心理环境。

第二节 教育信息化背景下高校英语 ESP 教学分析

一、ESP 的界定

ESP 的全称是 English for Specific Purposes,也就是"专门用途英

第十一章　教育信息化背景下高校英语生态教学与ESP教学的理论建构

语",如商务英语、法律英语、旅游英语、广告英语等都属于这一类。随着科技的不断进步,金融、贸易等交往更为频繁,而英语作为一种通用语言,应该向各个领域靠拢,以符合社会发展对英语人才的要求。

ESP教学具有明确的目标与针对性,并且实用性很强。其具备两大特点。

第一,ESP的学习者主要面向成年人,或者是那些正在从事某职业的专业人才,如金融类、商业类、旅游类等,或者是在校的大学生,因为他们学习也是为以后的工作服务的。

第二,ESP学习者学习英语主要是为了将英语视作一种工具,展开专业化的学习,以满足不同学习者的需要,提升自身的专业能力。

二、高校英语教学与ESP理论结合的可行性

英语教学的最终目的在于让学生从对语言的学习转向对语言的使用,让学生在特定的职业中能够将英语运用得恰到好处。英语课程不仅需要打好语言基础,还需要培养学生实际运用英语语言的能力,尤其是运用英语进行日常处理与交流的能力。因此,高校英语教学必须从学生的学习需求与用人单位的需求出发,满足不同专业对教学的要求,培养出符合用人单位需要的专业人才。ESP教学使语言教学为专业学习服务,这就说明在实际的工作中,学生需要了解各个专业的发展动态,让英语学习与具体的实践相连接。在高校英语教学中引入ESP教学,就是与相关的专业联系起来,这样培养出的人才不仅具有较强的外语能力,还具有专业性。

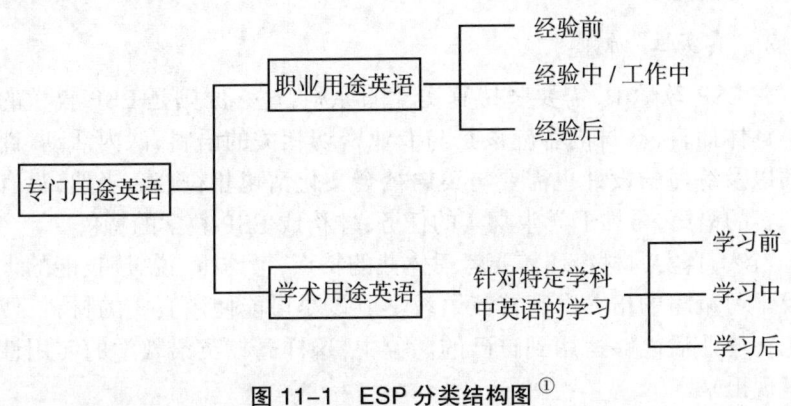

```
                                    ┌─ 经验前
                    ┌─ 职业用途英语 ─┼─ 经验中/工作中
                    │                └─ 经验后
专门用途英语 ───────┤
                    │                                    ┌─ 学习前
                    └─ 学术用途英语 ── 针对特定学科 ────┼─ 学习中
                                        中英语的学习     └─ 学习后
```

图 11-1　ESP 分类结构图[①]

---

① 梦红.ESP框架下应用型本科院校高校英语教学模式研究[M].长春:吉林大学出版社,2015:120.

ESP教学是社会语言学给语言教育制订的高标准,也是社会实践的基本要求,运用专门用途英语理论指导高校英语教学是可行的。

(一)ESP教学原则符合高校英语教学要求

专门用途英语坚持以学生为中心、真实性原则、需求分析原则,这三大原则与高校英语教学的要求相符合。

1."以学生为中心"的原则

ESP的目标非常明确,即成年人,但是这些成年人的时间有限,因此设计的教学大纲往往是考虑他们以后的工作。这就要求ESP教学应该以学生为中心,主要培养学生的交际能力。

教学目标、教学内容等的设计,需要从学生学习英语的原因出发来考量,要根据学生的实际需要来确定。哈钦森与沃特斯指出,虽然对语言使用的强调可以说明语言教学的目的,但是在ESP教学中,语言使用并不是教学而定目的,而是语言的学习。真正如何展开ESP教学必须基于对语言学习过程充分了解的层面。这里的语言学习指的是能够让学生产出教学方法与学习策略。对语言学习的强调,实际上是抓住以学生为中心这一理念,这一理念恰好与高校英语教学理念相符。

在当代的高校英语教学中,需要对传统的以教师为中心的形式加以改变,在课堂教学中强调以学生为中心,设计的课堂活动要多样化。从课程需求出发,对语言水平不同的学生设置不同的课堂学习任务,从而调动学生的积极性,将学生的主观能动性发挥出来,不断培养学生的跨文化交际意识与能力。

2."真实性"原则

在ESP教学中,需要坚持真实性的原则,这一原则是ESP教学的灵魂。具体而言,教材内容应该是与专业密切相关的语料,课内活动、课外活动以及练习的设计也需要与英语社会文化情境相符合。当然,只有具备真实的语篇,再加上学生真实的任务,才构成ESP教学的特色。

当然,真实的材料还需要考虑体裁的特点,考虑听、说、读技能的训练以及学习策略的培养。高校英语教学应该尽可能使用真实的材料,便于学生在毕业后能够运用到自己的岗位中,这样高校英语教学的实用性也被呈现出来。

第十一章　教育信息化背景下高校英语生态教学与ESP教学的理论建构

3."需求分析"原则

需求分析是ESP教学大纲制订、教材编写的前提。在ESP教学中,需求分析涉及两点内容。

第一,对学习者的目标需求加以分析,即分析他们可能遇到的交际情境。

第二,对学习者的学习需求进行分析,即涉及哪些层面的知识、技能,哪些知识、技能需要先掌握,哪些需要后掌握等。

一些学者认为,学习需求分析涉及对教学环境的考查,因为教师队伍、校园氛围等因素,也会对教学产生影响。对于高校学生来说,他们自身存在着明显的差距,运用英语的能力也明显不同,因此高校英语教学强调以实用为主,基于学生的实际需求展开教学。[①]

从不同学生的基础出发,对教学层次展开调整,凸显职业岗位的能力,凸显侧重点,促进学生各项能力的协调发展。高校英语教学的课时安排是有限的,应从学生的专业需求出发,传授给学生必要的知识技能,从而提升学生的学习水平与效率。ESP教学基于需求分析理念,对学习者的不同需求进行分析,通过学习与使用相结合,为高校学生获取自身所需的交流形式提供了可行性。

就上述内容而言,ESP教学体现了高校英语教学与学习是为职业岗位服务的,这有助于调动学生学习的积极性与主动性。ESP教学的原则也与高校英语教学的对学生的尊重理念相契合,都是侧重于以学生为中心。

(二)ESP教学理念与未来高校英语培养目标一致

ESP教学基于专业的需求,探究一种英语与专业的结合形式,其侧重实用性,体现专业性,注重培养学生的语用能力。这与现阶段我国高校英语教学强调的培养与职业能力相匹配的英语使用能力这一目标一致。

ESP教学对于学生交际能力的培养非常侧重,主要目的是为了让学生能够在以后的岗位中能够适应。现阶段,我国高校英语教学的培养目标也是让学生能够在某个岗位运用英语这门语言。

ESP教学目标的设置将需求分析视作教学的落脚点,提炼出与专业或者职业相匹配的英语运用能力,然后对词汇、语法等知识进行整合,形

---

① 梦红.ESP框架下应用型本科院校高校英语教学模式研究[M].长春:吉林大学出版社,2015:121.

成一个具有针对性与实用性的教学途径。现阶段的高校英语教学也以职业、岗位作为目标,培养学生能够在以后的工作中运用英语完成任务。可见,ESP 教学为教师提供了实现高校英语教学的手段。

（三）高校学生具备接受 ESP 教学的基础

如前所述,ESP 的学习者都是成年人,甚至其中包含某一职业的高级人才,甚至有些正在某一岗位上接受培训,或者也包含一些在校大学生。对于他们而言,英语是一种手段,学习的目的是为了能够在其自身的岗位或者职业、专业上有所突破,从而有效地完成某项工作。

对于高校学生来说,他们在高中已经具备了英语语言基础,对一些语言能力有清晰的掌握,即不管学生以后从事什么类别的工作,这些语言基础知识是必须的。学生的词汇量、语法知识等已经能够帮助他们完成基本的工作,基于这样的知识,进行 ESP 教学,为学生传授高于现在的知识,那么他们就能够在某一专业上有所突破,从而激发学生的学习兴趣与积极性。

ESP 教学是 EAP 教学的拓展,是从基础英语能力转向英语应用能力的过渡。高校学生通过掌握一定的专业词汇、专业会话,对一些专业说明、操作指南等能够阅读,对行业英语写作规范有所熟悉等,实际上是对自身专业能力的补充,是为了他们的终身学习做准备。

（四）高校教师具备 ESP 教师的潜质

从 EAP 过渡到 ESP 需要一个过程,ESP 教学需要 ESP 教师具备较高的英语水平,具备一定的专业知识,是普通英语教师与专业英语教师的融合。

高校英语教师要想具备 ESP 教师的能力,需要经过不断的培训,从而使他们具备综合语言技能。对一些英语水平较高的教师进行专业培训,鼓励年轻教师攻读硕士、博士等,从而壮大 ESP 教师的队伍。

另外,高校英语教师与专业教师之间应该不断合作,展开跨学科的交流,对彼此知识的不足加以弥补,不断提升教师的专业素质与能力,建构一个专业知识与英语知识都过硬的队伍。当前,高校与企业也不断合作,以此提升高校英语教师的动手能力。对于学科专业知识与实践有更深层的了解,从而为 ESP 教学奠定基础。

第十一章 教育信息化背景下高校英语生态教学与 ESP 教学的理论建构

三、教育信息化背景下高校英语 ESP 教学的建构

(一)创新教学目标,完善教学设计

要想推进 ESP 教学改革,首先需要对教学目标加以创新,对教学设计进行完善,对教学内容加以确定。一般来说,教学内容往往是基于教学目标建立起来的。高校 ESP 教学是英语基本知识与专业知识的融合,因此教学内容可以划分为两部分:一部分是学术知识,另外一部分是专业知识。前者指的就是英语基础理论,后者指的是学科知识,二者有着紧密的联系。并且,英语基础理论知识是学科知识的前提与基础,学科知识是基础理论知识的扩展。高校 ESP 教学就是要实现二者的融合。具体来说,可以从学生的实际情况出发,对课程加以设计,对传统的英语教学内容加以安排,并将专业知识融入普通教学之中,满足学生的实际需求。

在具体的高校英语教学中,应该采用渗透式教学与分层教学相结合的模式,有助于学生适应不同的教学模式。两种教学模式相结合就是对高校四年的 ESP 教学的综合设定,即在大一、大二主要讲述基本的英语技能,同时渗透 ESP 教学的知识,到了大三可以设置 ESP 教学,并从不同的专业出发进行课程设计,这样才能符合不同学生的专业发展。

(二)充分利用空间,建立多元交互的课程体系

在高校 ESP 教学中,要实现课程设置与教学风格的一致,这是基本的前提条件。因此,教师在高校 ESP 课程的设计中要付出一定的辛苦和精力,具体来说要注意如下两点。

第一,要将必修课与选修课充分利用起来。例如,当学生进入学校之后,可以进行摸底测试,测试学生是否可以直接接触 ESP 课程,并从学生的个人专业、自身水平出发,选择适合他们的专业英语。另外,可以从难易程度上,对课程展开划分,简单的课程可以用作对必修课的补充,让学生在富裕的时间进行学习,难度较大的课程可以到了大三再学习,当然不同的高校要根据学生的实际情况自行制订。

第二,要建构多元交互的课程体系。这一体系主要基于通用英语教学,目的是对学生的基础知识加以巩固,并将 ESP 教学作为核心,目的是脱离传统的教学模式,让学生接触专业英语,并让学生学会将专业英语用到具体的实践之中。同时,设置跨文化交际课程,拓宽课程范围,对教学

内容加以丰富,让学生运用网络对中西文化差异有清晰的了解,以培养学生的人文素养。

(三)利用现代化教学手段,拓展学习空间

随着信息技术的进步与发展,学生知识获取的途径变得更为丰富,一些碎片化的学习机制也不断出现,这些变化对于ESP教学有很大的影响。

首先,要充分发挥信息技术的作用。高校 ESP 教学主要是为了培养具备国际视野的专业英语人才,因此在教学中采用信息技术,将慕课、微课等多种教学模式引入其中,有助于激发学生的学习兴趣,也便于扩充学生的学习内容。

其次,要营造学生学习的氛围,为学生拓宽学习的空间。教师可以为学生设置学习情境,让学生身临其境地感受,这样便于学生转变角色,以与专业需求相适应。

参考文献

[1] 布鲁姆等.教育评价[M].邱渊等译.上海:华东师范大学出版社,1987.

[2] 蔡基刚.中国大学英语教学路在何方[M].上海:上海交通大学出版社,2012.

[3] 蔡先金.大数据时代的大学:e课程e教学e管理[M].济南:山东人民出版社,2015.

[4] 陈俊森,樊葳葳,钟华.跨文化交际与外语教学[M].武汉:华中科技大学出版社,2006.

[5] 崔长青.英语写作技巧[M].北京:中国书籍出版社,2010.

[6] 崔刚,孔宪遂.英语教学十六讲[M].北京:清华大学出版社,2009.

[7] 樊永仙.英语教学理论探讨与实践应用[M].北京:冶金工业出版社,2009.

[8] 何广铿.英语教学法教程:理论与实践[M].广州:暨南大学出版社,2011.

[9] 何少庆.英语教学策略理论与实践应用[M].杭州:浙江大学出版社,2010.

[10] 胡文仲.高校基础英语教学[M].北京:外语教学与研究出版社,2006.

[11] 贾冠杰.英语教学基础理论[M].上海:上海外语教育出版社,2010.

[12] 姜涛.大学英语写作教学理论与实践[M].长春:吉林出版集团有限责任公司,2009.

[13] 剧锦霞,倪娜,于晓红.大学英语教学法新论[M].北京:中国书籍出版社,2013.

[14] 康莉.跨文化视角下的大学英语教学:困境与突破[M].北京:中国社会科学出版社,2014.

[15] 柯清超.超越与变革：翻转课堂与项目学习[M].北京：高等教育出版社,2016.

[16] 科林·比尔德,约翰·威尔逊.体验式学习的力量[M].黄荣华译.广州：中山大学出版社,2003.

[17] 黎茂昌,潘景丽.新课程小学英语教学理论与实践[M].成都：四川大学出版社,2011.

[18] 李莉文.英语写作教学与思辨能力培养研究[M].北京：外语教学与研究出版社,2011.

[19] 李鑫.英语教学的理论与实践[M].北京：知识产权出版社,2012.

[20] 李雁冰.课程评价论[M].上海：上海教育出版社,2002.

[21] 林新事.英语课程与教学研究[M].杭州：浙江大学出版社,2008.

[22] 刘尔思.大学生体验式学习[M].昆明：云南大学出版社,2011.

[23] 刘润清,韩宝成.语言测试和它的方法(第2版)[M].北京：外语教学与研究出版社,1991.

[24] 鲁子问,王笃勤.新编英语教学论[M].武汉：华中师范大学出版社,2006.

[25] 罗少茜.英语课堂教学形成性评估研究[M].北京：外语教学与研究出版社,2003.

[26] 庞维国.自主学习——学与教的原理和策略[M].上海：华东师范大学出版社,2003.

[27] 任庆梅.英语听力教学[M].北京：外语教学与研究出版社,2011.

[28] 孙慧敏,李晓文.翻转课堂,我们在路上[M].杭州：浙江大学出版社,2018.

[29] 孙启美.信息化的教育技术与模式[M].长春：吉林人民出版社,2004.

[30] 王笃勤.小学英语教学策略[M].北京：北京师范大学出版社,2010.

[31] 王琦.信息技术环境下的外语教学研究[M].北京：中国社会科学出版社,2006.

[32] 王森林,肖水来,吴咏花,等.商务英语翻译[M].武汉：武汉大学出版社.2013.

[33] 王素荣.教育信息化：理论与方法[M].北京：社会科学文献出

版社,2006.

[34] 王亚盛,丛迎九.微课程设计制作与翻转课堂教学应用[M].北京:机械工业出版社,2015.

[35] 武尊民.英语测试的理论与实践[M].北京:外语教学与研究出版社,2002.

[36] 邢新影.大学英语口语教学理论与实践[M].长春:吉林出版集团有限责任公司,2009.

[37] 严明.大学英语自主学习能力培养模式研究:体验的视角[M].哈尔滨:黑龙江大学出版社,2009.

[38] 严明.跨文化交际理论研究[M].哈尔滨:黑龙江大学出版社,2009.

[39] 于永昌,刘宇,王冠乔.大数据时代的教育[M].北京:北京师范大学出版社,2015.

[40] 战德臣.MOOC+SPOCs+翻转课堂:大学教育教学改革新模式[M].北京:高等教育出版社,2018.

[41] 张豪锋.教育信息化与教师专业发展[M].北京:科学出版社,2008.

[42] 郑茗元,汪莹.网络环境与大学英语课程的整合化教学模式概论[M].北京:中国水利水电出版社,2015.

[43] 钟玉芹.大学英语混合式教学探究[M].北京:电子工业出版社,2017.

[44] 周文娟.大数据时代外语教育理念与方法的探索与发现[M].上海:上海交通大学出版社,2014.

[45] 朱鑫茂.简明当代英语语音[M].北京:外语教学与研究出版社,2003.

[46] 祝智庭,沈书生,顾小清.实用教育技术[M].北京:教育科学出版社,2008.

[47] 李莉莉.跨文化交际中的非语言行为[D].黑龙江:黑龙江大学,2004.

[48] 禹明,郑秉捷,肖坤.中学英语教学评价[M].成都:四川教育出版社,2008.

[49] 王哲.互联网环境时代背景下的初中英语教育形态[M].哈尔滨:黑龙江教育出版社,2013.

[50] 徐斌艳.教师专业发展的多元途径[M].上海:上海教育出版社,2008.

[51] 孔繁霞.行动研究与教师专业发展：高校英语教师方向[M].南京：东南大学出版社,2013.

[52] 梦红.ESP框架下应用型本科院校高校英语教学模式研究[M].长春：吉林大学出版社,2015.

[53] 崔冬梅.翻转课堂视域下的大学英语教学状况研究[D].吉林：辽宁师范大学,2015.

[54] 郭琬.微课的应用及其开发研究——以初中语文为例[D].西安：陕西师范大学,2015.

[55] 黄兰.微课在初中课堂教学中应用的现状分析与对策研究[D].宁波：浙江师范大学,2015.

[56] 闵婕.思维导图在高中英语阅读教学中的应用研究[D].聊城：聊城大学,2017.

[57] 潘清华.微课在中职英语教学中的应用[D].济南：山东师范大学,2016.

[58] 齐婉萍."微课"在高中语文教学中的运用[D].哈尔滨：哈尔滨师范大学,2015.

[59] 王曼琪."慕课"教学模式评析及实施建议[D].呼和浩特：内蒙古师范大学,2015.

[60] 赵富春.大学英语口语探究式教学研究[D].南京：南京航空航天大学,2010.

[61] 陈宏.第二语言能力结构研究回顾[J].世界汉语教学,1996(2).

[62] 陈新汉.自我评价活动论纲[J].北京师范大学学报(社会科学版),2007(1).

[63] 邓道宣,江世勇.略论中学英语语法教学的原则与方法[J].外国语文论丛,2018(12).

[64] 高频.多媒体和网络环境下大学英语词汇教学改革初探[J].凯里学院学报,2008(2).

[65] 郭淑英,赵琼.大学英语自主学习学生自我评估调查研究[J].黄石理工学院学报,2008(1).

[66] 胡铁生,黄明燕,李民.我国微课发展的三个阶段及其启示[J].远程教育杂志,2013(4).

[67] 胡铁生.微课：区域教育信息资源发展的新趋势[J].电化教育研究,2011(10).

[68] 霍玉秀.基于"项目式学习"模式与学生综合能力的培养[J].语文学刊·外语教育教学,2013(11).

[69] 焦建利.微课及其应用与影响[J].中小学信息技术,2014（4）.

[70] 黎加厚.微课的含义与发展[J].中小学信息技术,2013（4）.

[71] 李松林,李文林.教学活动理论的系统考察与方法论反思[J].外国中小学教育,2008（1）.

[72] 梁为.基于虚拟环境的体验式网络学习空间设计与实现[J].中国电化教育,2014（3）.

[73] 刘红霞,赵蔚.基于"微课"本体特征的教学行为涉及与实践反思[J].现代教育技术,2014（2）.

[74] 刘卉.大学英语文化教学中阅读圈教学模式的构建与探索[J].教育现代化,2018（45）.

[75] 刘卉.英语文化教学中阅读圈教学模式的构建与探索[J].教育现代化,2018（45）.

[76] 刘建达.学生英文写作能力的自我评估[J].现代外语,2002(3).

[77] 刘俊玲,曾薇.慕课在高校英语教学中的应用研究[J].课程研究,2016（5）.

[78] 刘梦雪.通过自我评估训练促进自主式英语学习的实证研究[J].疯狂英语(教师版),2009（4）.

[79] 刘艳晖.多媒体网络环境下的英语词汇教学[J].湖南第一师范学报,2009（2）.

[80] 欧阳日辉.从"+互联网"到"互联网+"——技术革命如何孕育新型经济社会形态[J].人民论坛·学术前沿,2015（10）.

[81] 彭睿.大学英语听力水平影响因素及对策[J].安阳工学院学报,2019（1）.

[82] 邵敏.大学英语听力教学实践与研究[J].课程教育研究,2018（48）.

[83] 沈彩芬,程东元.网络多媒体环境下的外语教学特征及其原则[J].外语电化教学,2008（3）.

[84] 宋艳玲,孟昭鹏,闫雅娟.从认知负荷视角探究翻转课程——兼及翻转课堂的典型模式分析[J].远程教育杂志,2014（1）.

[85] 苏小兵,管珏琪,钱冬明,等.微课概念辨析及其教学应用研究[J].中国电化教育,2014（330）.

[86] 隋志娟.高职英语混合式教学模式研究[J].中国教育学刊,2014（12）.

[87] 滕星.教学评价若干理论问题探究[J].民族教育研究,1991(2).

[88] 汪晓东,张晨婧仔."翻转课堂"在大学教学中的应用研究——

以教育技术学专业英语课程为例[J].现代教育技术,2013(8).

[89]王广新.微课设计与制作的理论与实践[J].远程教育杂志,2014(6).

[90]王珏.基于慕课环境的大学英语翻译教学[J].湖北函授大学学报,2016(18).

[91]王蕊.建构主义理论视角下英文影片字幕翻译策略[J].东西南北,2020(11).

[92]魏亚琴.新课程下学生评价方式的变革——浅谈表现性评价[J].辽宁教育行政学院学报,2004(110).

[93]吴菲菲,居雯霞,殷炜淇.语域顺应与小说对话翻译的研究——以《傲慢与偏见》人物对话为例[J].上海商学院学报,2011,12(S1).

[94]夏兴宜.运用图式理论提高商务英语翻译的水平[J].科教文汇(中旬刊),2011(1).

[95]肖亮荣,俞真.论计算机网络技术给大学英语教学带来的机遇和挑战[J].外语研究,2002(5).

[96]谢大滔.体验式教学在大学英语自主学习学习中的应用[J].教育探索,2012(9).

[97]杨惠元.课堂教学评估的作用、原则和方法[J].汉语学习,2004(5).

[98]尹苗苗."互联网+教育"在我国的发展历程探析[J].文教资料,2016(16).

[99]曾春花.网络多媒体辅助下的英语语法教学探究[J].福建广播电视大学学报,2015(4).

[100]张长明,仲伟合.论功能翻译理论在法律翻译中的适用性[J].语言与翻译,2005(3).

[101]张楠楠.基于慕课时代的大学英语课堂教学模式探索与研究[J].科技创新导报,2014(36).

[102]张平.客观认识当前互联网形势[J].群言,2014(2).

[103]张忠魁.电影配音在口语教学中的尝试[J].上海工程技术大学教育研究,2012(2).

[104]赵蜻宏.慕课对大学英语写作课堂教学的影响[J].科技教育,2016(2).

[105]郑小军,张霞.微课的六点质疑及回应[J].现代远程教育研究,2014(2).

[106]朱艳华.通过自我评估培养非英语专业大学生自主学习能力[J].黑龙江教育学院学报,2009(8).

[69]焦建利.微课及其应用与影响[J].中小学信息技术,2014(4).

[70]黎加厚.微课的含义与发展[J].中小学信息技术,2013(4).

[71]李松林,李文林.教学活动理论的系统考察与方法论反思[J].外国中小学教育,2008(1).

[72]梁为.基于虚拟环境的体验式网络学习空间设计与实现[J].中国电化教育,2014(3).

[73]刘红霞,赵蔚.基于"微课"本体特征的教学行为涉及与实践反思[J].现代教育技术,2014(2).

[74]刘卉.大学英语文化教学中阅读圈教学模式的构建与探索[J].教育现代化,2018(45).

[75]刘卉.英语文化教学中阅读圈教学模式的构建与探索[J].教育现代化,2018(45).

[76]刘建达.学生英文写作能力的自我评估[J].现代外语,2002(3).

[77]刘俊玲,曾薇.慕课在高校英语教学中的应用研究[J].课程研究,2016(5).

[78]刘梦雪.通过自我评估训练促进自主式英语学习的实证研究[J].疯狂英语(教师版),2009(4).

[79]刘艳晖.多媒体网络环境下的英语词汇教学[J].湖南第一师范学报,2009(2).

[80]欧阳日辉.从"+互联网"到"互联网+"——技术革命如何孕育新型经济社会形态[J].人民论坛·学术前沿,2015(10).

[81]彭睿.大学英语听力水平影响因素及对策[J].安阳工学院学报,2019(1).

[82]邵敏.大学英语听力教学实践与研究[J].课程教育研究,2018(48).

[83]沈彩芬,程东元.网络多媒体环境下的外语教学特征及其原则[J].外语电化教学,2008(3).

[84]宋艳玲,孟昭鹏,闫雅娟.从认知负荷视角探究翻转课程——兼及翻转课堂的典型模式分析[J].远程教育杂志,2014(1).

[85]苏小兵,管珏琪,钱冬明,等.微课概念辨析及其教学应用研究[J].中国电化教育,2014(330).

[86]隋志娟.高职英语混合式教学模式研究[J].中国教育学刊,2014(12).

[87]滕星.教学评价若干理论问题探究[J].民族教育研究,1991(2).

[88]汪晓东,张晨婧仔."翻转课堂"在大学教学中的应用研究——